谨以此书，献给新三板，

予怀疑者以解释，予坚持者以理由。

新三板将重新定义中国资本市场，重构权力、资本、劳动之关系

新三板改变中国
NEEQ CHANGE CHINA

张可亮◎著

中国财经出版传媒集团
经济科学出版社
Economic Science Press

图书在版编目（CIP）数据

新三板改变中国/张可亮著．—北京：经济科学
出版社，2017.11（2017.12 重印）
ISBN 978 - 7 - 5141 - 8725 - 0

Ⅰ．①新… Ⅱ．①张… Ⅲ．①中小企业 - 企业
融资 - 研究 - 中国 Ⅳ．①F279.243

中国版本图书馆 CIP 数据核字（2017）第 287344 号

责任编辑：王红英
责任校对：刘　昕
责任印制：邱　天

新三板改变中国

张可亮　著

经济科学出版社出版、发行　新华书店经销

社址：北京市海淀区阜成路甲 28 号　邮编：100142

总编部电话：010 - 88191217　发行部电话：010 - 88191522

网址：www. esp. com. cn

电子邮件：esp@ esp. com. cn

天猫网店：经济科学出版社旗舰店

网址：http：//jjkxcbs. tmall. com

北京季蜂印刷有限公司印装

710 × 1000　16 开　21.5 印张　250000 字

2017 年 11 月第 1 版　2017 年 12 月第 2 次印刷

ISBN 978 - 7 - 5141 - 8725 - 0　定价：49.00 元

（图书出现印装问题，本社负责调换。电话：010 - 88191510）

（版权所有　侵权必究　举报电话：010 - 88191586

电子邮箱：dbts@ esp. com. cn）

目　录
CONTENTS

引　言

　　本书是我作为一名投行一线从业人员对新三板的思考总结，这些观点理念大都是多年干投行，跑企业跑出来的，出差路上读书读出来的。可以说这是一本读千卷书，阅无数人，行万里路后，落脚到新三板写出来的一个总结。

　　严格意义上说这并不是一本简单介绍新三板的书，而是一本以新三板建设为切入点，通过分析新三板，从而展现与探寻中国资本市场的问题与出路，探讨中国社会经济改革路径与方法的著作。书中将会颠覆很多关于资本市场的主流观点，让读者从本质上去思考何为资本市场，何为流动性。同时我在书中也对流行在市场和媒体当中的所谓的"主流经济学"的观点进行了批判，阐述了自己对于中国经济社会发展的认知，指出新技术所带来的新经济，需要新三板和新理论的支撑，进而提出了"文化政治经济学"这一崭新的理论框架。

一、深入分析现实，认清新三板的诞生之由

本书从全球化的前世今生说起，在《全球化的攻守转换——中国时代的来临》一文中创造性地将全球化分为三个发展阶段，殖民化是全球化的前世，民主化是全球化的今生，以及全球化正在进入由中国引领的第三阶段——普惠化，这一阶段的特点就是发展中国、普惠全球，建立人类命运共同体。

在全球主要资本主义国家因受金融危机的影响，开启贸易保护主义等逆全球化政策的时候，我们能否通过"一带一路"倡议，引领全球化进入普惠化的第三阶段，最终还是看内功。在受到全球金融危机的周期性和国内金融与实体经济发展结构性失衡双重影响的情况下，我国经济失去动能，进入了下行换挡期，要想保持国内经济的平稳健康发展，必须通过改革来寻找和释放新动能。

农村联产承包责任制改革，解放了当时中国最大的生产力——农村人口，农业的发展为工业的发展提供了坚实基础，自此中国步入了从计划经济体制向市场经济转型的波澜壮阔的历程。本书在《新三板：一个全新的资本市场》中预言新三板将解放和发展中国目前和今后最大的生产力，那就是广大民营企业，新三板也将因此成为开启中国金融体系改革的突破口，成为可以和农村联产承包责任制的历史地位相比肩的、中国三十多年来最伟大的制度变革。

《新三板：中国经济转型升级的主战场》一文，展开深入分析因

为新三板的启动，将会带动一系列的配套制度出台，从而加速我国宏观经济环境的优化、中观产业结构的调整和微观企业治理结构的改善。新三板将会是中国经济结构转型升级、体制改革向纵深推进的突破口和主战场。

鉴于目前新三板市场的制度设计没有成熟的案例可以参考，还处于边走边看的摸索阶段，当实践中碰到问题的时候，市场甚至是监管层会出现迷茫和动摇，作者又进一步尝试用马克思主义政治经济学为理论武器，作了《新三板："摸着石头过河"与顶层设计》一文，分析了我国目前阶段不同层次的生产力和生产关系的匹配程度，得出结论：要解放我国最广大的生产力，就必须改革银行为主导的金融体系，同时也必须解决资本市场的准入问题以及资源错配问题，所以大力发展新三板是解放和发展生产力的必然要求，也符合我党"三个代表"的宗旨，是毋庸置疑、不可动摇的正确方向。

二、践行双轨制，坚定中国资本市场改革之道

中国此轮深化改革任重道远，需要攻坚克难，好在改革开放30多年已经为我们积累了足够多的经验，可以学习借鉴。其中最重要的经验就是做大增量、倒逼存量的双轨制改革策略，可以较好地实现"改革、发展、稳定"三者的辩证关系。

在《新三板：中国资本市场的双轨制改革》一文中，我将中央此轮的深化改革与邓小平的改革开放做了深度比较，指出邓小平开启中国改革开放伟大历史进程的突破口是农村联产承包责任制，目标是建立社会主义市场经济体制，攻坚战是国有企业改革。习近平此轮深化改革的主要对象就是低效的金融体系，突破口就是新三板，

但始于新三板而不会止于新三板，攻坚战是银行体系改革，这才是核心，才是深水区，才是主战场。

新三板未来的走向，取决于股转公司，取决于证监会，也取决于人民银行、银监会主导下的银行体系配套改革，所以在此文中也详细论述了中国金融体系以及中国资本市场这两个层面上应当如何采用双轨制的策略，推进各自改革目标的实现，最终在中国建成"产融结合""国民融合"发展的新的经济体系。

针对市场对尽快出台转板措施的期待，我在《转板：是改革的目标还是手段？》中指出：这是错把目标当手段的典型，双轨制改革一旦启动，必将并行运行很长一段时间，改革成功的标志就是二者可以实现最终并轨。所以真正意义上的"转板"制度，只能是改革所要实现的目标而不能被用作改革的手段，现阶段，转板缺乏现实操作基础，只能是一个美好的愿望。

《新三板还是IPO，这是个问题》一文，针对证监会出台的IPO提速以及减持新规等政策，指出A股问题的本质是少数人受保护的超额利润，A股改革的思路是上市公司去牌照化，投资人去散户化。新三板还是IPO，这不光是企业面临的选择，也是证监会面临的改革道路选择。文中提醒A股只是资本市场支持实体经济发展的一个手段，但并不是唯一手段，只要大力发展新三板，就能够提高资本市场助力实体经济的效率，也可以为A股的改革争取时间、腾挪空间。我们切不能把手段当目标，为改A股而改A股。

三、创新制度供给，铸就新三板的繁盛之路

2017年已经是股转公司正式运营的第五个年头，回望这五年，

新三板的市场建设取得了举世瞩目的成就，已经成为全球企业数量最多的交易所，当然也存在一些问题和不足，还需要通过进一步的发展来完善。在《新三板流动性差是个伪命题》中，作者指出流动性是一个时间和价格的双维度概念，指出一个以"价值投资"为使命的新三板，其市场的流动性是无法与"价格投机"的 A 股市场相提并论的，一方面标榜价值投资，一方面又指责新三板流动性差的投资者都是"好龙"的"叶公"，新三板设立之初就是要防止 A 股病，防止新三板的主板化，不能用 A 股的眼光来要求新三板。

《信用和法治：新三板的两大基石》一文指出，股转公司成立以来，大量具体而微的工作是为这个市场的发展打造信用和法治基础，信用和法治是确保新三板健康稳定发展的两大基石和重要保障，就此而言，新三板已经成功了一大半。

当然，自从 2015 年大量资金入市后，新三板就一直面临着流动性不足的指责和做市指数不断下跌的困扰，不管新三板制度设计规划得多么美好，但是市场不买"价值投资"的账。时至今日，市场热切期待的新三板分层的差异化制度供给并未出台，除了董事长秘书变成了"董事会秘书"（组织了创新层董秘考试，要求持证上岗），投资者依然是"价格投机"而非"价值投资"，券商依然是"主板券商"而非"主办券商"，新三板的状况依然没改善，分层的一年成为失去的一年。《往者不可谏，来者犹可追》一文，我对分层的一年做了总结，并对未来新三板的发展提出了展望，仍然希望从完善分层制度和市场主体培育两方面推进新三板建设，并提出了诸多建设性的意见。

2016 年夏季，市场对新三板充满迷茫，掀起了一轮大讨论，悲观失望的论调此起彼伏，股转公司也被迫出面发声，隋强 2016 年 8 月 28 日的讲话，声称需要"二次创业"，在本章的最后安排了我当时对隋强讲话的评论文章《新三板不是中国的"纳斯达克"》，总结出看待新三板的四条原则，那就是不争论、不循旧、不要急、不容易。时隔一年，再来看新三板的市场建设，发现这四条原则依然适用。

四、培育市场主体，凝聚新三板的力量之源

在别人都在不断期盼新三板制度红利的时候，我却将市场主体的培育摆到了新三板建设最重要的位置上，指出一个新的市场制度的建立，必须有两个最低限度的构件：市场环境和市场主体，这二者相互依存，互为对方存在的条件。新三板是中国资本市场中有别于 A 股的新赛场、新领域，证监会、股转公司为我们营造的市场环境尚在建立的过程当中，市场主体中的挂牌企业、合格投资者都还在跟随这个市场同步发育，只有券商作为这个市场上绝对的主角，已经在 A 股市场积累了足够多的经验，理应积极主动地为这个新的市场环境建设贡献力量，而不是袖手旁观，甚至发牢骚。

在过去的一年里，我专门写了《新三板企业：青春期的迷茫与成长》，为三板挂牌企业提出了五条青春期的成长建议。2016 年国庆节写了《新三板：券商的新赛场》，告诫券商，新三板不只是新赛道而且是新赛场，需要新的方法论，并统筹配置资源。借担任全国新三板价值分析大赛总决赛评委的机会，我又详细阐述了新三板的研究工作，指出价值投资是新三板市场的灵魂所在，而新三板研究就是在塑造这个市场的灵魂。

受中国资本市场大环境的影响，股权投资机构在中国发展也具有了明显的中国特色，我在《新三板：国有创投不容缺席》一文中，批评了创投机构普遍存在的权力思维和投机思维，并寄希望能够在新三板这个新的市场，成长出真正具有价值投资理念和能力的私募机构。同时，我对国有创投寄予厚望，认为下一阶段国有创投应该在新三板市场发挥先遣作用和引领作用，与民营创投、公募基金、社保基金一起，构成新三板的多元化的投资生态系统。

五、破除西方话语霸权，创新中国发展理论

中国共产党领导下的改革开放，让我国社会经济迸发出了巨大的生产力和创造力，用 30 多年的时间实现了对几百年资本主义的赶超，实现了从农业社会到工业社会再到信息社会的巨大变迁，这是我党与时俱进，通过对制度的不断迭代改革，才得以创造和拥有这样的中国速度。同样，中国以银行体系为主导的金融体制和传统的 A 股市场无法适应新的经济发展形势，必须通过改革来建设新三板这个新市场以匹配新经济。

改革就意味着打破常规，意味着利益的重新分配，意味着会遇到既得利益者的阻挠和反对。金融领域是当前改革的深水区，利益纠葛的主战场，所以我也充分地预计到了新三板改革的难度和阻力，力荐用双轨制这种阻力更小、代价更小的方式来推进改革。在《资本市场的鹅城之争》中，我借用了自己十分推崇的姜文的巅峰之作《让子弹飞》，为大家展现了一幅现代版的金融领域存在的鹅城之争，指出新三板的建设必须打破黄四郎这些既得利益者的碉楼。

新经济需要新制度匹配，同样也需要新理论来指导。我在《新

经济、新时代需要新理论》一文中对互联网经济的出现以及可能对社会组织方式带来的改变做出了积极的判断，指出我国经济已经超越了"计划"和"市场"的简单对立，已经通过 30 多年的伟大实践摸索出了政府宏观调控和市场发挥决定性作用相结合的特色社会主义体制。新三板制度将会和互联网技术一起，成为支持中国实体经济发展的"两翼"，极大地改变中国。

现阶段，技术已经呈几何级数在飞速演进，我国的移动互联网经济走在了世界的前列，产生了世界级的企业和企业家，但是主流经济学明显落后于技术和社会实践的发展，依然抱残守缺，漠视新经济，耻笑企业家，仍旧停留在 20 世纪非此即彼、非黑即白的思维当中，不知反思，忙于批评，短于建设。我在《深化改革的话语权之争》一文中指出，自由主义经济学家之所以围攻马云，实则是试图借批评马云来维护其在国内的经济学地位，来继续打压政治经济学的新发展，妄图抢夺深化改革的话语权，继续用自由化的观点来影响中国未来的改革进程。

为了更好地解释现实，从理论上正本清源，我在《文化政治经济学：一个新的理论框架》中提出了自己的理论构建，指出"经济 + 政治 = 政治经济学"，只有"经济 + 政治 + 中国文化传统"才是有中国特色的政治经济学。如果只用马克思主义政治经济学原理和中国改革开放 30 多年来的实践相结合，可以总结成社会主义政治经济学，但是体现不出中国特色。我认为要构建出习近平总书记提出的"中国特色社会主义政治经济学"，还必须要将马克思主义政治经济学与中国五千年的文化传统相结合，让马克思的政治经济学嫁接到中国文化传统这棵千年不老的大树上，融入到中华文明的丰饶沃土，才能称之为中国特色的政治经济学。

在用马克思主义政治经济学原理总结改革开放 30 多年探索实践的基础上，结合历史，吸收中华五千年传统文化精华而提炼出来的"中国特色社会主义政治经济学"（文化政治经济学），是对马克思主义政治经济学的极大完善，但这也只是工业时代的政治经济学。当今中国已经演进到了互联网、信息化的新时代，产生了一大批全球领先的互联网新经济、新实践，互联网经济已经成为我国经济的重要组成部分，体现出了中国经济的鲜明特色，我们的政治经济学也必须与时俱进，继续总结这些新实践、新特点，面向未来，创新发展出互联网时代的中国特色政治经济学，这也是摆在马克思主义理论工作者面前的一个迫切任务。

尊重历史，在马克思主义政治经济学的逻辑体系中增加传统文化维度的分析，将马克思主义政治经济学完善发展成为"文化政治经济学"，面向未来，结合互联网时代的新实践，将马克思主义政治经济学继续发展成为"互联网政治经济学"，二者结合，才能真正完成习近平总书记所提出的历史命题，实现对马克思主义政治经济学的完善与发展，才是真正体现出中国特色、中国风格、中国气派的"中国特色社会主义政治经济学"。

六、新三板，我们的理想国

正是看到了新三板市场的优秀基因和所肩负的历史使命，看到了新三板可以改变中国资本市场的长期积弊，作为一个 A 股市场的投行从业人员，我开始把新三板当做是自己的理想国，当做自己的取经路，投身于这个市场，在这里寻找和建设中国资本市场另一种可能的存在……

在通往新三板理想国的路上，有幸结识了一群志同道合的朋友，大家来自不同领域，有着不同背景，但是都为新三板吸引，投身新三板事业，通过各自的努力和坚持，业已成为新三板市场生态圈的重要组成部分。所以本书也很荣幸的邀请到了几位新三板取经路上的同行者，与大家一起分享他们关于新三板的理想和坚持。

布娜新，著名财经学者，新三板文学社创始人，他用厚重的文字和饱满的热情，将新三板的各路英雄汇聚在文学社，建言新三板，弘扬正能量。目前文学社已经连续举办2017年春季太湖金谷、夏季大理、秋季武夷山三场沙龙，"新三板文学社"公众号已经成为新三板各界人士投稿发声的平台，有着广泛的影响力，文学社也成为新三板建设过程中汇聚和体现民间智慧的重要平台。他为本书作序《来自理想国的召唤》，为大家介绍这个靠情怀支撑、以新三板为主题的"文学社"。

周雪峰，一个有情怀的理工男，国内最大的新三板原创内容生产商、发行商挖贝网的总经理。1998年他辞掉国企工作，投身互联网浪潮，经历了互联网的黄金时代，也经历了泡沫破灭后的"一地鸡毛"，见证了中国PC和互联网企业的兴衰更替。他以中国互联网发展浪潮见证者的身份，以一位新三板建设者的身份，预见新三板将会是继互联网之后中国的下一波浪潮，新三板必将像互联网一样，继续改变中国。

郑培敏，清华高材生，荣正国际创始人、董事长兼首席合伙人，1998年创办上海荣正投资咨询有限公司，成为业界最牛的股权激励咨询机构，曾是中国最年轻的上市公司独立董事。现在活跃于文化产业投资领域，开心麻花成为其投资代表作，如今投身新三板市场建设，逆风而行，创办《鑫周刊》，并任执行总编，立志为新三板人打造一本自己的杂志。

王骏，天星资本总裁，联合创始人，人如其名，新三板圈的青年才俊，热爱哲学和历史，以他的远见卓识，带领天星资本宛如一匹黑马，纵横在新三板投资界，天星资本已经成为新三板一个现象级公司，可以说是与新三板同呼吸共命运，提到新三板就不能不提天星资本，天星资本俨然已经成为新三板投资的风向标。

崔彦军，董秘一家人创始人，南北天地（430066）董秘、财务总监，江湖人称"崔班长"，新三板最早和最热心的义务宣传员，十年如一日地耕耘在新三板的土地上。他创立的董秘一家人，是新三板最大的董秘社群，为提高新三板企业的规范治理和资本运作水平做出了突出的贡献，在书中他也为大家分享了《董秘一家人与新三板的这十年》。

罗党论，中山大学岭南学院教授、博士生导师，会计学博士，新三板智库联合创始人。我还在为攻读博士不得其门而苦恼的时候，比我大一岁的罗老师早已是博士生导师，在《经济研究》等核心期刊发表了诸多大作。罗老师创造性地将新三板纳入他的科研和教学工作，引导学生进行新三板研究，结出了丰硕的成果，既为新三板培养了人才又为新三板市场提供了智力服务，可谓一举多得。目前罗老师创办的新三板智库已经成为这个市场不可或缺的力量，其每年举行的新三板价值排行榜已经成为业内权威榜单。

当然，新三板市场中还有太多与他们一样，在为这个新兴市场努力付出的人，正是有了这些人的付出和坚持，新三板才会如此的丰富多彩，才会健康成长、筑就一个生态圈，也才有了如今继续发展的基础和可能。

我想，新三板已经成为我们这些人共同的理想国，它不在彼岸，就在眼前，新三板也是我们这些人共同的取经路，它虽然崎岖，却就在脚下。

张可亮

2017 年 10 月 29 日于北京

来自理想国的召唤

到了一定年纪，你就会发现，如果不刻意磨炼，记忆就会变成模模糊糊的非连续片段，这些片段甚至会干瘪到失去了逻辑，以致于无法追回曾经的前因后果。现在再让我回想当时初入新三板市场的情景，仿佛已很久远，但其实也没过去几年。

和记忆不同，沧桑感则是一种敦实的沉淀，这些年亲眼见证了一个市场的发展壮大，看到了许多公司的兴衰沉浮，身边经常有从业多年的老人黯然离开这个市场，也不断有朝气蓬勃的新人涌入这个市场，短短几年，低谷、高潮都遇见了。

如果待在别的行业里，几年时间都不会有这么巨大的变化，也不会有这么多感触。就好像一个演员，他可以用一生的时间，通过饰演不同的角色，去尝试着好几辈子的人生。而新三板，恰恰提供了这样一种机会，让每个三板人在三板这片苗圃都有着丰饶的生命厚度。

"文学社"里不文学

可亮和我共同在"新三板文学社"度过了很多美好时光，恰逢他的新书即将出版，邀请我在他的新书中谈谈新三板文学社，我心里略有几丝不安，也有些迟疑，毕竟这是他的首部作品，而我上来就谈文学社，会不会略显突兀。也许和我一样，"新三板文学社"在他的心里是一个很重要的地方。

新三板文学社表面上看似乎是我一手打造出来，但其实都是像可亮这样的朋友们一起"玩"出来的，大家都开玩笑喊我"社长"。读者千万不要被感伤的调调和"文学社"这个名字给唬住了，"文学社"跟文学没有半毛钱关系，社员们并非爱好诗词歌赋，而是在一起都比较放飞自我，三板多少事，尽在笑谈中，我们真的不是悲观主义诗人。

那为什么起了"文学社"这么个名字呢？这个名字，有新三板诞生的时代印记。由于互联网技术的发展，我们身处一个"内容创业"的时代。人人都可以成为自媒体。在自媒体蓬勃发展的浪潮下，新三板一下子扩容至全国，挂牌企业快速增长，势能也起来了。传统媒体、创业公司，每一个有想法的个人，都在通过便捷的方式，发表着对于新三板这个新生事物的理解和看法。

在这其中，很多有识之士异常勤奋，笔耕不辍，通过自己的文章，为市场建设贡献自己的建议和智慧，为新三板鼓与呼。很有幸，我也成为笔耕大军的一员，并通过文章，交到了不少笔友，比如张可亮。鉴于大家有着共同的追求和目标，我便产生了把大家组织在一起的想法，于是就有了"文学社"。最开始，"文学社"只是一个微信群，后来的一次线下聚会，文学社倡议正式得到了大家响应。就这样，一个没有目的性、仅靠情怀支撑的、以新三板为主题的"文学社"就成立了。

文学社日常的"画风"并不严肃。的确，我们可以说什么都关心，但虽然什么都关心，最关心的还是新三板。新三板的大事小情，社员们会在民主的氛围之下各抒己见，这个过程并不都是风平浪静的，有时也会异常激烈。激烈辩论的结果往往是观点的含金量非常高。这个不是"王婆卖瓜"，有些媒体的朋友们经常是在我们的讨论中得到了很大的启发，制作出了很多爆款文章。

情怀还是要有的

当然，仅仅提供一个供大家交流的平台并不是"文学社"的最终目的。我还想要"更多"，这个"更多"不仅是要带给新三板市场的，也是要带给我的这些社员们的。这个"更多"具体是什么，很抱歉我现在还没有明确答案，还在不断尝试着。有些尝试事后看来，效果还不错。比如每个季度"文学社"都固定有一场沙龙，2017 年春季沙龙文学社成员在太湖金谷畅谈新三板的历史机遇；2017 年夏季沙龙，文学社成员在大理展开了"三类股东问题大讨论"，首倡针对三类股东与 IPO 出现的矛盾采用负面清单的办法来管理，这次沙龙及其成果在新三板圈内引起了巨大反响。

此外，我创建了"新三板文学社"的公众号，在媒体朋友帮助下链接自身资源将其与其他知名平台打通。一方面，保护了"文学社"文章的原创权；另一方面，也把"文学社"的观点尽最大可能、最大范围地传播出去。要知道，在"做公众号的比阅读公众号的还多"的时期新创公号，难度异常大，但许多优秀的作者仍然选择将原创文章在这个平台发布，足见其对平台和"文学社"品牌价值的信任。

　　其实，在"文学社"的发展过程中，有不少关心我的朋友都有这样的疑惑，"文学社"并没有明确的盈利模式，你为什么还要花费巨大的心力来建设和维护它？每当深夜失眠的时候，我也拿这个问题来拷问我自己，没有答案的时候，我就用星爷的台词来安慰我自己："人如果没有理想，跟咸鱼有什么分别？"再后来，在某一个瞬间，我突然醒悟，是啊，就是理想，这可不是什么矫情。如果你发现做一件事情有意义，那就做下去。你最终会收到回报的。

　　看看新三板，2013 年以前，它一直默默无闻，不被关注。2013年以后，在多层次资本市场使命的召唤下，新三板一下子"咸鱼翻身"成全国大明星，中小企业、券商、投资机构都对其趋之若鹜。这个闪耀时刻并不是运气好突然降临的，我认识不少新三板知名的企业家和董秘，都在这个市场坚持了快十年。虽然闪耀时刻很短暂，而且新三板又再次进入漫长的低迷期，但仍然还有很多人在坚守。为什么？可亮这本书的书名就是最好的答案，因为我们坚信《新三板改变中国》。

　　其实，我们现在不太敢于谈情怀，谈理想，因为觉得这个东西太虚，对赚钱帮助不大，属于心灵鸡汤的范畴。我们再看看外国人，美国人一直都敢于谈钱。但是，美国人也谈理想，也谈意义。比方马斯克就敢说，我做企业是为了改变世界。甚至国外也有研究表明，对于普通人而言，"意义"也非常重要。现在国外有些医院已经不再用"清洁工"称呼打扫卫生的工作人员了，他们的名称已改为"健康安全组""环境健康员"。果不其然，新的名称使得清洁工干活异常认真，因为他们知道，他们工作的意义不仅仅是清理污物，更是为患者创建一个健康整洁的环境。这，就是意义的力量、理想的力量。

可亮的书

一个人为什么要读书？读书类似一服苦药，非常痛苦。周恩来总理的答案是为了中华之崛起而读书，而这句少年话，激发了一代中国人为国家和民族奋斗的责任感和使命感。今天的人们则选择在书香中寻求睿见，寻求真理，寻求梦想。

我想告诉选择这本书的读者们，你们在本书中不仅会读到奇思妙想，也会对理想这件事感同身受。本书作者与周恩来总理同为南开校友，可亮是南开大学金融系的高材生，也是新三板圈的意见领袖，其作品自成体系，文字具有厚度和使命感，读起来具有张力和速度感，文章虽长但阅读体验很好。他的大作会定期发表在他自己的公众号，而每次新作品出来后，都会在朋友圈疯狂刷屏。

可亮在来北京工作之前，就在山东的工作实践中提出了颇具颠覆性的观点，在他眼里新三板是一个新赛场，而非老赛场的新赛道。同时，他有意识地、批判性地反观自己所处的高枕无忧的券商行业，提出了自己的大胆看法，这种居安思危在券商人中并不多见。他的一篇文章提到："至今为止我还没有看到或者听说过有哪家券商将新三板当做一个新的赛场来布局，来制订一个整体的战略规划。"

可亮用"博学、审问、慎思、明辨、笃行"的处世态度，捍卫着自己的理想，在商务合作中逢山开路、遇水搭桥。马克思有句名言："那些为大多数人带来幸福的人是最幸福的。"他是一个幸福的人。

此时，我不禁又联想到了"文学社"那些可爱的社员们，如果没有理想和情怀，我们又怎么坚持得下来？现在的新三板，早已褪去了明星光环，市场活跃度下降不说，流动性问题仍未破冰，就连媒体关注度都下降了好几成。在这个过程中，有人加入，有人离开，有人坚守。不管选择是什么，希望所有人都找到选择的意义。

茨威格在《人类的群星闪耀时》一书中写道："一个人生命中最大的幸运，莫过于在他的人生中途，即在他年富力强的时候，发现了自己的使命。"我相信，在这个时代洪流中，"新三板文学社"也是有使命的。这个清晰的使命，我们正在无限靠近她。

新三板文学社创始人　布娜新
2017 年 9 月 12 日于北京

"新三板文学社"公众号

一个读书人的投行路

我觉得自序应该是一则短小精悍、自卖自夸的片头，相当于招股说明书中企业核心竞争力介绍。我是写招股书业务技术部分起家的，给企业提炼核心竞争力是看家本领，可是要我自夸却有些难为情，所以还是算了吧，不把自序写成核心竞争力分析了，给读者交代一下作者的历史沿革，介绍一下自己的投行工作和读书生活吧。

一、投行的工作

2007年底开始干投行，到现在正好10年，正所谓"一入投行深似海，从此萧郎是路人"，此话不假。

为了IPO赶材料，连续一两个月加班到后半夜是常事，两头不见太阳，人不像人，鬼不像鬼。周末不是加班就是开会，经常出差，生活不规律，所以既没有同学聚会也养不成运动习惯。经常忘了自己的生日，每次都是老妈提前打电话提醒，嘱咐我到时候记得去吃盘饺子，总是答应着，可基本没吃过。记忆里有项目开工时的春暖花开，也有成功后的灯红酒绿，但更多的是加班时恍惚的灯光、深夜成排的路灯和呼啸的车声。

记得我转发过一条朋友圈文章叫《极简主义生活方式》，并评论道：原来我这么多年，这么糙的生活有个高大上的名字叫"极简主义生活方式"，其实我过的比文章说的还简单，应该叫做"省出一切时间用于工作的生活方式"。没时间买衣服，碰到合适的同款会买两三件，袜子都是一款十双，随便两只都是一对；沙发不坐，电视不开，厨房不用，只用书架、书桌还有床；必备的家用电器是洗衣机和热水器，一个洗衣服一个洗自己；天天不离身的是电脑包，一个电脑，一个笔记本，一支钢笔，一本书，一个 U 盘，一个 U 盾，两个手机；只用招商银行的借记卡和信用卡，并绑定自动还款。

很多鸡汤文在讲如何平衡工作和生活，我不需要平衡，因为我的生活就是工作，直到 2013 年同学的孩子都开始上小学的时候，我还是一个没房没车没老婆的"三无"人员，经常被关心自己的朋友劝，那么拼，值吗？

怎么说呢，大家能理解网络游戏爱好者吗？通宵达旦地打怪、升级，外人看不明白，其实很简单，乐在其中，在那个虚拟世界、人造江湖，他们可以获得存在感，认同感，成就感，他们只要比其他人更努力，就有机会成为那个世界里的英雄。世界就是一个大游乐场，爹妈给了我们门票，我们被不同的游戏吸引、捕获，并乐在其中。我就是那个被"投行"这个游戏吸引，还没玩够的孩子，所以不觉得累不觉得苦。

投行工作压力大是众所周知的，因为工作责任大，人员素质要求高，逼迫你不能吊儿郎当三心二意，这会培养你严谨的思维方式和认真的工作习惯。干投行，必须大处着眼小处着手，既有格局又重细节，既要智商又需情商，需要专业的知识结构还需要搭配优秀的组织、沟通、协调能力。喜欢投行是因为这是一个可以让你不断学习提高的工作，需要财务、法律以及各个行业的业务知识，不断更新你对这个社会的认知和解决问题的能力，让你与这个社会的最新发展保持着共同的脉搏，让你不会27岁就死，72岁再埋；可以与各行各业优秀的人为伍，与企业家与经理人与行业专家交流学习，耳濡目染，你会发现他们成功路上的共通之处，体会成功的各种必要条件；投行没有人设的天花板，没有最好只有更好，是一个可以一年当两年用，让年轻人加速成长的工作。我经常跟刚毕业的同事讲，不要认为名牌大学研究生毕业就是武当山少林寺学成下山，就可以在江湖扬名立万了，在学校只不过是读了拳谱、练了套路，只能保你养家糊口，闯荡江湖扬名立万的硬功夫都是入了职场之后从头练起，投行就是一个练硬功夫的地方。

2007年到2017年，27岁到37岁，我的青春，与投行谈了一场轰轰烈烈的恋爱。

二、读书的生活

上面那部分是不是充分体现了投行人"没钱还贼能装"的本性？是的，终日奔波的投行日子，再给它赋予意义，本质还是生活所迫；努力把自己包装成一个投行精英男，本质还是出卖体力和脑力，换取房子、车子和票子的金融民工，分分钟被拆迁户秒杀。只不过幸运的是自己还算喜欢这种卖命的方式，也能从中获得打怪升级的乐趣，所以还有心情"装"。下面不聊被人耻笑的金融民工话题了，换个以前被耻笑现在反而被推崇的事，那就是读书。

说这个话题，就不得不承认前面我确实在"装"，干投行也不能说完全没有生活，毕竟我还能读书，读书就是我的生活。

我说的读书，不是考试的书，是读闲书，没用的书。读书是一直以来的爱好，刚入投行那两年戒了，因为要考保代，幻想着年薪百万，所以都在啃注会啃司法考试啃证监会法规，没时间读闲书。2009年通过保代考试后，又捡了起来。对投行民工来说，读书是一种性价比最高的娱乐活动，是最简单易得的生活方式。

周末要是不加班，最爱做的还是泡壶茶，读本书，当然更多的时候是在出差的路上，飞机上、高铁上，飞机场、高铁站。读书，可以对抗晚点和长途跋涉。

吃饭、睡觉是供养我的皮囊，让我保持肉体生存，读书跟吃饭、睡觉一样，是用来供养我的感情和思想，让我感受生活。

连续出差或者加班，是一个工作的"他"，时间是雇主的，是为别人活着。读书的时候，是一个生活的"我"，时间是自己的，是真实地为自己活着，在读书中构建"丈夫拥书万卷，何假南面百城"的生活。

我是在用求生存的"他"来供养求生活的"我"，但同时又用生活的"我"去调剂生存的"他"。当工作伤害到我的心情和感情的时候，就会把工作暂时抛开，抽身出来，看一两天书，给自己充电、加血，让自己再活过来了，可以继续在工作岗位发光发热。

我用读书的生活，支撑和平衡着我投行的工作。

三、我的读书路

投行工作需要法律、财务以及各行业分析等不同的知识结构，我读的闲书基本也能划分经济、政治、历史等相互独立却又相互交会和关联的三条线路。

第一条线是经济学。之前一直根据自己的喜好漫无目的地读书，特别杂。直到大四毕业离校前在校园跳蚤市场，1块钱买了一本同级毕业的经济系同学的课本，《真实世界的经济学——新制度经济学纵览》（胡乐明、张建伟、朱富强著，2002年），如获至宝，整个暑假都在挥汗如雨的读这本书，做了一整本的笔记。此书为我打开了一扇窗，从此彻底抛弃了西方经济学，开始转向制度经济学，也开始相对系统地读书、自学。

研究生期间，在图书馆里继续自学制度经济学，以及与之相关的法理学、演化经济学。读制度经济学发现科斯制度变迁的原理其实就是脱胎于马克思的政治经济学，于是又转向研究马克思主义政治经济学的最新发展。读马克思就不能不读他的反对者哈耶克，读哈耶克就不得不去了解康德的理性和休谟的不可知论，这就开始了与西方哲学的交汇，之前读过几本西方哲学史，二者在这儿碰头了。

第二条线是政治。既然关心主义，就不得不关注现实问题，在南开读研期间一直在图书馆复印学习《改革内参》，毕业后专门通过邮政机要局订阅《改革内参》，关注中国的改革实践，算起来每期不落地前后读了五年的时间（2003～2007年）。与此同时，还在网上从2007年到2011年追了五年的东方时事评论，关注国际政治局势。国内改革与国际大环境联系，于是，顺着读布热津斯基的《大棋局》，接触地缘政治学，然后再向前读地缘政治学的开山之作《历史的地理枢纽》。接着就是亨廷顿、福山、沈大伟、约瑟夫·奈，当然还有贝淡宁、马丁·雅克等人的书，这类书主要是读当代外国人写的，一般也只是读畅销书，与严谨的学术研究有区别。读外国人的这些书，反而让我更加深刻地理解和认识到我们党带领我们走在正确的道路上。

第三条线是中国历史。这一类的枝蔓更多，也确实体会到了什么叫文史哲不分家。之前此类书籍读了不少，但直到读了钱穆先生的《中国历代政治得失》，才醍醐灌顶，让我重新认识了何为中国、何为中国历史、何为中国传统文化。《三联生活周刊》的李鸿谷老师指点我读史，专门给我寄了《国家的中国开始：一场革命》，告诉我要用回到历史现场的眼光审视历史，让我对自己沿袭多年的动机论保持警惕。听君一席话，胜读十年书，这让在读史过程中一直困顿的自己找到了出路，同时对清末民初这个动荡的年代有了深切的体会。

读书的过程中，总会遇到王阳明，觉得他是绕不开的一座山，但自认为读书也要讲机缘，所以并未着急。直到有一天碰到白立新老师，向他请教说自己已经不再简单地将唯心和唯物对立，认为做事要靠马克思的唯物，修身还是要靠儒释道的唯心。白老师告诉我还有一门学问可以将唯心和唯物二者打通，那就是阳明心学。于是开始读王阳明，发现阳明学根子还是儒家传统，只不过不单强调"学"，而更强调"修"，所谓事上磨炼，知行合一，致良知。这与佛家类似，不是学佛信佛更是修佛，只不过佛是心上修，心学却是事上修。

读政治和经济发现，不同的经济学和不同的政治制度，其实是来源于人们不同的世界观和价值观（哲学和宗教），而不同的世界观、价值观来源于各自不同的历史和文化，不同的历史和文化归根结底又是因为各个族群对人性的不同认知。

读书，就像在用极其有限的时间去浏览人类的知识树，只能沿着自己爱好，走马观花，囫囵吞枣地尽可能多地看几个枝丫和叶子，通过这些枝丫和叶子去想象整棵树的全貌。人类知识浩瀚无边，在望洋兴叹、望树兴叹之余，只能寄希望于一沙一世界，一叶一天堂，从有限中去想象无限。

四、新三板不是名利场

虽然干投行，但我只把自己定义为读书人，读书人就有读书人的穷酸气，穷酸气和投行所在的名利场，格格不入。

2007 年入职投行，从事 IPO 业务，深知中小企业融资难，也深知一旦 IPO 成功就可以鱼跳龙门，金光附体。投行工作又苦又累，但只要通过保代考试，注册保代资格，也可以鱼跃龙门，从蓝领跃升为金领。IPO 这三个字母在中国，犹如阿里巴巴开启宝藏的密码，与之沾边，就金光闪闪。

鱼跃龙门，听着很美，可我想每一个龙门下面应该都是鱼骨成堆。龙门是一个比武场，需要你高高跃起，龙门也是一个寻租场，需要你轻轻低头。2009 年我能以近 140 分的成绩通过保代考试，却至今仍未注册，一直当了 8 年的"准贱人"，这也让我理解很多企业并不是高度不够，只不过是不想低头。

孤独的人是可耻的，这个世界不符合孤独人的理想，就像这个 IPO 的资本市场也不符合我的理想。可是路径依赖，逃无可逃，我连孤独的能力都没有。

好在遇到了新三板。

新三板没有人设的龙门，所以新三板不是名利场，它向所有遵纪守法的企业开放，不分高低贵贱，都欢迎他们来比武亮相。新三板也为草根投资机构提供了舞台，让投资回归专业，而不再简单粗暴，临门一脚。新三板也为投行人员提供了靠自己的专业、本事吃饭的舞台，行不行是市场说了算而不是别的说了算。

资本主义世界，所有重要的制度设计都是保证资本雇用劳动，而只有资本市场，其实是可以实现劳动对资本的雇用，也理应是实现劳动对资本的雇用。菜市场是人们进去挑选蔬菜，服装市场是人们进去挑选购买服装，都是买方市场，而资本发展到今天，在已经明显过剩的情况下，完全可以实现劳动对资本的雇用，由人挑资本而非资本挑人。资本市场应当是让资本在市场挂牌、出售，由企业及联合起来的劳动者像挑选白菜、服装、牛羊一样挑选资本，不同的资本要在这个市场上竞技，争奇斗艳，才有可能被选中，这才是真正的理想的资本市场。

资本市场就是为企业家提供了一个劳动雇用资本的地方，让资本为劳动者所用，而不是劳动者为资本所驱，被债务套牢。好的资本市场就应该是可以解决劳动和资本对立的市场，既要防止资本对劳动的奴役，也要防止劳动对资本的侵害。只有当劳动可以雇用资本的时候，才有可能谈人的自由全面发展。

所以我们社会主义国家更应该大力发展资本市场、利用资本市场，当然我这里所说的"资本市场"是区别于资本主义的资本市场，是真正的可以实现大规模的劳动雇用资本的"资本市场"。只有这样，才可以实现劳动者的自由全面发展，才是实现以人民为中心的经济发展，也才是可以实现大同社会的一条必经之路。

五、在新三板知行合一

我们所有人生下来都有一条西天取经路，临终的时候佛祖会向你身边的人展示你所取得的经书。其实经书就是我们取经路上自己写的，取经路就是修行路。我们取经成佛，就是放下我执，成为虚无，既然如此，何不在修行路上，将自己的经书写得圆满一些、精彩一些？既然取经路上我们注定都会遇到妖魔鬼怪（人魔和心魔），必须打怪升级，又为何不让自己走得潇洒一些，昂首挺胸一些？

三千大千世界，修行有八万四千法门，新三板就是我这个读书人的投行路，知行合一的取经路，致良知的不二法门。

人生没有白走的路，也没有白读的书，感谢把我带上这条路的老师和同学、领导和同事，也感谢那些优秀的作者，是你们培养和造就了我；感谢我们的团队，不离不弃，坚守在新三板，让我们继续发现、发展、成就更好的彼此；感谢新三板文学社的朋友们，让我们继续以志同，以道和，用嬉笑怒骂来关心、建设新三板；感谢所有为新三板做出贡献的人们，你们在创造着历史，你们在改变着中国。同时，本书的顺利出版，也要感谢经济科学出版社的辛勤付出。

最后，我还要感谢我的爱人"黄博士"，是她解救了这只投行单身狗，为我养育了可爱的女儿，带我领略了美好的生活。作为我所有文章的第一位读者和编辑，她为我的写作提供了很多的思路和建议，这本书也有她的功劳。当然更要感谢我们的父母，你们用二三十年的言传身教，让我们诚实做人、踏实做事，你们的爱，让我们被这个世界温柔以待。

谨以此书，献给在新三板奋斗的我们！

张可亮

2017 年 11 月 9 日

"张可亮的三板会"公众号

第一章

新三板诞生之由

　　新三板的发展必须牢牢把握住一点，那就是防止新三板的主板化，我将 A 股市场存在的所有问题统称为"A 股病"。新三板之所以诞生，它的使命就是为了区别于主板，防止资本市场的"A 股病"。

全球化的攻守转换

——中国时代的来临

2017 年 1 月 19 日听了习近平主席在达沃斯做的关于继续推进全球化的发言，忍不住写了几页感想，并以《全球化的攻守转换——解读达沃斯》为题，发了一段语音解读，同时表示春节假期要用万字长文来解读才过瘾。2017 年 1 月 20 日特朗普就任美国总统，上演了眼花缭乱的"年末大戏"，让这种攻守转换的对比越发明显。

所以今年春节假期，除了哄孩子以及陪黄博士打开电视看电影之外，自己抽空读了贝淡宁的《贤能政治》，再就是写这篇万字长文。这篇文章让我有机会得以阐述自己对这个世界的看法，对资本的警惕，对传统的敬仰，对人性的思考，对未来的憧憬。

我们正在经历着历史事件，但是事件的历史意义往往只能在若干年后才能给出，习主席的达沃斯发言和特朗普的当选会不会成为全球化攻守转换的标志性事件，我们用已知的事实和逻辑推导，需要用时间和历史来检验……

一、全球化的前世和今生

1. 全球化（Globalization），绝不仅是经济

我在互联网上找到全球化的一个定义：

全球化是 20 世纪 80 年代以来在世界范围日益凸显的新现象，是当今时代的基本特征。总的来看，全球化是一个以经济全球化为核心、包含各国各民族各地区在政治、文化、科技、军事、安全、意识形态、生活方式、价值观念等多层次、多领域的相互联系、影响、制约的多元概念。

在这个定义中，我们可以看到：第一，全球化定义为 20 世纪 80 年代出现的新现象；第二，全球化并非仅是经济的全球化，还包括政治、文化、价值观念等很多方面；第三，全球化是一个多层次、多领域的相互联系、影响、制约的多元概念。

我想说：首先，全球化是一个历史概念，全球化从 15 世纪就开始了；其次，全球化的本质是资本的全球化，全球化的过程就是资本在全球攫取利润的过程，全球化是资本主义得以维持和扩张的必然要求；第三，全球化在此之前一直是单向度的，是西方发达国家凭借自身优势，强制输出自己的资本、价值观的过程，存在着各种文明之间的冲突，是让东方从属于西方的过程，而并非双向或者多向影响的过程；第四，全球化是一个现代化的过程，各经济体充满着现代与传统的内生矛盾，也就是存在着文明内部的冲突。

2. 全球化是资本扩张的必然要求

钱是人类欲望的外在体现，是人类欲望的物化。新教伦理解放

了人，也解放了人的欲望。潘多拉魔盒打开，人类的欲望出笼，演变成了一只叫做"资本"的怪兽，吞噬、传染着一切，并且以惊人的速度自我繁衍，所有的人都臣服在它的脚下，成为它的奴隶。钱，必须要生钱，金钱永不眠，资本不满足于一城一池，也不满足于国内，资本会放眼全球，将全球当作其狩猎场，全球化是资本扩张的必然要求。看过《阿凡达》的人都会同意，如果技术条件允许，资本会开着宇宙飞船，到外太空殖民，资本向来不惮于与魔鬼做生意。

15～19世纪，资本家用坚船利炮为资本这头怪兽开道，用血与火洗劫全球，所以马克思说：资本来到人间，从头到脚每个毛孔都滴着血和肮脏的东西。20世纪，资本穿上了"自由""民主"的外衣，学会了装扮和花言巧语，变得看似文明，不再那么赤裸裸，但依然在全球游荡，捕食猎物。

3. 殖民化是全球化的前世——通过殖民化来实现资本的全球化

15世纪的地理大发现，开启了马克思所说的"历史向世界历史转变"的时代，标志着全球化格局的初步形成。这一时期，葡萄牙、西班牙、荷兰、英国等西欧诸国屠杀美洲土著，贩卖非洲黑奴，掠夺矿产资源，为资产阶级积累了巨额的财富，客观上推动了工业革命的产生，加速了欧洲各国封建制度的瓦解和资本主义的兴起。

这一阶段是资本对外殖民扩张的历史，也是资产阶级改革教权、结盟王权、战胜领主权的历史（欧洲并列的三项公权力：王权、教权、领主权）。资产阶级通过宗教改革让教会退守精神世界，欧洲社会开始世俗化、资本化，具体内容可以参见马克斯·韦伯的著作《新教伦理与资本主义精神》。

英国在1066年（英国正史的开端）分封了178个领主，德国有

1789 个政治实体①，各领主在自己的领地有着至高的权力。资本的发展必然要求统一全国市场，打破封建割据。所以资产阶级首先结盟王权，打击封建领主，统一了国内市场，然后资产阶级高举"自由""民主""法治"来限制王权，为君主立宪，建立起资本主义的社会制度，确保资产阶级的私人产权得到保护，不受权力侵犯。英国的光荣革命、法国的大革命都是资本主义的胜利，资本主义对贵族（封建领主）、对王权的胜利。

所谓"民主"只是资产阶级要求王权的民主，而不可能是无产阶级要求资产阶级的民主，所以在资产阶级胜利之后，"民主"被简化为"一人一票"选举政治领袖，这是资产阶级扔给无产阶级的精神鸦片，具体内容可以参见贝淡宁的《贤能政治》。

15 世纪到 17 世纪是资本在国内和国际取得双重胜利的时期，对外殖民，对内夺权，二者相辅相成。确立了资本主义制度，统一了国内的市场，通过殖民扩张，攫取巨额财富，这让西方国家快速发展。18 世纪的工业革命，使得资本主义得以加速发展，西方国家打着自由贸易的幌子，凭借坚船利炮，征服了世界上大部分国家，用血与火洗劫全球，极大地加速了"世界市场"的形成，资本主义国家开始帝国主义化。

在这一时期，全球化就是资本在全球血腥殖民的过程，以军事和暴力为手段，让亚非拉沦为其原材料产地和产品倾销地的过程。

4. 民主化是全球化的今生——通过民主化来实现资本的全球化

第二次世界大战使得主要资本主义国家元气大伤，亚非拉各殖

---

① 杨宇立：《改革：中国做对的顺序》，中国发展出版社 2015 年版。

民地趁机纷纷取得独立，全球经历了"民族的觉醒"，单纯的军事侵略，殖民占领已经无以为继。但在殖民地基础上独立起来的民族国家，面临着一穷二白的处境，要发展经济，仍然必须依附西方国家。以美国为首的西方国家建立了国际政治经济新秩序，一方面通过所谓的关税贸易总协定（WTO 前身）继续使这些国家成为他们的原材料产地和产品倾销地，另一方面通过各种方式在这些取得独立的国家推行民主化运动：要么通过国际货币基金组织和世界银行，以民主改革为贷款条件，掐住各国发展的喉咙；要么通过官方或各种民间基金或明或暗地扶持反对派，培养其国内代理人，让亲西方的人士或者党派上台。目的只有一个，那就是控制他国政治，从而攫取经济利益。

20 世纪 80 年代，随着信息技术的发展，及其在金融领域的应用，以贸易为主的全球化被金融投资为主的全球化所替代，美国为主导的西方国家开始利用美元霸权，通过操纵别国汇率，更加直接和赤裸裸地对这些发展中国家进行收割，比如美日的广场协定，以及亚洲金融危机。

为了完成这个步骤，推行金融全球化，美国国际经济研究所邀请国际货币基金组织、世界银行、美洲开发银行和美国财政部的研究人员，以及拉美国家代表在华盛顿召开了一个研讨会，所达成的10 条政策措施，被称作"华盛顿共识"（Washington Consensus）。华盛顿共识中给出的包括保护私人产权、措施私有化、贸易和金融自由化、利率和汇率市场化等措施，都是旨在减少政府干预，弱化国家金融和经济主权，以方便国际金融资本的捕食。

美国学者罗伯特·迈克杰尼斯概括说："华盛顿共识"具有

"经济体制、政治体制和文化体制"的三重特性。在"华盛顿共识"出台后，迅速在苏联、东欧等转型国家推广。在这些国家的改革初期，多党制、三权分立、全民选举、新闻媒体自由等，都被视为这些国家向市场经济过渡的条件和目标，在以西方为中心的文化预设里，这是现代民主国家的标配。资产阶级将民主打造包装成普世价值，天然自明的根本真理，使其成为具有神圣宗教色彩的政治价值观，宣扬"一人一票"选举政治领袖，是唯一具有道德合法性的方式，否则就是"专制"，就是"暴政"。

分析这些"普世性"的标准就可以发现，只有满足这些条件，才可以实现资本对权力的控制，而不是权力控制资本。所以资本的全球化，必然要带着所谓的"民主""法治"来为其保驾护航，资本代表了人性的贪婪，又可以满足人类的贪婪，这就决定了资本可以俘获、控制大多数人，控制议会、控制法院、控制媒体舆论，控制选票，进而控制整个社会。

在这一时期，全球化就是资本在全球推行民主化的过程，让各个经济体资本主义化的过程，弱化国家金融和经济主权，用经济和金融手段（辅之以军事手段）收割全球的过程。

二、中国的全球化历程

1. 中国全球化的第一阶段：被半殖民地化

中国社会自古以来男耕女织，农耕经济发达。18 世纪晚期中国的城市化率与欧洲相当，但市场远比欧洲还要先进和成熟，中国在 19 世纪初仍是全球最大的经济体。但中国对待海外利益和财富的态度与欧洲截然不同，王朝统治者重农抑商，把重点放在维护秩序和均衡发展，而非推动商业行为和工业化进程。

中国的全球化始于鸦片战争。英国人要求鸦片贸易而不得，便用枪炮开路，两次鸦片战争，八国联军侵华，彻底打破了这个"天朝上国"数千年的平静，中国被迫签订了一系列不平等条约，沦为列强肆意鱼肉的半殖民地。

中国被迫全球化的历史是备受屈辱的历史，也是中华民族救亡图存的历史，这一百年里，既有东西方文明间的冲突，又有着因这些冲突导致的我们自身文明内部的冲突。我们五千年的灿烂文明无法抵御异族的船坚炮利，我们的农业文明无法应对横行的工业文明，如果固守安贫乐道的价值观，必将沦为西方殖民地，被灭种灭族。面对三千年未有之变局，中华民族有勇气有智慧打破传承千年的传统，改变根植于四万万人血脉中，已经幻化为日常的伦理道德，来应对西方挑战。诸如晚清的洋务运动，"师夷强技以自强"（因不认同西方的价值观，所以仍强调要"中学为体、西学为用"，即在"技"的层面学习西方，但在"道"的层面仍然坚持东方传统），还有五四时期的"打倒孔家店"，欢迎"德先生""赛先生"，以及孙中山的"三民主义""议会共和"，但这些都没有获得中国的精英和大众的共同认同，没能实现对全民族的凝聚和引领，直到"十月革命的一声炮响"为我们送来了马克思主义，直到中国共产党成立。

马克思主义之所以能够迅速获得中国精英和老百姓认同的原因，我认为有以下三点：首先，马克思主义在苏联取得了胜利，有成功案例；其次，它是对资本主义的合理扬弃，保持着对资本主义的批判，更能引起深受西方侵略之苦的中国人民的共鸣；最后，最关键的是马克思对"人"的关注，以及对共产主义社会的描述与中国儒家传统道德，以及追求的天下大同理想是惊人的一致。所以选择马列主义是中国社会当时的一个历史的、必然的选择。

毛泽东时代将马克思主义中国化之后，带领中国人民结束了百年的屈辱历史，赢得民族独立和民族尊严，但同时中国也被从已经资本主义了的全球化中"孤立"出来。

2. 中国的社会主义探索——孤立于全球体系之外

资本主义诞生之后，改革了教会，战胜了领主，限制了王权，并在全球攻城略地，所向披靡，眼看就要一统全球，可惜碰到了马克思，碰到了马克思创立的科学社会主义的狙击。这些社会主义国家不是被资本控制，而是被政治精英控制，这些政治精英不但不会被资本俘获，而且往往站到资本的对立面，站到贪婪人性的对立面，想要去改造人性，改造这个贪婪的世界，驯服资本，让资本为大多数人服务而不是大多数人为资本服务。他们是资本的敌人，他们手中的权力，是可以降龙伏虎的绳索，是资本最惧怕的东西。

所以资本主义必须要颠覆社会主义，这是由资本的本性决定的，所以战后以美国为首的西方国家迫不及待地对社会主义国家实行"冷战"，世界被分裂成两大阵营，这些大家都熟知，不去细说。但在 20 世纪末，社会主义阵营遭受巨大失败，这能够证明是资本主义制度比社会主义制度优越么？我不这么认为。

古巴的卡斯特罗去世，让我心生很多感慨，不得不多说两句。西方资本主义国家通过殖民以及二三百年的发展，已经积累了大量的科技、财富、经济和军事实力，但苏联领导的社会主义阵营，大都是在殖民地半殖民地情况下发展起来的，一穷二白。一个刚从殖民地独立的国家，不可能有完整的工业体系，它必须出口自己的原材料获得外汇，进口需要的生产工具、机器设备，甚至药品、医疗设备。但是西方国家自你成立之初就对你进行全面的经济封锁，军事威胁，不断地策动内乱、暗杀，原因就是你选择走社会主义道路。

社会主义国家为什么容易发生"大跃进"？中国有全民的"大炼钢铁"，古巴有全民的"蔗糖革命攻势"，是领导人傻或者好大喜功吗？当然不是！这都是被封锁逼急了，别无他法。古巴当年只能依靠出口蔗糖到苏联，换取援助，这是唯一有效换取外汇的方法。帝国主义的封锁逼得你只能依靠发动群众的革命精神，来争取喘息的机会。

所以冷战的过程其实就是资本主义阵营依靠历史上建立起来的实力上的不平等，对社会主义阵营进行围追堵截、打击、扼杀的过程，是一堆大人拿着武器，围困饿死几个小孩的过程。社会主义国家的贫穷和失败是由社会主义制度造成的吗？当然不是，恰恰是独立前被帝国主义殖民掠夺，独立后遭帝国主义封锁造成的。

新中国在成立之初也是面临这种境地（全面的经济封锁，美国核战威胁，台湾"反攻大陆"，大陆特务猖獗），但好在中国地大物博，加之苏联东欧兄弟国家的支持，毛泽东带领全国上下各族人民在满目疮痍、一穷二白的基础上，进行社会主义建设。我党以苏联的经验为借鉴，总结我国的经验，正确处理社会主义建设过程中的各种问题（比如毛主席的《论十大关系》，重工业、轻工业和农业的关系，沿海工业和内地工业的关系，经济建设和国防建设的关系，等等），自力更生、艰苦创业，以一两代人的牺牲为代价（王进喜：宁可少活二十年，拼命拿下大油田），建立起了门类齐全的工业体系、国民经济体系和自主研发体系，这为我国后来的改革开放、经济发展奠定了坚实的基础。

3. 中国全球化的第二阶段：争取成为打工仔

当然改革开放的过程也可以说是被逼无奈、迫不得已的过程，因为如果继续被资本主义体系孤立，我们的社会主义事业将无以为继，与其对抗，不如合作。

毛主席和周总理在生命的最后岁月，推动了中美建交，加入了联合国，为我们打破了帝国主义的封锁。邓小平审时度势，推行改革开放，创造性地在社会主义国家实行市场经济，同时坚持四项基本原则，而把与市场经济配套的资产阶级民主挡在了门外，这实际上就是坚持国家对资本的控制。

中国推行市场经济后，资本主义国家认为这是改变的开始，中国终将走上资本主义道路，所以我们获得了他们的资金和技术，加之中国的工业门类齐全，又有巨大的人口红利，中国经济得到了迅猛的发展。通过艰苦的谈判，加入 WTO，获得打工仔的身份，正式进入了全球经济分工的价值链，发展成为世界工厂。这让中国深度地融入了整个资本主义经济体系，并成为这个体系的重要组成部分。

改革开放，让我们摆脱了意识形态的束缚，有机会充分学习借鉴世界各国人民创造的优秀成果，为我所用。我们在经济领域按照这个体系规定的资本逻辑运行，并学会了如何用政治驾驭资本这头怪兽，让资本为广大劳动人民的根本利益服务。在探索社会主义建设的道路上，我们将马克思主义与中国的建设实践相结合，将马克思主义与中国的文化传统相结合，30 多年改革开放的实践证明，我们找到了道路自信、理论自信、制度自信和文化自信（当然这四个自信还需要逐步转变成为整个民族的自信），这对人类社会的组织方式，对人类文明都将是巨大的贡献。

三、当今全球化存在的问题

在这个全球经济分工体系当中，美国坐在最顶端，拥有铸币权和军事霸权，是食利者阶层，算是老板，靠金融创新（打白条、割羊毛）和军事恐吓生活；欧盟其次，生产毛利率相当之高的高精尖产品和提供高质量的管理服务生活，算是管理层、中层；中国则承担起了世界工厂的角色，为全球生产日常消费品，低端工业制造品，就是底层产业工人；俄罗斯及其他亚非拉国家还不如我们，他们纯属资源提供者，靠卖房卖地卖祖产过着"吃老本"的生活。

这个全球化的体系按照各国历史形成的资源禀赋，各尽所能，各取所需，看似完美，但世界上从来就不存在一个完美的制度可以一劳永逸地解决人类社会的所有问题。在这个体系的四个阶层之间存在矛盾，每个阶层内部也存在问题，这些矛盾和问题也可以说是21世纪全球化所带来的负面影响。

1. 全球化体系之间存在的问题

很简单，谁都想当食利阶层，天天吃喝玩乐，通过铸币权全球收租子（人民币也在通过教科书上没有的形式——货币互换，变相推进国际化进程），所以欧元就成了美国的眼中钉肉中刺。谁都想干得少、拿得多，卖附加值高的产品，中国在新能源、高端制造、高附加值领域的进步就是对欧盟的威胁。俄罗斯、亚非拉但凡有办法，谁愿意卖老本，能源、矿产都想卖个好价钱，但却没有定价权，必须源源不断地供给海外。

所以每个阶层都想上升到其上一个阶层，世界就是围绕着分工的地位问题，在不断地博弈和斗争。

2. 其他系统内存在的问题

美国社会的内部问题已经由特朗普的当选为世人所熟知，这里我就不去赘言。过于迷信美元霸权，结果华尔街"玩火自焚"，自己搞出金融危机，过于迷信军事霸权，结果深陷伊拉克、阿富汗的"坟墓"。在 2011 年给公司营业部老总培训的时候我就讲"9·11"是美国由盛转衰的标志，笑称金融危机后美国的普通民众生活在"水深火热"之中，并在会上提出"美国梦"的破灭，和"中国梦"的崛起，推荐大家去看一下迈克尔·摩尔在 2009 年拍的纪录片《资本主义：一个爱情故事》，相信大家会有一个更加感性的认识。

欧洲的问题在于过重的福利主义和过低的生育率导致的不思进取，这会让社会走到繁荣的尽头（参见希腊的债务危机）；政治上欧洲有长期分裂的传统，英、法、德又各怀鬼胎，所以一直不看好欧盟的未来，果然英国脱欧，开启了欧盟分裂的进程；军事上过于依赖北约，频频跟随美国在自家周边放火，以邻为壑，也是蠢到家了。最近的难民问题，更是典型的与美国一起搬石头砸自己的脚。

亚非拉落后国家在这个旧的全球化体系中已经失去了任何可能的发展机会，深陷贫困和落后的泥沼，未来唯一的机会就是积极加入中国倡议的"一带一路"。

3. 中国存在的问题

中国自从邓小平决定改革开放之始，决定在社会主义国家嫁接、试验市场经济的那一刻起，就选择了面对内外两个必然要面对的矛盾。

　　国际上，我们选择融入西方国家所构建起来的全球资本主义体系，并成为其重要的组成部分，需要既合作又斗争，而且要斗而不破，小心谨慎地掌握平衡。西方社会一方面需要中国提供廉价的劳动力和巨大的消费市场，另一方面又对红色中国的快速崛起，心存疑虑，对我们采取反倾销、高新技术封锁，碳排放谈判，操纵大宗商品价格，操纵汇率等种种手段进行限制，妄图将中国打压在低端制造供应者的角色。

　　在国内，我们一直面临着资本逻辑的困扰，虽然有中国特色社会主义，有社会主义的上层建筑，但曾经姓"资"姓"社"的经济发展讨论令理论界面临窘境，于是在邓小平定下"一个中心、两个基本点"的大方略之后，国际上讲"韬光养晦""不出头"，国内讲"黑猫白猫""不争论"。

　　在人民民主专政与嗜血如命的资本共舞的这三十多年里，虽然中国综合国力不断增强，国际地位不断提高，消灭了4亿人的贫穷，让13亿人大部分过上了安居乐业的生活。但另一方面，各路资本无时无刻不在腐化、豢养权力，扩大着它们在这个社会的主导权，从田间地头到车间厂房，从医院高校再到媒体网站，无数的职业、官员臣服于资本，得罪于百姓，国际资本将制造业向中国转移，同时也把血汗工厂转移到中国，将污染转移给中国，将劳资矛盾转移到中国，贫富差距越来越大，环境污染越来越多。

　　面对这些问题，社会思潮开始撕裂。有人归罪于改革开放，开始怀念碧水蓝天、人人平等的时代，有人归罪于改革的不彻底，要求政治改革，全盘西化。大部分知识分子根据自己的理解，献言献策，提出自己善意的批评，但也有西方社会饲养的公知利用这些问题，将全部的责任都归罪于党，肆无忌惮地对党和政府进行各种攻击。面对这些攻击，我们党如果仍然延续"不争论"的态度，姑息养奸，或者简单粗暴地"禁言""删帖"，都会将自己置于非常被动的位置，不利于凝聚社会共识。

经济上，在这个全球经济价值链中，作为世界工厂，我们要生产产品供应全世界，所以产能迅速扩张，中国经济也进入了快速发展期，面对中国崛起的威胁，西方开始改变游戏规则，操纵大宗商品价格，操纵汇率，将我们物美价廉的产品定义为倾销，致使我国出口严重受阻，这是今天各个行业产能过剩的主要原因。为了解决这个矛盾，我们前些年一直想方设法扩大内需，比如为了消化制造业的产能，我们提出家电下乡、以旧换新，为了消化钢铁水泥的产能，房地产市场疯涨，积累了大量库存，同时也积累了大量矛盾，不得已，继续搞保障房建设、棚户区改造，这一切，在一定程度上都是为了消化我们巨大的产能。

我们党和政府虽然在开始之初就看到了这个矛盾，也一直试图进行经济结构转型升级，也就是要从底层工人角色上升为中层、管理层，但船大不好调头，一方面国际上旧的政治经济秩序的阻力非常巨大，另一方面我们内部有着非常严重的路径依赖，巨大的产能来自于金融体系的支持，中国金融体系在资本逻辑主导下把资金都投在了这些过剩产能，根本没有余力再去大力支撑战略型新兴产业的发展。

四、攻守转换的开始——中国时代的来临

2017 年的达沃斯论坛，是一个标志性的事件，标志着西方发达

国家和以中国为首的发展中国家对待全球化的态度和承担的角色开始发生转换，西方国家由攻转守，贸易保护主义、孤立主义抬头，中国由被动的参与者，变成了积极的推动者和有可能的引领者。导致这些变化的原因，就是第三部分讲到的全球化所导致的各个经济体之间以及内部所出现的那些内外矛盾。

美国人选择特朗普，特朗普选择退出 TPP，英国人退出欧盟，选择特雷莎·梅执政，原本我们没必要为他国内政操心，可全球化的今天，充满博弈的世界，每个国家都无法独善其身。我不知道美、英、俄、日未来会怎样做，但我党向来也不在意欧美"你方唱罢我登场"的民主闹剧，兵来将挡、水来土掩，我有我的一定之规。

习近平 2016 年 G20 峰会的讲话以及最近在达沃斯论坛上的讲话，为我们勾勒了全球化的未来走向，内容很多，我想说两点：

一是我们的很多提议都是倡导发展产业资本，监管金融资本，这是扬长避短。现在产业是我们的强项，金融是我们的弱项，倡导在全球范围内监管金融资本就是要给华尔街套上锁链，不能任其为所欲为。特朗普对美国失业蓝领夸口要重振美国经济，号称要跟中国打贸易战，也只是说说罢了，贸易战肯定打不过中国，实际上美国一直都在跟中国打金融战。美国的金融体系是最牛的，中国的金融体系是最薄弱，而且可能也是效率最低的领域，金融是中国的一个命门，未来一段时间我国必须重点防范金融风险。

二是中国用"一带一路"去统战全球大多数国家，统一战线，是我党不断取得胜利的法宝。本届政府在继续扩大内需的基础上，又提出了"一带一路"倡议，进而提出"国际产能合作"战略。中国有世界上最大的产能，而亚非拉有世界上最大的需求，中国落后的产能对于亚非拉来说可能也是先进产能；高铁解决了物流瓶颈，中欧班列已经满载货物，驰骋于广袤的欧亚大陆，联通了欧亚国家的需求；绕开 IMF 和世界银行，中国倡导成立了丝路基金、亚洲基础设施投资银行、金砖国家开发银行等多边金融机构，解决资金瓶颈，中国主导的"一带一路"显然已经自成体系。在这种背景下欧美奉行孤立主义，只能是作茧自缚、画地为牢，现在西方看待中国的眼光，与当年大清看待西方的眼光，何其相似！如果欧美在孤立主义的道路上一意孤行，历史将会证明不是欧美抛弃了世界，而是世界抛弃了欧美。

当然我们除了在国际上积极布局"一带一路"，输出合作、输出产能之外，国内仍不能放弃"世界工厂"的地位，但必须坚决地转型升级，从制造大国向制造强国转变。这里的关键就在于战略新兴产业能否替代传统产业，成为中国经济增长的新动力，而战略新兴产业崛起的关键就是金融资本的支持。战略新兴产业有了金融资金的支持，就会迅速吸引人才、技术的集聚，就会完成对传统产业的逆袭，成为中国经济增长的新引擎。再接下来，说到金融体系改革，大家可能就知道我要说回我的老本行新三板了，请参见 2016 年 11 月 10 日的公众号文章《新三板：中国资本市场的双轨制改革》，里面详细论述了我所理解的此轮深化改革的对象（目前的金融体系）、策略（双轨制）和关键（形成"产融互动"）所在。

总结来说，面对日益不确定的世界，不确定的未来，中国将会依然坚持对内改革，对外开放，不过改革和开放都被赋予了新的内涵和历史意义，此轮深化改革在经济领域的重点是金融体制改革，对外开放的重点是"一带一路"的产能合作。当然必须防止某些国家的军事冒险，所以军队的战区改革，以及航母编队、战略导弹部队、歼20都是我们保家卫国的"倚天剑"，只有认真备战，才能避战、免战。

五、全球化的未来——发展中国，普惠全球

如果我的判断是对的，全球化真的实现了攻守转换，今后的全球化真的由中国来主导，那么全球化的性质会变吗？其表现形式会从殖民化和民主化变成什么？在此之前我真的没有认真考虑过，不过在此尝试着作个分析。

我认为目前中国倡议的以"一带一路"国际产能合作为主要抓手的全球化，短时期内其本质仍然是资本扩张的必然要求，但与欧美主导的全球化的不同之处在于，这个资本的扩张是手段而不是目的，资本将会重点投入到当地的基础设施建设，这会大大增强各国自我发展的能力和后劲，中国主导的全球化必将是以发展中国、普惠全球为目标。所以对今后全球化性质的分析，可以转变为对全球化领导者的分析，也就是对中华民族的追求和信仰的分析。

鉴往知来，中华文明自古以来就讲究"以和为贵"，讲究"世界大同、和而不同"，对于世界和平、社会和谐的向往是根植于中华民族骨髓和血脉里的信仰。两千多年前的丝绸之路，各国打破藩篱，互通有无，友好交往，书写了人类历史的辉煌篇章。新中国成立后，我们在国际交往中提出"和平共处五项原则"，为广大亚非拉国家所普遍接受和赞扬，中国一直是维护世界和平的坚定力量。

未来，中华民族主导全球化，到底会是什么样子，我想习近平总书记 2017 年 1 月 18 日在联合国日内瓦总部的演讲《构建人类命运共同体》，为我们提供了最准确和最全面的阐述！

写于 2017 年春节假期

新三板：一个全新的资本市场

本文是将近几年来从事新三板挂牌工作中的一些认识做了梳理，对新三板的一些根本性问题做了分析，第一次将新三板定位成与"农村联产承包责任制"相比肩的伟大制度变革，提出了只有新三板才能救中国经济，只有新三板才能发展中国经济的判断。很多提法也较为犀利，比如将 A 股市场比喻成"权贵俱乐部"，把 2014 年定义成"中国资本市场发展元年"，其中也涉及对分层等部分热点问题的回应，提出了与圈内大佬针锋相对的观点。

我国的经济、金融体系变迁是个宏大的话题，其中很多因果联系是非曲直，非三言两语可以说得透、说得清，所以简化了很多推理的过程和背景介绍，也有很多将在后续的文章中继续阐述，希望朋友们多批评指正。

新三板从 2013 年底扩展至全国到现在，经历两年多的发展，挂牌企业超过 7500 家，但还是处于名不正言不顺的状态，现在大家还一直在讲的新三板市场是一个约定俗成的说法，实际上它的官方命名是全国中小企业股份转让系统，是经国务院批准设立的跟上交所、深交所一样的全国性证券交易场所。新三板不是个什么系统，它是个市场，市场就是一个买卖双方进行交易的场所，买卖的标的物是菜，就是菜市场，买卖的标的物是服装，就是服装市场，买卖的标的物是房子，那就是房地产市场，新三板市场就是个买卖中小企业股份的市场。名正言顺的话，新三板市场就应该叫做北京证券交易所。现在叫股转系统，名不正言不顺，所以社会上至今对它还存在很多不同的认识，对新三板的发展还有很多不同的声音，我觉得我有必要来阐述一下我们团队对新三板的理解，以及我们是如何基于对新三板的这种理解，来指导我们的新三板实践。

一、新三板以前的资本市场

我认为新三板是中国真正的资本市场，2014 年才是中国资本市场的发展元年。认识我的老朋友都知道我一直在这么说，这个论断对不对，让我们分析一下。

1. 什么是资本市场

市场是一个买卖双方进行交易的场所，那资本市场理所当然就是买卖双方进行"资本"交易的场所，买卖的标的物是"资本"。这两个字呢，我也想跟大家澄清一下这个概念，平时我们总说到资本市场上融资圈钱，就容易将资本跟资金、钱混为一谈。资本首先是钱（money），但钱的形态又可以分为现金（cash）、资本（capital）这两个概念。现金实际上就是我们用于日常消费的，吃饭、看电影所花的钱，资本是什么？用马克思的话讲叫做可以创造剩余价值的价值附着物，不是用于消费领域，而是用于生产领域，用于扩大再生产的钱。如果再结合市场的话，一年以内的资金交易市场叫资金市场，一年以上的长期资金交易（股票和债券）市场叫资本市场。

资本市场存在的目的，是为了促进资金需求与资金供给双方的对接，对"资本"这一资源的配置起到基础性作用。判断其是否是真正的资本市场，或者这个资本市场是否成功的标准就是看这个市场在多大的层面和程度上，实现全社会"资本"的优化资源配置。

具体到我们国家，就是要看这个资本市场能否在高居民储蓄和低企业融资之间架起桥梁，解决居民投资难和企业融资难的问题。

2. 我国资本市场发展的"曲折之路"

（1）银行占据主导地位的间接融资体系。

长久以来，我国的金融体系就是以银行占据主导地位的间接融资体系，社会资金绝大部分都集中在银行体系，由银行配置。这种金融体系在新中国成立后的很长一段时间内，为经济建设发挥了积极的作用，但在四大行引进国际战略投资者，实行股份制改革上市之后，也变成了商业机构、盈利机构，所以经营活动主要是利润导向而不是政策导向，带来的问题就是中小企业融资难。

我是 20 世纪 90 年代末上的大学，毕业论文写的就是《如何解决中小企业融资难的问题》。读研究生期间，研究生会也请了人民银行、担保公司、企业等去为学生做沙龙讲座交流如何破解融资难的问题。毕业后的第一份工作在邮政储备局，后来变成邮储银行了，也在从事破解中小企业融资难的工作。每年的国务院总理工作报告都会讲到采取各种措施解决中小企业融资难的问题，但一路说到现在，一直没有解决。中小企业融资难，成了一个横跨 30 年的命题。

所谓的中小企业融资难，难在三个层面。一个呢，中小民营企业盈利少、抗风险能力低，银行根本不给贷款。第二个是即使放贷款，也要求很多的抵押担保物，利率上浮，条件要求极为苛刻，且多为短期的流动资金贷款，融资成本极高。第三个是银行资金都是债权融资，需要还本付息，财务风险较大。

因为中小企业很难拿到银行的项目贷款，所以很多企业的投资都是短贷长用，用短期流动资金贷款滚动进行投资，这种做法风险极大。一旦国家收缩银根，还贷后银行不再续贷，企业就面临资金链断裂的风险，前几年温州企业跑路、浙江企业破产大部分都是这个原因。企业投资过程中的短贷长用，往极端说，跟你借高利贷差不多，刀尖上舔血，我们的民营企业家太不容易了。

至于为什么国家货币每年都超发，银行依然不给中小企业贷款以及即使贷款也一般都是短期贷款，我们就不展开讲了，但我们知道中国目前的扭曲的金融体制决定了，依靠银行无法解决中小企业融资难。

（2）新三板之前的资本市场是个权贵俱乐部。

曾经从意识形态的角度理解社会主义是计划经济、管制经济，资本主义是市场经济、自由经济。改革开放以后，我们抛弃了计划经济改为市场经济，经济领域已经变得很自由，甚至比资本主义还自由，但恰恰是在资本市场（新三板扩容之前的）这个领域，我们却是最计划、最管制的一个领域。

中国兴建的第一个资本市场就是上海的主板市场，后来大部分时间用来服务于国有企业脱困；第二个是深圳的中小板市场，出来之后越做越像主板，只有大的民营企业才能上；第三个是深圳 2009 年推出的创业板，说是面向中小科技型企业的板块。2011 年秋天我为营业部老总培训投行业务，正好创业板开板两周年，很多文章说什么创业板的公司这两年营业收入、利润、市值都实现了大幅增长，所以创业板很成功。但我在培训的时候就分析过说创业板失败了，为什么？一个国家层面的制度安排，评论它的成功失败与否，要看它制度设计的初衷有没有实现。创业板推出是国家为了解决中小企业融资难而做出的重大制度安排，但是这一下国家层面的制度安排，推出两年之后，只解决了200家左右（上市家数）企业融资难的问题，也就是说对于广大中小企业通过创业板融资仍然是可望而不可即的。不仅数量少，而且还带来了高市盈率、高发行价、高超募额等一系列问题，再一次导致了资金资源的错配。所以我就说创业板失败了，中国发展、完善资本市场的努力再一次落空！

认识我的朋友都知道，我一直说主板、中小板、创业板那不是资本市场，那是权贵俱乐部。俱乐部有着极其严格的审核程序（发审制），企业要拿到入场券是很难的，基本是封闭的。要想迈进那个俱乐部，不光企业业绩要做得好，还需要深厚的人脉关系才行。从1990年到现在，20多年的发展历程，俱乐部严格控制会员数量，只有不到3000家的企业鱼跃龙门，进入了这个俱乐部，获得了令人羡慕的地位和财富。

也还是在那次培训会上，我断言说我们手里面还仅剩一张牌可打，这张牌就是新三板，如果新三板这张牌再打坏了，中国资本市场就彻底没戏了，而且进一步断言如果这张牌还在目前管理体系、目前现状打，还需要发审委审核等，那也没戏。

这是2011年秋的一个判断。

二、新三板，中国真正的资本市场

2013 年底，国务院终于在中小民营企业奄奄一息的时候，突破重重阻力，推翻所谓的在国家级高新区逐步扩容试点的方案，直接将新三板推向全国、面向所有中小民营企业，打出了新三板这最后一张牌。而且果然是另起炉灶，组建股转公司，由其负责形式审查，而不是由证监会的发审会负责实质审核。

从新三板这两年的表现看来，这张牌没打坏。为什么说没打坏，那就看新三板是否承担起了解决中小企业融资难的这个历史使命？经过两年的发展，新三板在 2015 年底达到 5129 家，定向增发的融资规模 1216.17 亿元，超过创业板。到现在应该已经有 7500 家左右，融资规模可能已经超过 1500 亿元！而且这个数据只是股转挂牌企业的定增规模，还有太多企业在挂牌之前已经获得 PE、VC 的资金并未计算在内，以及因为挂牌的规范以及股权融资带来的银行贷款增加也并未计算在内，如果加上这些，新三板推出为众多中小企业带来的融资规模要远超 1500 亿元。

所以仅从挂牌数量和融资规模的外部表现上来看，至少现在我们可以说新三板现在走的路或许会成功，只能说或许会成功，新三板终于看着像是一个真正的资本市场了。这么说的原因如下：

1. 新三板实行市场化的"注册制"

以前的 A 股主板市场是个标准要求极高、基本封闭的俱乐部，但新三板就是一个向几乎所有人敞开怀抱的路边大排档，所有的中小企业只要你有持续经营能力，两年内没有重大的违法违规，都可以通过真实、准确、完整的披露自己企业的信息，到新三板上来展示自己，来寻找股权融资机会，股转公司只做形式审查。新三板是开放的，是真正市场化的"注册制"。

新三板这两年量的扩张，将市场化、注册制体现淋漓尽致，看我们公司的同事这两年加班加点基本上没闲着，股转公司的人比我们更忙，比如说股转公司公司部的 30 多个人要服务 6000 多家企业，而且今年肯定过万家，量的扩张让我们看到了新三板是一个开放的市场。

新三板实行纯市场化的注册制，这是我认为它是真正资本市场的第一个原因。

2. 新三板实行"法治化"的惩戒制度

只讲"自由""市场"，不讲"法治"的地方，必将是一个唯利是图、利欲熏心的地方，新三板的市场化必须有法制化的护航。这个法制化的市场从 2016 年春节过后我们已经明显感觉到了，各种监管办法、处罚案例纷至沓来。从 2016 年开始，新三板更加注重通过法制化来强化企业质的提升，更加注重通过惩戒制度来打造、维护一个公开透明的市场环境，企业不敢在这个市场上胡作非为，做恶必被惩戒。

在这里我大胆预测，2016 年年底以及 2017 年上半年会有几百家挂牌企业主动或者被动退市，新三板将来必定是一个通过规则优胜劣汰的市场，大浪淘沙，留下的都是有价值有潜力的企业。A 股市场之所以问题很多，因为它是一个发门票的，只能进不会出的俱乐部，大家都彼此认识、彼此关系密切，谁也不好意思把谁踢出去。

新三板实行法治化的惩戒制度，是我认为它是真正资本市场的第二个原因。

3. 新三板将资金导入优秀的实体经济

A股市场 2015 年上涨到 5000 多点，流入股市的钱很多。但这些资金都是击鼓传花，在炒股者手里空转，并没有进入上市公司，并没有进入实体经济。而且很多是银行的钱跑到股市里面空转，对于拉动实体经济增长没有任何意义。新三板都是通过定增将投资者的资金注入企业，用于研发、扩大再生产等，而不是在二级市场上炒作股价，新三板体现了金融的本质，金融还要回归到服务实体经济，将资金配置到实体经济里面去，这一点符合国家的整体战略。

新三板将资金导入实体经济，这是我认为它是真正资本市场的第三个原因。

上述就是我讲的新三板市场是中国真正的资本市场的一个逻辑推理。

三、只有新三板可以发展中国经济

1. 中国面临的周期性和结构性问题

中国经济进入换挡期、下行期，并且将长期保持 L 型形态，几乎已经成为普遍共识，但是对于成因，经济学家们有不同的解读，有说是周期性的，有说是结构性的。我认为中国目前的经济下行，既是周期性的也是结构性的，不过我说的周期性和结构性与其他经济学家们说的周期性和结构性不同。

我说的周期性指的是国际资本主义经济发展的周期性，而不是国内经济发展的周期性。中国自 2001 年加入 WTO 已经深度地融入了当今世界的资本主义经济体系，成为世界工厂，成为这个体系非常重要的组成部分。但由于 2008 年的国际金融危机打破了国际经济大循环，使我们发展出来的可以供给全球的产能与全球尤其是欧美西方国家日渐萎缩的消费能力之间产生了巨大的矛盾，这是由资本主义世界周期性爆发经济危机的固有矛盾所决定的。全球经济都处于低迷状态的时候，我们不可能一枝独秀。

我说的结构性是指金融资本与实体经济的结构性失衡，而不是传统落后产能与战略新兴产能之间的结构失衡，更不是国有经济和民营经济结构失衡。我国金融过度商业化，过度自由化，造成竞争同质化，经营简单化，内部人控制，已经形成了过度膨胀的具有自身利益的"金融资本"，实体经济沦落为金融资本的宿主。

要解决我们面临的这两个矛盾，策略也有两个：一个是"一带一路"，继续对外输出产能，产能合作，只不过对象换成亚非拉等发展中国家和第三世界国家。一个是深化体制改革，其中主要是深化金融体系改革，对中国之前各个领域尤其是金融领域过度自由化带来的负面影响进行纠偏，让金融回归服务实体经济的本源。

周期性是外因，解决了外因只能治标，结构性才是内因，才是关键，只有解决了内因，才能治本。中国经济问题的症结在金融，所以在中国单纯靠推行经济政策改革来解决经济问题，是个不可能彻底解决问题。只有大力推行新三板（发展新三板这个资本市场）这一金融制度改革，才可能从根本上解决中国的经济发展问题，所以我说只有新三板才能救中国经济，只有新三板才能发展中国经济。

2. 新三板将会是近三十年最伟大的经济制度变革

我把新三板制度改革的历史意义等同于当年的农村联产承包责

任制改革，认为它将会是中国三十多年来最伟大的一个制度变革。这个论断是在 2013 年底、2014 年春新三板扩容到全国后，跟朋友们连续彻夜交流的时候，做出的判断。当然所谓事件的历史意义，在其发生的时候我们只能是预判，是否成立，需要过五年、十年靠时间、实践的检验。但做出这种判断的依据是什么呢？我们再来梳理一下这个内在逻辑。

（1）农村联产承包责任制为中国三十多年的发展奠定了坚实基础（基础性制度）。

"文革"以后百废待兴，中央确定了要通过"对内改革，对外开放"来解放、发展生产力，解除束缚生产力发展的生产关系。牵牛要牵牛鼻子，抓主要矛盾，当年中国工业基础薄弱，最大的生产力其实就在农村，要发展中国经济首先就是要发展农业，那就要找到推动农业生产力发展的生产关系，邓小平在吸收借鉴凤阳县几个农民分田到户经验的基础上，发展出了"宜统则统，宜分则分，统分结合"的家庭联产承包责任制，极大地解放和发展了农业的生产力，农业、农村的发展为中国城市、工业的发展创造了非常有利的条件，可以说是这项制度变革为中国经济三十多年的发展奠定了坚实基础。

（2）新三板将为中国未来十年、二十年的发展奠定坚实基础（基础性制度）。

改革开放 30 年后，在温家宝总理任上取消了交了几千年的皇粮国税，农民种地不交税，反而有补贴。农业完成了其历史使命，需要我们工业承担起经济发展的主要推动力的时候，我们却发现工业不行了。当年温州的企业跑路，后来就是浙江企业倒闭，以及近两年是山东的民企担保圈出问题，甚至整个县域的民营企业都出问题，包括 2016 年的民间投资创了近几年的历史新低。种种现象表明，我们的经济真的出问题了，但问题出在哪儿？出在企业家身上吗？这十年，我接触到了大量的优秀企业家，他们智慧，坚韧，爱学习，敢创新，有担当。出在市场身上？出在技术身上？我们有着全球最大的不同层次需求的市场，我们有很多的技术都是全球领先。那问题出在哪儿，问题就出在融资难的这个事，民企融资难是束缚中国经济发展的最大障碍。如果把融资难这个问题从制度层面解决了，所有的企业家都会干劲十足，中国经济又会换发生机和活力，中国经济可以继续前行十年、二十年。

我说中国经济出问题是因为中国的金融体系出问题了，要想解决经济的问题，出再多的经济政策改革都是隔靴搔痒，必须要改到根上去，那就是改革金融体系，但是金融体系的改革，其难度丝毫不亚于当年的国企改革。

国务院呼吁银行要支持中小企业的发展，支持实体经济的发展，监管部门规定银行不能给地产贷款、不能给政府融资平台贷款，但结果呢，资金依然流入地产、流入政府部门，民企依然干涸，旱涝两重天。前几年就开始跟银行的朋友说，你们银行是中国最大的保守势力，不好听，其实这是个比喻，比喻这个生产的关系（我国以银行为主的间接融资的金融体系）开始阻碍现在生产力（中国经济）的发展，我们需要建立一个新的生产关系去适应生产力的发展，新的生产关系就是以资本市场为核心的直接融资体系。

我们在 20 世纪 90 年代建立起了资本市场直接融资渠道，但由于我国资本市场是个小众俱乐部，渠道很窄、门槛很高，几乎无法发挥作用，吴敬琏在 20 世纪 90 年代就说中国资本市场是赌场，推倒重来的声音也一直不绝于耳，但经过二十多年的发展，它的体量已经巨大，不可能推倒重建，可外科手术式的改革，却又因里面各种利益纠葛，积重难返，很难理出头绪，基本是换汤不换药。本届政府采取的比较明智的办法，那就是存量难改，那就做增量改革。就跟做国企改革一样，国企改革改不了、改不好，我们先发展乡镇经济，再发展民营经济，大力发展乡镇经济、民营经济就是在大力发展中国经济，当他们发展起来的时候，中国经济也就发展起来了，再反过头倒逼国企的存量改革，代价、难度都会小很多。

发展新三板市场就是资本市场的增量改革，大力发展新三板就是在大力发展中国资本市场，所以再读中央文件，读到"十三五"规划也好，国务院或者证监会文件也好，里面阐述的"大力发展资本市场，进行多层次资本市场建设，扩大直接融资比重"，我认为这说的都是发展三板市场，而不是 A 股市场。也就是说我认为未来的新三板体量会越来越大，会逐渐超越上交所和深交所，成为中国真正的资本市场，并且成为全球最大的资本市场。

这也是为什么在新三板扩容之初，我就说，中国民营企业家的春天来了。我们接触的很多企业，技术好、产品好，市场也好，但是老板却不太想干了，因为整个经济环境不好，融资压力太大，担心资金链断裂，再说家族财富积累已经有了，不想再去顶着压力冒风险。但当我们给他运作新三板以后，有的还没挂牌就有很多投资者来给他投资，融资问题解决了，他就会觉得那我为什么不做，闲着干嘛，我要继续二次创业，现在干得热火朝天。这是一个翻天覆地的变化。

（3）新三板可以解决中国民营企业的传承问题，进而解决中国民营企业的继续发展问题。

我国上溯至夏商周，就一直没有商业文明，自古都是重农抑商的耕读文化。民国十年，中国工商业有过黄金十年的发展期，但被战乱打断。新中国成立后对工商业的社会主义改造又彻底割断了民营企业薪火相传的愿望。

中国可以传承的商业文明可能是起始于 20 世纪 80 年代的个体工商户和乡镇企业。到今天，已经超过 30 年，太多明星企业在这个过程中败落、泯灭，很多 20 世纪 90 年代和 2000 年后成长起来的企业，也面临一代创业者年老，要退出历史舞台，但二代却没法很好接班的问题。中国民营企业第一次面临传承问题，企业家想要家业不败，基业长青，我们国家要想长治久安、繁荣昌盛，也不得不直面探讨这个问题。

但五千年的中华文明中，没有直接的经验可以借鉴，别说企业传承的经验，就连企业治理的经验都少得可怜（我们对没能传承下来的治理经验也要保持警惕）。国外倒是有百年企业，但背景、文化、法律制度都不一样，我们很难简单借鉴。于是，做大的企业家只能自己摸索，想了很多办法。大午集团借鉴英国君主立宪和唐太宗的"贞观之治"，方太靠传统文化，搞"半部论语治方太"，但这些能否成为普遍经验，用来推广，现在不敢下定论。

但新三板通过改变中国民营企业的股权结构和治理结构，可以较好地解决企业的传承问题，我将另做详细论述，本文不做展开。

所以说如果新三板真的能够从制度层面解决中小企业融资难，解决民营企业的接班问题，那就会最大限度地解放中国的生产力，让中国经济重新焕发生机，因此，我说新三板是自农村联产承包责任制之后三十多年来最伟大的制度安排。

3. 新三板将会带来一系列的配套改革体系

目前大多数人可能仅仅是看到新三板这一个制度安排，而且这一制度安排还是处于不断的完善过程中，实际上外部一系列与之配套的政策安排都会出来。比如说，新三板跟 A 股市场正好反着。A 股市场，对企业 IPO 的门槛要求很高，但对 A 股投资者的开户要求很低，新三板市场对企业挂牌的准入门槛很低，但对投资者一直坚持较高的准入门槛，并且短期内不会降低。随之带来的就是一个供需不匹配的问题，即融资者很多，但资金供给很少，所以导致新三板流动性不足，估值偏低。这个问题被很多人当作是目前新三板存在的最大的问题。

但我想说，新三板的发展必须牢牢把握住一点，那就是防止新三板的主板化，我将 A 股市场存在的所有问题统称为"A 股病"。新三板之所以诞生，它的使命就是为了区别于主板，防止资本市场的"A 股病"，但我们大部分资本市场的人，竟然将新三板的目标定位于再造一个 A 股市场，所有的制度安排都在要求向 A 股看齐，只不过在局部有量的区别罢了，这是方向性错误。比如坚持较高的投资者门槛问题，新三板这么做的目的，恰恰就是为了防止长期以来 A 股市场存在的中小散户为主的不合理的投资者结构，我们一定要用全面的眼光、联系的眼光、发展的眼光来看待新三板。

那如何解决新三板的流动性问题，我的看法是新三板在其内部，靠自身解决不了，必须要靠配套的制度来解决，其中一个非常重要的制度已经随着三板的扩容而推出了，那就是 2014 年 1 月 7 日经证监会授权，中国证券投资基金业协会制定了《私募投资基金管理人登记和基金备案办法（试行）》，并颁布实施。

这就是为了大力发展中国的私募机构，发展中国的私募市场，为新三板提供合格的机构投资者。新三板市场需要的是中长期的价值投资者而不是一两天就要收益的短期投机客，需要的是相对理性有投资经验和投资纪律的机构投资者，而不是中小散户。大量的居民储蓄是要通过专业投资机构这个桥梁投入到三板挂牌的优秀企业中去，而不是老百姓自己拿钱，在相互之间的手里击鼓传花，进行"博傻"。

公募基金入市、竞价交易推出、降低投资者门槛，这些措施都会有，但是所有重大的改革都需要时间，而且需要正确的步骤和出牌顺序，不可能一蹴而就。新三板市场的发展以及合格投资者的培育都需要时间，这一点股转公司看得很清楚，也很有战略定力，这个市场肩负着重大历史使命，不会为了一两年的红火而去违背规律，揠苗助长。散户按天计算收益，机构投资者按年计算收益，国家改革是按五年、十年甚至更长的时间来计算收益，所以不要以自己的节奏来要求国家改革的节奏。

可以预期，在接下来的几年内，与企业相关的税收体系改革、分配体系改革甚至土地制度改革等等，都会伴随三板制度的推进而进行配套改革。我说的新三板制度是三十多年来最伟大的制度安排，意义就在于此，从这个意义上说它的历史地位将等同于农村联产承包责任制，只有新三板才能拯救中国经济和发展中国经济，让我们拭目以待！

写于 2016 年 6 月

新三板：中国经济转型升级的主战场

2016 年 6 月我刚申请注册了公众号"张可亮的三板会"，2016 年 6 月 17 日在公众号首发第一篇文章《新三板，中国近三十年最伟大的制度变革》。据不完全统计，这篇文章获得了近 20000 + 的阅读量，自己公众号的阅读量近 7000，盛景网联转载的阅读量近 7000，新三板创新服务联盟阅读量近 6000，新三板黄金眼阅读量近 3000，还有其他转载这篇文章公众号，阅读量很多都是 1000 + ，而且还有新的在不断转发。

我在文中提出来的"新三板是中国真正的资本市场""新三板是中国近三十年来最伟大的制度变革"等观点，已经在短短的几天内被大多数人接受和认可，改变了很多人对新三板的看法和认识，让我觉得把自己的观点拿出来跟更多的人分享，是一件有价值和有意义的事。虽然我从 2014 年开始就一直在这样不留余力地宣传这些想法和看法，但是现实生活中能影响的人太少了，不像这次，可以迅速的让新三板圈、投资圈的朋友们都看到，一起来思考、讨论、批判，然后一起来爱护、呵护这个新生市场的成长，为这个市场的建设贡献自己的力量。

上篇预判新三板将是我国三十多年来最伟大的制度变革，给出了两个理由：一个是新三板将解放中国最大的生产力——民营企业的持续发展问题，二是新三板将会带来一系列的配套制度改革，诸如税收体系改革、分配体系改革甚至土地制度变革等（这三个领域的改革，几乎是一个国家经济领域最核心的制度变革）。

眼前发生的是三十年未有之变革，而且会带动整个国家各个层面的变革，不管你想或者不想，不管你有没有做好这个准备。我们都将被这股洪流裹挟着前行，我们已经站在了一个新的历史起点，我们已经在参与并创造着历史。

一、宏观层面——新三板是我国经济环境进化、优化的主战场

改革开放之后的 30 多年，我国从计划经济逐步转向社会主义市场经济，我国的民营经济从无到有，并得到了迅猛的发展，但与之配套的法律法规、信用体系、税收体系却严重滞后于市场经济的发展。比如我国 1987 年才正式实施《民法通则》，用以处理各种经济关系，1994 年 7 月才正式实施第一部《公司法》，经济类的法律法规极不健全。由于技术手段落后，以及会计师事务所、律师事务所等中介机构也是从无到有，逐步发展起来的，缺乏专业人才，所以针对社会主义市场经济的中国的信用体系、税收体系、监管体系也相当不健全，存在很多制度漏洞，假冒伪劣、偷税漏税、污染环境、劳动者保护都存在问题，并且成为常态，这就必然导致"劣币驱逐良币"。这种生态环境下，民营企业要想生存发展，需要依靠"丛林

法则"来适用这个环境。

与此前30多年相比，未来30年我们的民营企业的生存环境将会发生翻天覆地的变化，这个变化的起始，就在新三板。我国企业的生存环境将从"丛林法则"进化到"社会法则"，从无序的市场经济过渡到法治的市场经济。适用新环境、适用新法则的企业可以率先摆脱旧环境的纠缠、干扰，将会在新三板这个新的生态系统得到正向激励，可以更好的生存和发展。那些投机取巧，违法乱纪的企业及企业家将在这个生态系统里成为人人喊打的"过街老鼠"，从而没有立锥之地，"良币"将驱逐"劣币"。因为新三板有着完善的内外部法律法规体系，来保证参与各方遵守规则。

从内部来说，企业挂牌新三板必须先进行股份制改造，建立起"三会一层"（股东会、董事会、监事会、高管层）的现代企业管理制度，完善公司的内控制度，其实质就是要将企业从"人治"变成"法治"，改变民营企业"一言堂"的局面，靠制度而不是靠老板来规范企业的管理，这是企业做大做强的基础。

从外部来说，会计师、律师、券商、股转公司还有"朝阳区群众"都会时刻的服务于企业，一方面帮助其发展，一方面防止其违规。比如新三板所有挂牌企业的财务必须由有证券从业资格的会计师事务所来审计，全国会计师事务所在2015年底有8374家，但是有证券从业资格的会计师事务所只有40家左右。可以说只有这40家会计师事务所出具的审计报告可以保证企业的财务数据基本是真实可信的。另外挂牌新三板，也必须由律师对其历史沿革、企业及高管层主要股东进行核查，保证所有的一切合法合规。券商要对其日常经营、重要信息披露进行督导，对是否存在大股东资金占用等行为进行核查。股转公司欢迎社会各界对挂牌公司进行有效监督和举报，2015 年收到了 103 项举报，2016 年收到了 200 多项举报，股转公司也开始走群众路线，发动"朝阳区群众"，所以三板挂牌企业至少在财务、法律、日常经营重大事项上有着外部机构的监督，相对的公开透明，违约成本很高，当然也让投机取巧、违法乱纪者在新三板上无处立身。

二、中观层面——新三板是整个中国经济结构转型升级的加速器

改革开放之后，我国的工商业得到了迅猛的发展，中国的工业门类齐全，又有巨大的人口红利，在进入 21 世纪之初，成功加入 WTO，进入了全球经济分工的大循环。

在这个全球大循环中，我们要生产产品供应全世界，所以产能迅速扩张，中国经济也进入了快速发展期，但到了 2008 年全球金融危机打破了这个循环，并且改变了游戏规则，将我们物美价廉的产品定义为倾销，出口严重受阻。我们那十年发展出的产能是供应全球的，现在让我们只供应国内，当然消化不了。我们今天看到的各个行业的产能过剩的原因就在于此。为了解决这个矛盾，我们前些年一直想方设法扩大内需，比如为了消化制造业的产能，我们提出家电下乡、以旧换新，为了消化钢铁水泥的产能，所以房地产市场疯涨，积累了大量库存，同时也积累了大量矛盾，不得已，继续搞保障房建设、棚户区改造，这一切的种种，一定程度上是为了消化我们的巨大产能。

　　我们党和政府虽然从一开始就看到了这个矛盾，也一直试图进行经济结构转型升级，也就是要从底层工人角色上升为中层、管理层，但船大不好调头，一方面国际上旧的政治经济秩序的阻力非常巨大，另一方面我们内部有着非常严重的路径依赖，巨大的产能来自于金融体系的支持，中国的银行业把资金基本都投在了这些过剩产能，没有余力再去大力支撑战略型新兴产业的发展。

　　中国经济能否转型升级的关键就在于战略新兴产业能否替代传统产业，成为中国经济增长的新动力，而战略新兴产业崛起的关键就是金融资本的支持。战略新兴产业有了金融资金的支持，就会迅速吸引人才、技术的集聚，就会完成对传统产业的逆袭，成为中国经济增长的新引擎。

　　从这个角度来讲，新三板打通了社会资金投向战略新兴产业的路径，成为沟通二者的桥梁，也就肩负起了中国经济从传统加工制造业向战略型新兴产业转型的"加速器"的角色。从这两年的实践可以看出，新三板挂牌的企业大多为符合国家产业政策的战略新兴产业，只有他们才能获得资本的青睐。比如目前挂牌企业的行业分类中，信息技术1537家，机械装备1106家，文化传媒528家，医药生物485家，电子设备437家，传统行业产能过剩行业几乎没有（如图1-1所示）。从市值上来看，金融行业3868亿元，机械装备2032亿元，文化传媒1997亿元，医药生物1664亿元①。如图1-2所示。

---

　　① 数据来源：Wind 资讯。

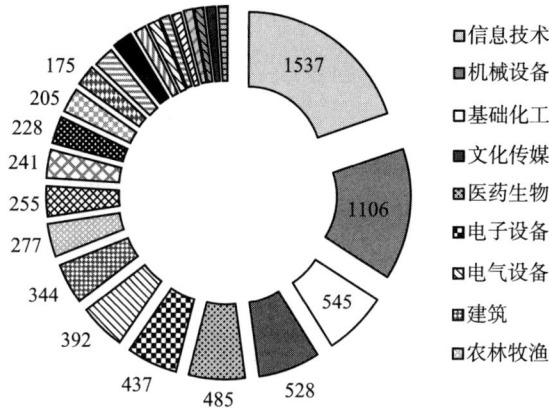

图 1-1 各行业在新三板上市公司的数量

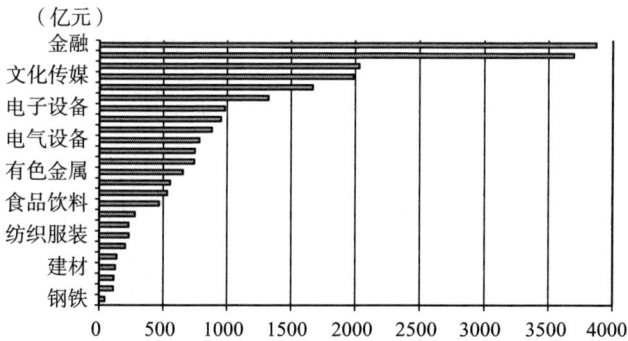

图例：
- 信息技术
- 机械设备
- 基础化工
- 文化传媒
- 医药生物
- 电子设备
- 电气设备
- 建筑
- 农林牧渔

数值：1537 1106 545 528 485 437 392 344 277 255 241 228 205 175

（亿元）

行业
金融
文化传媒
电子设备
电气设备
有色金属
食品饮料
纺织服装
建材
钢铁

0　500　1000　1500　2000　2500　3000　3500　4000

图 1-2 各行业在新三板上市公司的市值

三、微观层面——新三板是民营企业转型升级的主战场

1. 市场经济：人类合作的扩展秩序

哈耶克将传统意义上的"资本主义"定义为人类合作的扩展秩序，我喜欢这个定义，这是一个"去意识形态"的说法。人类社会的发展，依靠的是人与人、部落与部落、国家与国家之间的合作。

合作行为能够产生，一方面基于信任，一方面基于互惠。我们人类开始的合作，几乎都是基于血缘关系而产生的信任，但血缘关系随着圈子的扩大是会逐步衰减，所以合作也就有了边界。要让人类的合作关系无限扩大，那就必须创造出一套所有人都要遵守的"秩序""规则"，社会主义市场经济就是为我们提供了一套"合作"时所应遵守的"秩序""规则"，用以保障这种合作可以无限的向外扩展。我也认同中西方社会最大的不同是中国社会受儒家文化的影响依然保持了较强的亲戚关系，亲戚关系没有转化为现代个人主义。比如"封建社会"男耕女织就是最原始，也是最稳固、成本最低的合作关系，即使到了现在，仍然是家族企业占据了民营企业的大多数。

家族企业有家族企业的好处，但也有家族企业的弊病，一是管理问题，二是接班问题，这都是困扰家族企业做大、做强、做长久的"老大难"问题。上一篇文章中我说过，我们国家目前民营企业整体面临着一代创业者年老，要退出历史舞台，但二代却没法很好接班的问题。中国民营企业第一次面临传承问题，企业家想要家业不败，基业长青，我们国家要想长治久安、繁荣昌盛，也不得不直面探讨这个问题。我认为新三板为我们的民营企业提供了一个极好的解决上述问题的机会。

2. 新三板可以通过"股权安排"来替代"血缘关系"

我曾经说过新三板将会极大地改变我国民营企业的股权结构，从而改变企业要素的组合方式，让我国的企业群体发生质的改变，并深刻影响中国经济的发展。

目前我国的大部分民营企业都是家族企业，股权百分百在家族成员之间分配，同时资本、管理、技术、市场这些企业发展的重要要素大部分都统一掌握在家族成员手中，要想长盛不衰，对家族成员的能力要求非常之高。这是一种封闭的企业形态，也看似是一种稳固的形态，它解决了"信任"问题，但是却没法解决"能力"问题。现在市场竞争越来越激烈，一旦其中某一项被超越，企业就会迅速衰落。所以很多民营企业为了突破这种局限，也在引入掌握这些要素的高素质人才，但大部分是靠高薪聘任，业绩提成，而拒绝股权合作，当然股权不能流通，掌握这些要素的人也不愿意接受股权。这种合作形式确实不够稳固，解决了"能力"问题，但是没法解决"信任"问题。要想长久发展，需要企业家极高的协调把控能力，否则也很容易分崩离析。所以大部分民营企业都是在这种两难的境遇中左右为难。

新三板可以打破民营企业的这种两难处境，让各种企业要素更好的组合在一起，从而实现更好更长久的发展。比如新三板企业因为股权可以增值并在市场流通，所以可以通过股权激励，将高级管理人才、市场营销人才、技术骨干的雇佣关系，转变为合伙合作关系，来消除资本与劳动的对立关系，用最根本也最可度量的"钱合"来解决、替换基于血缘关系才有的信任问题。如果受制于资金发展的瓶颈，可以引进战略投资者，因为有着合理的制度安排，所以也不会出现"请神容易送神难"的问题。另外，当挂牌企业已经改制成为股份公司，股东可以突破50人，成为挂牌的公众公司，股东可以突破200人，这样可以不断会聚各方掌握不同资源的人才进来做股东，一起做事业。华为之所以会爆发出惊人的发展潜力，很重要的一个原因是其在企业内部解决了资本和劳动对立的问题。

所以目前我建议的新三板企业股权结构，应该从完全的家族持股转变为"家族股份＋战略投资者股份＋员工股份＋公众投资者股份"这四部分，具体比例可以随着企业发展的不同阶段而有所调整，这样企业就变成了一个开放的体系，成为展示个人才华、实现人生价值的平台，成为可以吐故纳新的活的系统，可以不断的融资（资本）、融才（人才）、融智（中介机构的服务）。在这样的股权架构下，企业的接班问题也就自然而然不成为问题了。国家最近在提倡国企的混合所有制，我倒是觉得民企更应当实行这种混合所有制。

希望有志于做大做强的民营企业都能抓住新三板这次契机，积极主动地拥抱这样的伟大变革，实现企业管理的转型升级，从而带动企业产品、服务的转型升级。

写于 2016 年 6 月 30 日

新三板："摸着石头过河"与顶层设计

新三板近三年来可以说是经历了从希望到失望再到绝望的过山车，期望的政策永远在路上，新三板会不会成为一场等待"戈多"的荒诞戏，估计是每个人心中的疑问。留在新三板的人们惯于从新的文件和领导讲话中寻找继续坚持的信心，但在这样的空窗期，没有老生常谈的文件出台，也没有似是而非的领导讲话，那我们对新三板的信心来自于哪儿呢？这次用最简单的政治经济学原理，再来分析一把，看能否为关心新三板、关注"张可亮的三板会"的朋友们提供一点继续坚守的理由。

一、"摸着石头过河"的新三板

中国的新三板建设是伟大的社会实践，让 1 万多家企业登上资本市场的舞台，让近万亿的资金进入这个市场，影响不可谓不大，同时我也认为新三板是中国资本市场改革的突破口，如果中国资本市场改革能从新三板得以突破，并顺利推进，将对我国的经济社会发展产生深远影响。但是这么伟大的一次社会实践，现在看来，我们依然是在摸着石头过河。所谓的摸着石头过河就是摸到一块石头，就迈一步，在上面站稳了，再摸下一块石头，没摸到牢固的石头之前，只能是踟蹰不前，当然也有可能永远摸不到下一块石头。

实践是需要理论指导的，尤其是在改革进入深水区，中央强调顶层设计的今天，我们的新三板建设以及资本市场改革具体是由哪个理论做指导呢？有没有一种理论能够为三板的发展指出一条光明大道呢？好像没有人说过，也没有人讨论。

所有人都在期待政策出台，每当有新的文件出台，或者领导讲话，哪怕文件是老生常谈，讲话是含糊其辞，也会被当做救命稻草，引来整个市场连篇累牍的解读、分析，借以判断政策走向。

我想要看清新三板市场建设的未来，以及中国资本市场改革的方向，还是应当再去思考党的经济改革主导思想，或许可以从中得到启示。

二、道不行，乘桴浮于海

其实从 1840 年以来，面临三千年未有之变局，我们"师夷强技以自强"，找"德先生""赛先生""拿来主义"等进行了各种尝试，最后历史地、必然地选择了社会主义道路。在社会主义建设的过程中也经历了各种探索，"道不行，乘桴浮于海"，计划经济的探索不成功，就换市场经济。

中国改革开放三十多年的主要目标以及成绩就是建立起了富有中国特色的社会主义市场经济体系，在这个过程中我们是从计划经济向市场经济转变，很自然的，在理论指导上更多的是采纳借鉴了西方自由主义经济思想，在几乎所有领域的改革，都能看到"华盛顿共识"的影子。这段改革的历史中有两个标志性的人物，吴敬琏和厉以宁，一个是因提出社会主义市场经济理论而出名的"吴市场"，一个是因倡导股份制改革而受尊敬的"厉股份"，而正是他们，创建了中国经济改革的两大理论体系，一个着眼宏观制度设计，一个意在改造微观经济基础。可以说中国改革开放30多年，尤其是中后期，自由主义经济思想在市场和媒体舆论当中占据了主导地位。

我们说改革开放取得了巨大的成功，用了三十年的时间，走过了资本主义几百年的道路，在一穷二白的基础上发展成为第二大经济体，但也积累了很多深层次的矛盾，这些矛盾有人说是改革开放不彻底带来的，也有人说是自由主义改革的过犹不及导致的。但不管怎么说自2008年始于美国，波及全球的金融危机，可以看到"华盛顿共识"受到了极大冲击，社会科学领域这几年都在讲西方社会的整体衰落：经济衰退，社会撕裂，民粹主义盛行，甚至逆全球化的贸易保护主义都开始抬头。茫然四顾，纵览全球，我们已经失去了学习的目标，我们以之为师的国家，都被我们甩在了身后。不光国家失去了学习的目标，企业也失去了学习的目标，以前学西门子、诺基亚、松下，好像是海尔的张瑞敏说现在我们没有标杆可学了，只能是把自己变成标杆。

当我们回头看来时的路，对改革开放前后三十年社会主义建设的实践、探索做历史的总结，不光自己得出了道路自信、理论自信、制度自信、文化自信，在国际社会，"北京共识"甚至开始取代"华盛顿共识"，越来越成为发展中国家效仿的对象。自从党的十八大以后，我们党面对国内外的新情况，做出了进行全面深化改革的历史决定，自此之后，政治经济学已经取代了西方的自由主义经济学，成为我们深化改革的指导思想。我在 2016 年 3 月 10 日发过一条朋友圈，预言两会之后的"十三五"期间，"中国政治经济学"将开始统领我国政治经济改革的所有领域。2016 年 3 月 13 日新华社高调发文"八个'两会'关键词解码习近平政治经济学"，首次在官媒正式确认了政治经济学将会是未来深化改革的指导理论。新三板的建设和资本市场改革是否也应该从政治经济学的角度来思考、审视呢？

三、我国的生产力以及生产关系

马克思主义政治经济学的一条基本原理就是生产力决定生产关系，生产力的发展和变化，决定着生产关系的发展和变化。生产关系反作用于生产力，可以促进或者阻碍生产力的发展。生产力是生产的物质内容，而生产关系则是生产的社会形式。生产关系一定要适应生产力的状况，这是人类社会发展的普遍规律，它决定着人类社会由低级形态向高级形态的发展，一种旧的生产关系向另一种新的生产关系的过渡。

1. 中国目前的生产力分析

生产力是具有劳动能力的人和生产资料相结合而形成的改造自然的能力，它是社会发展的内在动力基础。构成生产力的基本要素是：以生产工具为主的劳动资料，引入生产过程的劳动对象，具有一定生产经验与劳动技能的劳动者。

我凭个人感觉对中国生产力结构做了一个粗略分类，第一梯队是大型央企，第二梯队是大型民企和省属国企，第三梯队是中型民企包括民营上市公司，第四梯队是大量的中小微企业，内含大量创新创业型企业，最后一类是农户和个体户及淘宝电商，等等。

前两个梯队的国有企业特别是中央管理企业，在关系国家安全和国民经济命脉的主要行业和关键领域占据支配地位，是国民经济的重要支柱，是保证我国各族人民共享发展成果的制度性保证，也是巩固党的执政地位、坚持我国社会主义制度的重要保证。他们在技术、规模、人员素质等方面都处于优势地位。

第三梯队和第四梯队的民营企业，是市场经济最富活力、最具潜力、最有创造力的重要力量，是繁荣城乡经济的有力支撑，是推动我国经济发展的重要力量。民营企业在吸纳就业、创造税收、促进经济发展等方面发挥了重要作用。数据显示，民营企业对我国 GDP 贡献率高达 60% 以上，提供了 80% 的城镇就业岗位，吸纳了 70% 以上的农村转移劳动力，新增就业 90% 在民营企业，来自民营企业的税收占比超过 50%[①]。

2. 中国当下的生产关系分析

生产关系是指人们在物质资料的生产过程中形成的社会关系，包括人们在一定生产资料所有制基础上所形成的，在社会生产过程中发生的生产、分配、交换和消费关系。它是生产方式的社会形式，包括生产资料所有制的形式；人们在生产中的地位和相互关系；产品分配的形式等。其中，生产资料所有制的形式是最基本的，起决定作用的。

社会化大生产发展到今天，我们应该可以将生产资料从具体的

---

① 民生银行研究院民营企业团队：《中国民营企业发展研究报告》，载于《民银智库研究》第 57 期。

土地、矿产、机器设备、劳动工具等抽象为资本、货币，谁掌握了资本、货币，谁就掌握了生产资料。从这个角度来讲，美国的生产资料掌握在华尔街手中，我国的生产资料其实都是掌握在银行手中，我暂且称之为生产资料的银行所有制。生产资料归谁所有，劳动成果就由谁决定如何分配，所以在生产资料银行所有制的生产关系中，银行获得超额利润。2015 年，16 家上市银行合计实现净利润 1.27 万亿元，其整体净利润规模占已经披露年报的 2700 余家上市公司总净利润的 50% 以上[①]，只占就业人数 0.7% 的金融业，其人均收益要比其他行业高约 12 倍。

3. 中国目前生产力和生产关系的适应问题

我们上面分别分析了中国目前阶段的生产力和生产关系的现状，下面再来看二者之间的匹配适应问题。

央企国企，有国家的信用背书，银行特别愿意为它们提供贷款，它们之间的问题是国企的运行效率较低，资金使用效率低，需要改进。大中型民企，它们有土地、厂房、设备，以及上市公司的股权做抵押、质押，从银行贷款，它们之间的问题是各家银行垒大户，杠杆率过高。中小型民营企业，尤其是创新创业型企业、互联网企业没有资产可以用于抵押担保，银行不愿给它们放款，同时又没有别的融资渠道，融资难一直是阻碍和束缚中小型民营企业生产力发展的最重要原因。

国有企业和民营经济都是社会主义市场经济的重要组成部分，我们国家非常重视民营企业的发展，党的十八届三中全会上强调了

---

① 证券时报：《16 家上市银行去年净赚 1.27 万亿　整体盈利增速放缓》，2016 年 4 月 28 日。

"两个毫不动摇"：必须毫不动摇地巩固和发展公有制经济，坚持公有制主体地位，发挥国有经济主导作用，不断增强国有经济活力、控制力、影响力；必须毫不动摇地鼓励、支持、引导非公有制经济发展，激发非公有制经济活力和创造力。

国家为了解决中小民营企业融资难，采取了诸多措施。比如五大国有商业银行改革上市，城市信用合作社改为城商行，农信社改成农商行，邮政储汇局改为邮储银行，成立担保公司、小贷公司、村镇银行、互联网金融等。这都是为了解决中小型民营企业的生产力所采取的改变生产关系的措施，但都无法从根本上解决它们的融资难问题，无法为目前的双创企业、战略新兴产业提供资金支持。

症结就在于生产资料的银行所有制。银行体系的资金来自于储户，必须保证刚性兑付，所以银行首先着眼于安全性，其次才是收益性，本金都不安全，又哪来的收益呢。所以说中国目前以银行为主体的间接融资体系，不利于解放中国最广大的中小民营企业的生产力。

为企业提供直接融资的 A 股市场以及债券市场，门槛太高且门缝太窄，也将广大的中小民营企业拒之门外，剥夺了他们直接融资的渠道。比如 A 股市场，设立近 30 年来仅为 3000 多家企业提供了融资服务，而且还因为畸高的市盈率导致资源错配，中小企业想要在债权市场发债融资，更是几无可能。

我们用马克思主义政治经济学的基本原理简单分析了我国目前阶段不同层次的生产力和生产关系的匹配程度，可以得出结论：要解放我国最广大的生产力，就必须改革银行为主导的金融体系，同时也必须改革资本市场的准入问题以及资源错配问题，它们导致了我们国家的生产资料未能被有效配置。如果套用供给侧改革的说法，金融领域的改革应该是国内最大的供给侧改革。

四、新三板的三个代表

相信大家都知道"三个代表"，我们党始终代表着先进生产力的发展要求，始终代表着先进文化的前进方向，始终代表着最广大人民的根本利益。

在此我也借用一下，我认为新三板也完全符合这三个代表，战略型新兴产业就是代表着我国先进的生产力，大力发展新三板，解决战略型新兴产业的融资、发展问题，就是我国先进生产力的发展要求；新三板所服务的是战略新兴产业以及互联网产业，随着这些企业的兴起发展而来的新的商业文明，就是我们先进文化的前进方向；发展新三板，解决广大中小企业融资难，可以解决、改善几亿人的就业、家庭生活问题，才能实现全面小康的发展目标，这就是最广大人民的根本利益。

新三板是中国资本市场改革的突破口，既然是改革，就必然会触动一部分人的利益，比如新三板的迅猛发展会增加资本市场上优质企业的供给，从而打破 A 股垄断，分流市场资金，拉低现存 A 股企业的市盈率，从而让上市公司股东利益受损。比如大力发展新三板，将会吸引更多的社会资金进入私募机构，从而分流了银行存款，造成资金脱媒，这也会直接损害银行体系的利益。但是马克思主义的基本立场，就是要从绝大多数人的利益出发，如果为了继续维持主板上市公司的高市盈率和银行体系的超额利润，从而限制新三板的发展空间和发展速度，就不是从绝大多数人的利益出发，就不是马克思主义的根本立场，也与我们党的宗旨背道而驰。

我在 2017 年 2 月 27 日写过一篇文章叫做《2000 字读懂刘士余讲话和郭树清进京》，也是用中国政治经济学理论从我国现阶段的主要矛盾、主要矛盾规定的主要任务、主要任务的主要执行者、主要执行者的主要策略这四个方面层层递进地分析了大力发展新三板，尽快解决中小企业融资难问题，释放他们的生产力，是我国深化改革的必然选择。只有这样才能保证我国经济、社会平稳发展，才能让发展成果更多更公平地惠及全体人民。

关心新三板，关注"张可亮的三板会"的朋友们，可以将此文与《2000 字读懂刘士余讲话和郭树清进京》，以及《新三板，中国资本市场的双轨制改革》结合起来读，应该可以更好地理解我国新三板建设的伟大意义，在这个众人普遍悲观失望的今天，继续保持对新三板市场的坚定信心，继续保持对我们国家繁荣发展的信心。

今天，刚看完建军 90 周年沙场大阅兵，气势磅礴，威武雄壮，振我民心，壮我国威。习主席的讲话道出了全国人民的心声：90 年前，南昌城头一声枪响，宣告中国诞生了中国共产党领导的新型人民军队。90 年来，人民军队高举着党的旗帜，脚踏着祖国的大地，背负着民族的希望，浴血奋战，勇往直前，战胜一切敌人，征服一切困难，为中国人民站起来、富起来、强起来建立了不朽的功勋！我们党为拥有这样的英雄军队感到骄傲和自豪！全国各族人民为拥有这样的英雄军队感到骄傲和自豪！

如果大家对我们的军队有信心，对我们党和国家还有信心，那就继续坚定对新三板的信心吧！十八大以来，国家搭梁建柱，将新三板推向全国，启动了我国资本市场的双轨制改革，十九大之后，新三板必将成为促进我国实体经济发展的最重要的制度安排。历史将会证明，新三板必将可以比肩农村联产承包责任制，成为开启中国经济转型升级的伟大制度变革。

写于 2017 年 8 月 1 日

第二章

新三板发展之道

此轮深化改革，为了减少阻力，提高改革效率，依然采取了双轨制的策略，对整个金融体系的改革，采取稳住体制内（银行为主导的间接融资体系）、做大体制外（资本市场为主导的直接融资体系）的增量改革。同时，在做大以资本市场为主导的间接融资体系的过程中继续采取稳住体制内（Ａ股市场）、做大体制外（新三板市场）的增量改革。

新三板：中国资本市场的双轨制改革

这是一个急剧变动的年代，第二次世界大战后所建立起来的全球政治经济秩序犹如巨大的冰川，正因裂纹，发出的声声巨响，震撼着每个国家政府的心脏，人们小心地观察着似有似无的裂缝，开始无所适从，不知道站在哪里才安全。

巨变中的全球，充满恐慌……

中国以她巨大的体量，吸引了全球的目光，每走一步，冰川就发出声声巨响，中国能否带领全球经济走出冰川，找到大陆，拭目以待。同时庞大的身躯，也增加了前进的风险，中国不能原地不动、坐以待毙，同样也不能承受因前进而跌入冰川的风险。

行进中的中国，如履薄冰……

全球该怎么办？中国又该往何处去？大家其实并不真正关心。老百姓只关心高企的房价，富豪们更关心人民币的贬值，只有经济学家在认真地为开出的不同药方而"吵架"。我只关心读书和新三板，所以继续用读的书来解新三板。

国庆假期将杨宇立老师《改革：中国做对的顺序》读完，让我对改革开放这段波澜壮阔的历史，有了系统化、理论化的认识，所以作本文，回溯到 1978 年，将它作为我们今天分析新三板的逻辑起点。

一、始于 1978 年的改革开放

生活在快节奏的今天，健忘是我们的通病，看着父母幸福的笑脸，我们都遗忘了他们当年所经历的苦难。驻足回视，成为一种弥足珍贵的奢侈。

中国的改革开放始于 1978 年，始于小岗村的村干部。现在来回顾这段改革的好处在于，我们资本市场的大部分人（60 后、70 后、80 后）都亲身经历过这三十多年，对这三十多年的变迁和发展有着切身的体会和记忆。

不可否认，这三十多年的改革开放取得了巨大的成功，自 1978 年以来，中国的 GDP 增加了 18 倍，让 6.8 亿人脱贫，成为世界第二大经济体[①]。过多的数据不想在这里赘述，大家感兴趣可以看一下张维为教授的《中国震撼》。张维为教授特殊的身份经历，使得他对中国这三十多年的变迁有着比常人更深刻的切身体会和理论认知。书中将中国的改革开放与印度、东欧、东亚这些地区和国家分别作了历史和现实的比较，为中国改革开放所取得的巨大成就作了他的诠释。

英国学者马丁·雅克在其《当中国统治世界》一书中写道，改革开放推动"中国从 18 世纪一路狂奔到 21 世纪"，这句话准确、形

---

① 张维为：《中国震撼——一个文明型国家的崛起》，中信出版社 2016 年 7 月版。

象，让人震撼！从 1840 年开始的百年维新，历尽屈辱、波澜壮阔、荡气回肠，我们取得了民族独立，避免了亡国亡种。新中国成立后我们依据苏联体制，完成了社会主义改造，实行了计划经济，计划经济制度是我们改革开放的起点。除此之外，改革开放还有另一个起点，那就是中国社会仍然是一个标准的传统农业社会。改革开放不光是计划经济体制向市场经济体系转型的三十年，也是传统农业社会向现代工商业社会演进的三十年，而中国的经济制度改革和社会形态演进具有极强的关联，这两个进程的叠加，使得中国改革的难度系数倍增。黄仁宇先生在《中国大历史》中曾有言，农业国家蜕变为一个工商业国家的难度"有等于一只走兽蜕化而为飞禽"。

那么中国是靠什么实现从走兽到飞禽的蜕变？又是如何从 18 世纪一路狂奔到 21 世纪？

1. 价格双轨制，一次伟大的尝试

从 1981 年开始，国家允许企业在完成计划的前提下自销部分产品，其价格由市场决定。这样就产生了国家指令性计划的产品按国家规定价格统一调拨，企业自行销售的产品价格根据市场决定的"价格双轨制"，当时主要涉及粮食价格及生产资料价格。一种物资两种价格，市场价高于计划价，计划比例逐步缩小，市场份额逐步扩大，把市场机制逐步引入到国营大中型企业的生产与交换中，这促进了主要工业生产资料生产的迅速发展。

1984 年 9 月，在浙江莫干山召开了首届全国中青年经济科学工作者讨论会，与会的 124 位或官或学的改革派青年精英，第一次集体发声，为体制内改革提出政策建议。这些人包括华生、贾康、王岐山、张维迎、马凯、楼继伟等一大批今天中国政、经、学界的知名人物，正是在这次名动一时的"莫干山会议"上，"价格双轨制"正式作为一项经济政策诞生。

双轨制是对计划经济制度的重大突破，不仅部分纠正了不合理的价格体系，而且打破了僵硬的价格管理制度，带动了计划和物资体制的改革，奠定了中国市场经济制度的基础。同时价格双轨制，将价格改革的大系统转化为一个个可以操作的小系统，避免了大风险，是实现中国价格模式转换的一种很好的过渡形式。

2011年，"价格双轨制理论"获得了第四届中国经济理论创新奖。时隔20多年得奖，正如颁奖词所说："价格双轨制改革作为中国经济改革中创新性制度安排，实现了生产资料价格形成机制从计划向市场的过渡，推动了社会主义市场机制的建立和形成，降低了体制转换的成本。"

2. 双轨制，中国改革制胜的法宝

中国作为一个"百国之国"，所有的事情做起来都是难度倍增，我们必须客观认清现有的约束条件，考量可以付出的成本，承受的代价，努力寻找最大的社会共识和可能的顺序、手段和路径，决不能把目标当做手段，用结果代替过程，不能相信铲除计划经济就会有市场经济，幻想只要照搬西方"三权分立"就会有社会公平正义。

我国三十多年的改革基本遵循了先农村后城市，先农产品再工业产品，先进行价格改革再进行产权改革的渐进路线，实行分解并逐项供给市场制度的手段，使得前一项改革产生的制度红利，可以为后续改革铺平道路。同时，改革是摸着石头过河，不急于冒进，让市场主体甚至整个社会有一个消化适应的过程，逐步积累改革共识，为下一步的改革创造思想舆论环境。

我们可以发现，"稳住体制内、放开体制外"的"增量改革"，天然地包含了"改革、发展、稳定"三者的辩证关系，后来中国的很多领域的改革都是走"双轨制"道路，所有改革几乎都从试点起步，再一步步推广。双轨制的增量改革，成为我们实现新旧体制的平稳过渡，并向新体制逐步演变的制胜法宝。

二、始于 2013 年的深化改革

社会的政治、经济、思想、文化每天都在发生着变化，不可能有一个一劳永逸的制度可以有巨大的弹性，能够解决、适用或者包容这些时间上空间上所演变的一切。中国的幸运在于我们一直在"改革"的名义下，不断进行着适用新情况、新形势的改变。经济没有常态，但改革是常态，"历史不可能终结"，改革应该一直在路上……

简单回顾我国近三十多年的改革方法和改革路径之后，我们再来审视目前所面临的局面，或许可以帮助我们更好地理解改革进入深水区之后，在无石头可摸的情况下，我党是如何领导我们继续前进，继续进行深化改革。

此轮深化改革的起点始于 2013 年，2013 年 11 月 9 日至 12 日，十八届三中全会在北京举行。全会听取和讨论了习近平总书记受中央政治局委托作的工作报告，审议通过了《中共中央关于全面深化改革若干重大问题的决定》（以下简称《决定》），习近平就《决定》向全会作了说明。

全面深化改革是一个复杂的系统工程，单靠某一个或某几个部门往往力不从心，这就需要建立更高层面的领导机制。2013 年 12 月 30 日，中共中央政治局召开会议，决定成立中央全面深化改革领导小组，由习近平任组长，负责改革总体设计、统筹协调、整体推进、督促落实。全面深化改革领导小组是 1978 年中国改革开放以来设立的最高级别的改革领导机构，直接隶属于中共中央。自此之后，开启了可以比肩当年邓小平主导的改革开放的新一轮全面深化改革。此轮深化改革涉及方方面面，我们此篇所讲的深化改革除非特指，一般是指经济体制的深化改革，我们此篇也只讨论经济体系改革。

三、对此轮深化改革的理解

1. 此轮深化改革面临的局面：经济发展失去动能

目前我国的主要经济成分构成可以大体分为国有企业、集体企业、民营企业、外资企业，还有混合所有制企业这几部分，其他几部分所占比重较低，所以我们重点分析国企和民企这两类的现状和问题，以期对经济状况有个大概的认知。

（1）国有企业的问题。

自汉代的《盐铁论》以来，我们对国企的重要功能已经形成了共识，这也是中华文明能够一直传承至今的一个非常重要的制度安排。国企必须在能源、通信、国防、基建等关键领域发挥关键作用。

作为共和国长子，国企是党和国家最可信赖的力量，国企一方面是国家宏观调控、实现战略目标的重要抓手，在关键时刻可以发挥稳定市场、保障民生的重要作用。另一方面在全球化的今天，国企是参与国际竞争，实施"走出去"战略，"一带一路"倡议的重要力量，如果说军队是保卫国家安全的"屠龙刀"，那么国企就是参与国际竞争中的"倚天剑"，同样是国之重器。

国有企业不仅仅是经济问题，更是政治问题，这也是习主席讲到的要理直气壮地做强做大国有企业的根源所在。我党正在探索、开创前所未有的政治文明，这其中非常重要的一个组成部分就是国企在国家治理中的作用问题。

我认为国企最大的问题既不是垄断问题也不是体制问题，而是效率问题。毋庸讳言，目前我国的国企经营，内部存在很多弊端，占有大量的矿产资源、人力资源以及资金资源，但是运转效率却不高。同时也存在挤压、侵占民营企业生存空间的情况，在很多非垄断性领域，与民争利。为什么会有那么多过剩产能，国企大规模地存在于竞争性行业，生产效率不如民企，不断亏损，却又很难淘汰，这是导致行业产能过剩的重要原因。

（2）民营企业的问题。

我们说国企优势是资源多，效率低，而民企恰恰相反，那就是效率高，但资源少。民营企业面临的最大问题，不是税费高（他们努力实现"避税"），也不是行政审批多，办事难（他们有能力去解决），制约民企发展的最大问题是资金问题。

笼统地说民营企业融资难是不准确的，中国民营企业在融资方面存在两个极端。一个极端是中小企业特别是小企业融资难，不够银行的贷款标准，融不到资，基本没有财务杠杆；另一个极端是中大型民营企业的过度融资，高杠杆经营，只要符合银行贷款条件的企业基本都是过度融资。中国整体经济的高速发展，让很多不懂经营，不懂财务风险的企业主发了财，他们发财的秘密就在于高杠杆经营，谁可以利用好银行贷款，谁就能发展起来，这些企业的发展很多并非靠自身的造血功能，而是靠银行不断地输血，靠通胀去抵消利率。

这种高杠杆的使用，就像吸毒，一旦吸上，就停不下来。中大型企业家的脖子上都套着银行还本付息的锁链，让他们不得不拼命前行，拼命为银行赚钱。但在中国目前这种状况下，他们赖以生存的血液都被银行放给国有企业、放给地产公司，国家再多的货币超发都无法流入实体经济中。

所以我们看到民营企业开始用脚投票，民间投资已经连续下降，银行呆坏账率不断上升，越是这样，银行越不敢给民企放贷，越是不给放贷，民企死得越快，由此导致中国经济陷入恶性循环（如图2-1所示）。

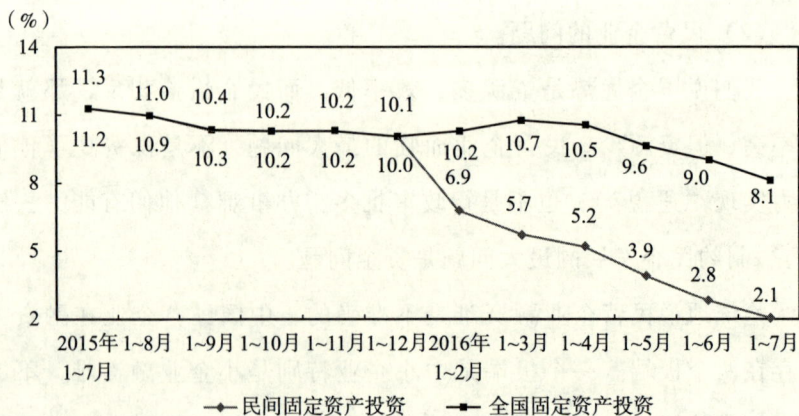

图2-1 民间固定资产投资和全国固定资产投资增速

中国在 2000 年左右已经基本告别了短缺经济，进入过剩时代，所以大部分领域都是充分竞争的市场，中小企业的关门倒闭，不是什么大问题，反而为其他经济效率高的企业留出了市场空间，优化了资源配置，那么，是不是说中小企业就无足轻重了呢？当然不是，对于中国这样一个人口大国，必须要有足够的劳动生产率不高的中小企业来保就业，否则便会影响社会稳定。

民营企业已经成为中国经济发展的主要力量，要解决中国经济持续健康发展的问题，实现从资源消耗型增长升级成为创新驱动型增长，就必须首先解决民企融资的问题：一是解决中大型企业的高杠杆问题，二是解决中小企业融资难的问题。

2. 此轮深化改革的对象：低效的金融体系

中国此轮深化改革的背景与 20 世纪 80 年代的改革完全不同，经过三十多年的快速发展，中国已经成为世界工厂，全球第二大经济体，全球第一大贸易国。经济的高速增长伴随着货币的持续超发，我国已经形成了大量的"金融资本"。从 2005 年开始，中国金融业增加值在 GDP 中的占比不断上升，2008 年超过日本，2013 年超过了美国，2015 年达到 8.5%，2016 年上半年达到 9.2%[①]。只占就业人数 0.7% 的金融业，其人均收益要比其他行业高约 12 倍。2015 年，16 家上市银行合计实现净利润 1.27 万亿元，其整体净利润规模占已经披露年报的 2700 余家上市公司总净利润的 50% 以上。

以前金融资本依赖于实体经济，现在实体经济高度依赖于金融资本，用句有些极端了的话说，中国的金融业已经是杀鸡取卵、涸

---

① 国家信息中心范剑平：2016 年优选金融论坛发言。

泽而渔，将实体经济的血榨干，中国的地产也已经将居民的储蓄榨干，金融支持实体经济发展已经成为一句空话，在房价高企的今天扩大内需、鼓励居民消费也只能是一句口号，金融资本即将成为无源之水，无本之木。

我在之前的文章中论述过，中国经济今天出现的问题是因为中国以银行为主导的间接金融体系所造成的资源配置失效所导致的，要想解决经济的问题，出再多的经济政策都是隔靴挠痒，必须要改到根上去，必须要改革金融体系。

中国先前改革的对象是计划经济体系，是通过改生产资料价格和产权逐步建立起社会主义市场经济体制。这一轮的深化改革的主要对象就应当是金融体系，改革的目标应该是打造能够支持实体经济发展，富有效率和国际影响力的金融体系，改革的主要战役依然会集中在改革资金价格和丰富金融市场主体两个方面。

3. 此轮深化改革的策略：双轨制的增量改革

中国金融体系改革的关键在于调结构，鉴于银行为主导的间接融资体系已经开始失效，用信贷投放来推动经济增长的做法已经无以为继，大力发展以直接融资为主的资本市场已经变得非常急迫。

此轮深化改革，为了减少阻力，提高改革效率，依然采取了双轨制的策略，对整个金融体系的改革，采取稳住体制内（银行为主导的间接融资体系），做大体制外（资本市场为主导的直接融资体系）的增量改革。同时，在做大以资本市场为主导的直接融资体系的过程中继续采取稳住体制内（A股市场），做大体制外（新三板市场）的增量改革。

（1）稳住体制内（银行体系），企业降杠杆，避免出现系统性金融风险。

我国商业银行的不良贷款余额和不良贷款率从 2013 年开始便逐年攀升，普华永道认为内地银行资产质量风险目前尚未完全暴露，鉴于目前的宏观经济难以为银行业带来提振，不良率仍将持续恶化，到 2016 年底，内地上市银行的不良率或在 1.8% ~2% 之间[①]。

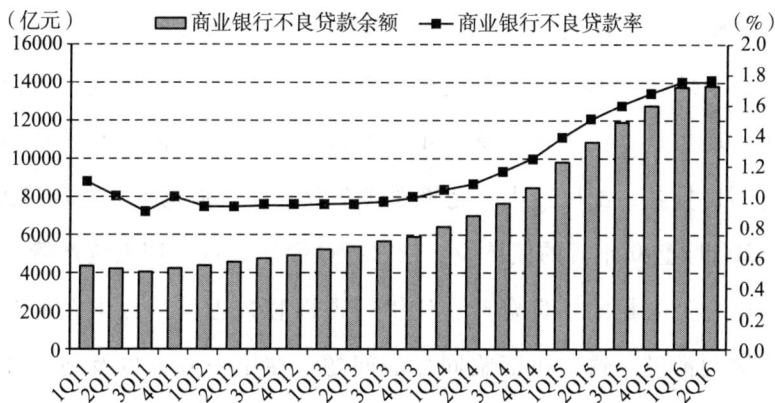

图 2 - 2　商业银行不良贷款余额和不良贷款率

2016 年 7 月人民币贷款增加 4636 亿元，居民中长期贷款增加了4773 亿元[②]，居民中长期贷款新增规模甚至超过了人民币新增信贷规模，企业部门贷款竟减少 26 亿元。从 2016 年 7 月的金融数据可以得出，除了房地产外的实体经济都没有从金融体系获得资金，这说明一方面是实体经济投资意愿下降，已经不愿意再贷款投资，一方面是银行清楚地认识到目前实体经济的困境，已经不敢再给实体经

① 普华永道：《中国银行业回顾与展望》2016 年 9 月 21 日。
② 中国人民银行：《2016 年 7 月金融统计数据报告》。

济贷款。2016 年 7 月，这将是一个标志性的月份，标志着银行为主导的间接融资体系已经从低效转向了失效。

为了解决目前银行和企业所面临的双重困境，确保不发生系统性金融风险，国务院于 2016 年 10 月 10 日发布了《国务院关于积极稳妥降低企业杠杆率的意见》和附件《关于市场化银行债券转股权的指导意见》，这两个《意见》是我国金融体系改革的重要文件，必须认真解读。这次的降杠杆是对我国前十年高速发展银行所积累问题的一次外科手术，以前是吃药，妄图通过体系自身修复，降低不良率，现在是直接手术摘除，主要是以治标为主，债转股，核心是剥离不良贷款，配以治本，完善现代企业制度，强化企业自身约束。

20 世纪 90 年代的债转股，依靠行政手段，成立四大资产管理公司，剥离了大量的不良资产，让银行得以轻装上阵，让国企的改革得以顺利推进。这次也面临同样的问题，在银企双方以及地方政府都无法解决问题的时候，由国家出面给予顶层的政策支持，引导社会资金，进行市场化解决，这是一招好棋，但能否下好，有待观察。

虽然银行体系存在很多问题，但改革的第一步目标，并非是"破"，而是"保"，所谓的稳住体制内，首先化解多年形成的信贷资产风险，"积极稳妥"的去杠杆，不能够像 2015 年股市一样，去杠杆去得太快，产生系统性金融风险的危机，这是我们所承受不了的。

（2）做大体制外（资本市场），发展新三板，为经济发展提供新动能。

我在《新三板，中国近三十年最伟大的制度变革》一文中说过，我们在 20 世纪 90 年代建立起了资本市场直接融资渠道，但这个资本市场是个权贵俱乐部，道很窄、门槛很高，无法解决中小企业融资难的问题。但经过近三十多年的发展，A 股市场已经形成了庞大的二级市场，绑架了大量的中小散户，积重难返，各种所谓的发行体制改革基本是换汤不换药。A 股市场现阶段已经是进退维谷：如果放开 IPO，实行市场化的注册制，则担心二级市场崩盘，引发社会性问题，如果控制 IPO 的节奏，又被批评其最主要的融资功能没有发挥，没有存在的必要。A 股市场的改革，已然不可能两头讨好，貌似成为死结。

无奈之下，本届政府在资本市场的改革中再次启用"双轨制"这个法宝，做增量改革。新三板从扩容的那一天起，就已经注定了中国资本市场走上了双轨制改革的道路。

首先，从机制上看，新三板之前的资本市场体制就好比是当年的计划经济体制，虽然叫资本市场，但却是一个管制的领域、计划的领域，每年能上多少家 IPO，都需要通过审批，控制发行节奏，而且连发行的市盈率也都是规定好的，就如当年计划经济体制下，生产、销售、产品价格都是计划指令规定。而新三板就是在计划体制之外重新开辟的一个新的市场化的运行机制，企业挂牌基本没有财务门槛，只要没有重大违法违规，具有持续经营能力的都可以挂牌，挂牌后能否融资，以及融资的价格都是市场化形成。

其次，从主体来看，当年的国有企业占据大量社会资源，不愁吃喝，但是效率低下，A 股上市公司就好比当年的国有企业，相比其占有的资源，盈利能力普遍不高。新三板挂牌的企业，就像当年的乡镇企业、民营企业，效率高，但是很难获取企业急需的资金资源。

再次，从价格形成机制来看，A 股上市公司一方面在股权融资的时候，可以有很高的市盈率，溢价增发股票，债权融资的时候，因为身份特殊也可以很容易地获得低利率的贷款或者债券，就像国有企业能够以计划内很低的价格采购原材料一样。新三板挂牌企业，一方面股权融资现在看来很难，即使有市盈率也较上市公司低很多，很难获得外部的资金（银行贷款、债券之类），即使获得也需要很高的成本，这就像当年的乡镇企业、民营企业很难拿到计划价格的原材料一样，只能花高价购买原材料。

发展新三板，就是要在 A 股市场之外另起炉灶，打破之前资本市场那种权贵俱乐部式的运行机制，为创新型的中小民营企业创建一个属于他们的资本市场，创建一个市场化、法制化，可以引导资本进入实体经济的真正的资本市场。

当然在双轨制之初，新设的市场肯定比较弱小，配套制度不完善，好处没有那么多，但毕竟在计划之外撕开了口子，为将来的发展打开了制度空间。我们再去回看 1978 年之初的改革，体制外的市场经济也是面临着种种的困难，但经过二十多年的发展，我们顺利地从计划经济体制过渡到了社会主义市场经济体制，体制外的民营企业获得了极大的发展。所以新三板这个 A 股体制外的市场，是符合我们经济发展规律要求的新的生产关系，即使过程曲折，但只要假以时日，也必将取代目前的 A 股市场，发展成为能够促进中国实体经济发展的富有中国特色的资本市场，成为中国资本市场的主流和主体。

新任证监会主席刘士余上任之后的首秀，就被追问关于 A 股注册制会不会推出，以及如何施行的这一棘手问题。刘主席对此解释就非常到位，先帮记者解读了十八届三中全会的《决定》，"《决定》提出健全多层次资本市场体系（逗号），推进注册制改革（逗号），多渠道推动股权融资，等等。逗号与逗号之间的这些内容是相互递进的关系。也就是说，把多层次资本市场搞好了，可以为注册制改革创造极为有利的条件。同时，注册制改革需要一个相当完善的法制环境。也就是说配套的规章制度，研究论证需要相当长的一个过程。在这个过程中，必须充分沟通，形成共识，凝聚合力，配套的改革需要相当的过程、相当长的时间。注册制是不可以单兵突进的。"

刘主席的逗号论，很好地解释了中国资本市场改革的路径，也清楚地表明了，目前的资本市场改革就是采用了双轨制的改革路径。多层次资本市场的发展（新三板的增量改革），会为注册制的推出（A 股市场的彻底改革）创造条件。A 股市场体系存在二十多年了，已经有了大量的相关的配套制度，保证其这些年的运转，这种体制类的存量改革，不可能毕其功于一役，也必须是一个系统工程，"必须充分沟通，形成共识，凝聚合力，配套的改革需要相当的过程、相当长的时间。注册制是不可以单兵突进的。"

4. 此轮深化改革的关键：建立"产融互动"的市场体系

（1）打造股债并举的金融体系。

我国现行金融体系是以银行为代表的间接融资体系，带来了民营企业融资难、杠杆率过高等一系列问题，需要去杠杆。去杠杆有两个方向，一个方向是减小分子，降低银行对企业的贷款金额，另一个方向是做大分母，提高企业的股权融资比例。国务院推出的市场化银行债权转股权，可以在减小分子的同时做大分母，是个一举两得的高招，当然过程并不会很顺利，对此国务院也有清楚的认识，所以文件中讲"降杠杆是一个时间跨度较长的系统工程"，需要坚持"市场化""法制化"原则，"有序展开""统筹协调"。

债转股是属危机推动型的被动调整措施，要创建股权融资和债权融资并举的金融体系，一方面银行应该主动转变经营理念和经营方式，真正地研究支持实体经济的创新，而不是绕监管的"假创新""真违规"，比如以北京银行为代表和试点的一些银行正在尝试的"投贷联动"，等等。另一方面当然是国家要继续大力发展股权融资，在降杠杆的《意见》中，国务院从四个方面进行了要求：一是加快健全和完善多层次股权市场；二是推动交易所市场平稳健康发展；三是创新和丰富股权融资工具；四是拓宽股权融资资金来源。

（2）建立真正的多层次资本市场，实现互联互通。

大力发展新三板，建立有中国特色的资本市场是此轮深化改革的关键。可以预期的近两年，国家的资本市场改革应该主要围绕着新三板（增量）展开，所以再读党中央、国务院或者证监会文件，里面阐述的"大力发展资本市场，进行多层次资本市场建设，扩大直接融资比重"，我认为说的主要是发展新三板市场，而不是 A 股市场。

①新三板转板创业板，一个美好的愿望。

中国资本市场双轨制的改革路径一旦确定，"并轨"就变成了改革中的阶段性目标，而不是改革手段，切不能错把目标当手段。前几天国务院关于降杠杆的《意见》中提到要研究"转板"问题，很多人又开始盲目乐观，以为只要推出"转板"制度，就可以解决新三板的吸引力和流动性，这是一个拿目标当手段的典型。"转板"实质上是涉及新旧两个体系的互联互通的问题，如果能够实现真正意义上的转板，那就标志着体制内和体制外开始并轨，那么我们的资本市场的改革已经实现了阶段性的目标。短期来看，转板只能是一个美好的愿望。

②新三板合并创业板，一个大胆的想象。

新三板探索、发展、壮大的过程，也会倒逼 A 股市场改革，一如当年民营经济蓬勃发展的同时，国有企业也在进行着厂长经理负责制，减员增效等提高效率的改革。体制外做大规模，体制内提高效率，二者并行不悖，慢慢靠拢，最终会合流并轨，融合成富有效率的新体系。参照当年的国有企业改革，资本市场会不会也实行抓大放小，继续建设完善好主板、中小板市场，而放弃掉创业板市场呢？我今天提出新三板吸收合并创业板，是天方夜谭还是大势所趋？

我在 2011 年创业板成立两周年时候的预言："创业板已然失败了，创业板没有单独存在的意义，要么并入中小板，要么并入新三板。"而且我在 2014 年春天的时候断言，两年之内会有创业板公司主动到新三板挂牌。这两年间，新三板的发展并没有想象中的顺利，一是半路杀出一个程咬金，二是股票市场经历了股灾并且引发证券界的地震，所以，这个断言没有成真。但这个断言依然有价值，会不会有创业板公司主动到新三板挂牌，是检验新三板成功与否的标志。

2016 年 10 月 10 日，国务院发布《关于积极稳妥降低企业杠杆率的意见》中提到要"推动交易所市场平稳健康发展"。其中，对于 A 股三个板块的用词是不一样的，"进一步发展壮大证券交易所主板，深入发展中小企业板，深化创业板改革"。对于主板提到的是

"发展壮大"、中小板是"深入发展",对于创业板要求的是"深化改革",创业板为什么要改？怎么改？往中小板改，还是往新三板改？留给大家思考。

四、后记

本文回顾了三十多年来我国的改革开放历程，分析了新一届政府此轮深化改革的背景，这都有助于我们更好地认识和理解新三板所肩负的历史使命和现实意义。

我们再上升一个维度，从更加宏观的全球经济分工的角度来看，中国三十多年来的高速发展，是对内改革释放的人口红利恰好承接了对外开放带来的全球化红利所铸就的完美结果。尽管在这一发展阶段，中国一直处于发展中国家普遍存在的"金融抑制"的状态，但面对巨大的全球市场需求，依靠国内低价劳动力和大量的资源投入，中国仍然取得了两位数的增长速度，这在一定程度上掩盖了或者说抵消了"金融抑制"所带来的负面效应。现在，人口红利在逐步消失，我们开始提前进入老龄化社会，全球化红利也在消失，世界经济陷入低谷，"金融抑制"所带来的后果逐渐显现出来。

此次深化改革，必须通过"金融深化"来提高金融服务实体经济的效率，推动整个国家层面的"产融互动"，继续保持中国全球制造中心的地位，并实现由"中国制造"向"中国创造"转换的产业升级。以加快建设新三板为代表的多层次资本市场改革，就是破解"金融抑制"，推进"金融深化"过程的重要举措。新三板的顺利推进，将使得金融资源不再被国有部门垄断，大量金融资产将通过新三板市场实现有效配置，流入战略型新兴产业，从而带动整体的金融资产价格趋向合理。这也是我为什么说新三板是中国三十多年来最伟大的制度变革的原因所在，我们用逻辑推导，至于正确与否，只能用实践、用历史来检验。

写于 2016 年 11 月

转板：是改革的目标还是手段？

日前，刘士余主席在全国证券期货监管工作会议上针对新三板的"苗圃和土壤论"，引来市场很多解读。深交所党委在贯彻此次会议精神的会议上再次提到了"深化创业板改革，推动新三板向创业板转板试点"，让市场对"转板"一事再次充满期待。对于"转板"这个事，我一忍再忍，实在是忍不住了，所以决定单写一篇文章跟大家聊一聊。

一、理清转板概念

讨论之前，我喜欢先理清基本概念，确认大家在谈的是一件事，找到大家共同认可的基础共识，在此共识的基础上再按照逻辑展开讨论，而非在毫无共识的前提下，各说各话、鸡同鸭讲。国务院、证监会以及深交所都在讲"推动新三板向创业板转板试点"，市场也一直在热议，但要想解读这句话，我觉得首先要搞清楚创业板目前正常上市的流程是什么，才能再谈"转板试点"会与之有什么不同，然后才能真正理解转板的含义，以及难度所在。

根据目前施行的上市保荐制度，以创业板为例，一家企业要想IPO在创业板上市，首先必须改制成为股份公司，聘请券商进行上市前的辅导，地方证监局辅导验收通过后，向证监会提交申请材料。证监会受理之后企业在此排队，等待证监会创业板发行审核委员会根据《首次公开发行股票并在创业板上市管理办法》开会审核。发审委审核通过之后，再等待证监会给发行批文。拿到发行批文之后按照指定日期发行，成功募集资金之后，再向交易所上市委员会递交股票上市申请，上市委员会根据《深圳证券交易所创业板股票上市规则》规定的上市规则审核是否允许股票在该交易所上市，审核通过，择日敲锣上市。

这是一个较为完整的IPO上市流程，整个过程中最为关键的一步就是通过发审会审核，这是为大众所熟知的，但很多人都不知道在交易所还有上市委员会审核的环节，因为这只是一个并无障碍的流程，对发行人来说类似摆设。

那么所谓"新三板向创业板转板"应该是什么样的流程呢？根据大家普遍认为的概念应该是指，只要新三板企业符合《深圳证券交易所创业板股票上市规则》规定的创业板上市条件，就可以直接向深交所上市委员会申请在创业板上市，由深交所上市委员会审核，而不必经过其他程序。显然所谓是否是真正的"转板"最关键的就是取消证监会的发审环节，直接进入交易所的上市环节，而且上市委员会理应进行的也仅仅是形式审查而非实质审核，这也是"注册制"的精神所在。

那么新三板向创业板转板的改革是否就会如此简单呢，当然不是。这个看似简单的改革需要股转公司、深交所、证监会甚至中证登等多个机构同时改革相应规章制度以及部门设置，下面我们就简单探讨一下转板的难度所在。

二、探讨转板难度

说转板改革不容易，那么到底难在哪里呢？我们先来看看创业板 IPO 的发审条件和上市条件。

首次公开发行股票并在创业板上市管理办法	1. 近两年连续盈利，最近两年净利润累计不少于 1000 万元；或者最近一年盈利，最近一年营业收入不少于 5000 万元。 2. 近一期末净资产不少于 2000 万元，且不存在未弥补亏损。 3. 发行后股本总额不少于 3000 万元。
深圳证券交易所创业板股票上市规则	发行人申请股票在本所上市，应当符合下列条件： 1. 股票已公开发行。 2. 公司股本总额不少于 3000 万元。 3. 公开发行的股份达到公司股份总数的 25% 以上；公司股本总额超过 4 亿元的，公开发行股份的比例为 10% 以上。 4. 公司股东人数不少于 200 人。 5. 公司最近三年无重大违法行为，财务会计报告无虚假记载。 6. 本所要求的其他条件。

从上表我们可以看出企业的营收、利润、净资产、股本等核心指标都是由《首次公开发行股票并在创业板上市管理办法》规定的，《深圳交易所创业板股票上市规则》仅是一个配套性的制度安排。

如果挂牌企业转板只是简单的直接去掉证监会的发审环节，而直接参照目前的《上市规则》规定，则存在很多问题，比如是否需要保荐代表人签字，一个市场，两个通道，如何保证公平合理等，这里我只想说两个问题：

1. 公开发行的问题

要在交易所创业板上市，前提是股票必须公开发行，而新三板目前不允许公开发行。要推动试点改革，就有两个方向，要么允许挂牌企业在新三板期间就可以公开发行，由股转公司审核，要么是挂牌企业在转板的时候增加公开发行环节，由交易所审核。当然也可以两条腿走路，既可以允许企业在三板挂牌期间进行公开发行，也可以直接在转板的同时在交易所公开发行。这些不是大问题，因为新三板很可能在推出的"竞价层"实行公开发行，而主板实行注册之后，也会取消证监会的发审环节，将公开发行的审核权移交交易所。具体怎么改，留给大家讨论，我只提出问题。

2. 盈利指标的问题

很显然因为《上市规则》并没有规定盈利指标，如果去掉发审环节，则必须在《上市规则》里增加对于创业板上市的盈利指标以及行业要求等内容。新三板和创业板都是用于支持战略性新兴产业，所以行业要统一规则，问题不大。但对于盈利指标却是个大问题，是此项改革最隐秘、也是最痛的痛点，这也是我为什么说《创业板，一个尴尬的存在》的原因所在。

（1）创业板发行上市的法定标准和实际标准。

从前面的表格我们可以看到《首次公开发行股票并在创业板上市管理办法》规定了创业板发行上市最关键的财务指标门槛是"近两年连续盈利，最近两年净利润累计不少于一千万元；或者最近一年盈利，最近一年营业收入不少于五千万元。"也就是说只要企业达到其中任何一个条件，都可以申报IPO。这两个条件标准很低，中国有太多的属于战略新兴产业的中小企业可以达到这两个要求。可以说，创业板的法定标准在制定的时候，充分体现了政府鼓励战略新兴产业和中小企业发展的态度，是国家利用资本市场解决中小企业融资难的重要举措。但是，好事就怕后面的"但是"，但是由于创业板依然沿用主板、中小板的"上市保荐制""发审制"，所以即便创业板的法定财务门槛很低，可在实际操作过程中，这套标准被弃之不用。创业板发审委几乎是约定俗成地有了一套自己的财务标准，也就是为大家所熟知的，上市前一年的净利润要在3000万元左右，且上市前三年净利润要保持连续增长，后来调整为"耐克"型也可以。也就是说目前创业板上市对企业财务指标的要求中，法定标准很低，但实际标准很高。

我让同事帮我查了一下2016年创业板上市企业前三年报告期的净利润情况。根据深交所公布数据，2016年新增创业板公司数量78家，增幅15.85%，我们找出了净利润最低的5家公司，用以展现2016年创业板发审的实际标准。

单位：万元

	证券代码	通过公告日	2015 年度	2014 年度	2013 年度
最高	贝达药业	2016.07.08	34529.81	26928.61	17839.88
中位数	开润股份	2016.10.21	6624.33	4201.29	2278.54
最低 1	新雷能	2016.12.02	3376.70	2629.57	1563.42
最低 2	熙菱信息	2016.11.25	2842.07	2453.71	1693.15
最低 3	寒锐钴业	2016.12.30	2838.99	3017.19	1562.20
最低 4	横河模具	2016.03.11	2655.14	2199.31	2888.25
最低 5	平治信息	2016.07.29	2577.56	2033.16	2274.35

资料来源：Wind 资讯。

由上表可见，即使是属于上市公司母公司净利润最低的后 5 家企业，上市前一年的净利润也都超过了 2500 万元，2015 年与 2014 年两年净利润之和也都超过 4000 万元，远超"最近两年净利润累计不少于一千万元"的法定标准，是法定标准的 4 倍。

（2）新三板创新层的标准。

目前实施的入选创新层的标准有三个，分别从盈利能力、成长性和市场接受度三个不同的维度进行规定。

标准一：最近两年连续盈利，且年平均净利润不少于 2000 万元（以扣除非经常性损益前后孰低者为计算依据）；最近两年加权平均净资产收益率平均不低于 10%（以扣除非经常性损益前后孰低者为计算依据）。

标准二：最近两年营业收入连续增长，且年均复合增长率不低于 50%；最近两年营业收入平均不低于 4000 万元；股本不少于 2000 万股。

标准三：最近有成交的 60 个做市转让日的平均市值不少于 6 亿元，最近一年年末股东权益不少于 5000 万元，做市商家数不少于 6 家，合格投资者不少于 50 人。

仅从标准一财务指标看，创新层的分层标准远高于创业板法定的财务指标要求。目前，新三板共有创新层企业 950 家，据 Choice 统计，有 875 家企业符合创业板的法定财务标准，如果算上基础层的企业，数量可能会超过 2000 家。

（3）创业板的两难处境。

如果按照创业板目前法定的标准来允许符合条件的新三板企业直接上市，至少近千家新三板企业符合标准，不用说一次性都在创业板上市，即使分批次，也将冲垮目前的创业板市场，所以这个方案几乎没有可行性。

如果修改提高创业板的法定标准，使之超过新三板创新层的标准（即两年平均净利润不少于 2000 万元），比如提高到目前的实际标准 3000 万元左右净利润，可不可行呢？也不可行。因为，第一，这不符合创业板解决中小企业融资难的历史定位。虽然目前实际执行的也是 3000 万元左右的财务标准，但中国很多事情就是可以做，但不可以说，要直接将创业板的财务门槛以法规条文的形式提高到 3000 万元的标准，恐怕各方都需要承担巨大质疑和舆论压力。第二，一旦提高之后，等于是直接封堵了创业板未来的发展空间，因为这将无法体现创业板与中小板，甚至主板之间的差异，因为中小板的法定财务指标要求是"发行人最近三个会计年度净利润均为正且累计超过人民币三千万元；最近三个会计年度经营活动产生的现金流量净额累计超过人民币五千万元，或者最近三个会计年度营业收入累计超过人民币三亿元。"

所以创业板目前确实是进退维谷，上有中小板、主板，下有新三板创新层，上下都受挤压。如果再不争取主动，等新三板的"竞价层"推出以后，将彻底失去生存的空间和存在的必要。

三、打消转板期待

我在 2016 年 11 月 2 日公众号首发的《新三板，中国资本市场的双轨制改革》当中，关于多层次资本市场建设提出了两个观点，请允许我在这里再次重提一遍：

第一，新三板转创业板，一个美好的愿望。中国资本市场双轨制的改革路径一旦确定，"并轨"就变成了改革中的阶段性目标，而不是改革手段，切不能错把目标当手段。国务院关于降杠杆的《意见》中提到要研究"转板"问题，很多人又开始盲目乐观，以为只要推出"转板"制度，就可以解决新三板的吸引力和流动性，这是一个错把目标当手段的典型。"转板"实质上是涉及新旧两个体系的互联互通问题，如果能够实现真正意义上的转板，那就标志着体制内和体制外开始并轨，那么我们的资本市场的改革已经实现了阶段性的目标。短期来看，转板，只能是一个美好的愿望。

第二，新三板合并创业板，一个大胆的想象。我在 2011 年创业板成立两周年时候就断言"创业板已然失败了"，2014 年春就在讲创业板没有单独存在的意义，要么并入中小板，要么并入新三板。2016 年 11 月 10 日"新三板 +"邀请我跟《新三板报》的刘子沐一起就这个话题做了期访谈节目，我又将之总结为"创业板，一个尴尬的存在"，因为新三板已经接过了创业板解决中小企业融资难的历史使命。这个使命本来是由创业板承担，但从其于 2009 年诞生，到 2013 年这四年期间的糟糕表现，让其失掉了皇储的位子。迫不得已，国家不得不将新三板扶正，并将解决中小企业融资难这杆大旗历史性的交给了新三板。从新三板这几年的表现来看，新三板确实也不辱使命，国家的这个选择是对的。

通过以上分析，再来看国务院在《关于积极稳妥降低企业杠杆率的意见》中对创业板的点名批评，以及后来深交所频频表态要"深化创业板改革，推动新三板向创业板转板试点"是多么的无助与无奈。

恕我驽钝，对于转板这个事情，目之所及，实在是只能看到问题，却找不到答案。这个问题错综复杂，要想通过改革、改良来解决，那就需要时间，要想短时间内（2017年内）解决，那就需要一场推倒重来的革命。如果深交所能够在规定的时间（2017年内）推出转板试点，那也将是一个偷换概念、换汤不换药的权宜之举，必然仍会让新三板大失所望，让创业板长舒一口先天混元气。

当然，如果您非要问我要答案，请返回继续阅读"新三板转创业板，一个美好的愿望"一段，如果还不清楚，请继续阅读《新三板：中国资本市场的双轨制改革》一文。

四、我跟刘士余主席学讲话

至于刘士余主席讲到的"苗圃和土壤"的比喻，很多媒体已经解读过了，我就不多说了。有心人可以开一个自媒体，公众号就叫做"我跟主席学讲话"，学习主席的"逗号论"，学习主席如何活用"比喻"。

有人可能会嗤之以鼻，说："逗号有什么可学的？谁都知道是用得最多，最简单的一个标点符号。"百度百科对"逗号"的解释里有这么一句话："逗号的用途最广泛，用法最灵活，因此也最难掌握"。有人也会说："比喻有什么好学的？就是打比方嘛！"我同样引用百度百科里的内容：依据描写或说明的方式不同，比喻可分为"明喻（直喻）""暗喻（隐喻）""类喻""借喻""对喻""博喻""简喻""详喻""引喻""虚喻"，可见比喻里面大有学问。

最后，我也向刘士余主席学习，跟新三板的企业家说句古话，这句话是大学问家说的，也是用的比喻，叫做"鱼和熊掌不可得兼"。

写于 2017 年 2 月

新三板还是 IPO，这是个问题

2017 年 5 月 26 日端午节前，证监会出台了减持新规，让我心里咯噔一下，我以为减持新规是刘士余主席继 IPO 提速之后，放的又一个大招，是刘主席在 A 股改革中积极进取的又一体现，要从正面打响 A 股攻坚战，很替他捏了一把汗，担心陷入怎么改怎么错的恶性循环。假期这两天又梳理了一遍，发现可能是我搞错了，这应该只是刘主席稳定股市的一个权宜之举，是刘主席"稳"字当头施政方针的体现，将矛盾后延，为解决问题争取时间。

一、A 股问题的本质——少数人受保护的超额利润

1. A 股的超额利润

我们知道经济学中有一个超额利润的概念，超额利润是指其他条件保持社会平均水平而获得超过市场平均正常利润的那部分利润，又称为纯粹利润或经济利润。所谓正常利润，指的是为使厂商继续从事某种生产经营活动所必需的最低限度利润水平，亦即总收益等于总成本时的利润水平。当某一厂商或因为领先采用新技术，或

因为拥有某种市场权力，或因为其他原因而使其成本低于其他厂商或其产品价格高于其他厂商时，它便可能有获得高于正常水平的利润，即获得超额利润。超额利润在竞争性行业中只可能在短期内存在，而在垄断性行业中，它则无论在短期内还是长期都可能存在。

我们借用一下这个概念，将上市公司股东在 A 股二级市场减持获得的利润与正常公司（含上市及未上市公司）经营所获得的利润来比较，就可以明显地看到公司上市后股东通过减持所带来利润远远大于企业正常经营所带来的利润，也就是说上市公司股东在不断地通过减持获得超额利润（因为不是学术论文，我没有去做实证数据研究，不过这在中国的资本市场应该是个常识）。大股东只要能够保持控制权，逢高减持是最理性的做法。

我们又知道超额利润在竞争性行业中只可能短期存在，而在垄断性行业中，它则无论在短期内还是长期都可能存在。相对于全国 4000 万的中小企业来说，3000 家上市公司显然是身处垄断行业之中，这个垄断行业就是销售自己的股票，只有这些上市公司可以有权利轻松地将自己的股票卖给全国的股民和机构。而这个垄断权力是证监会赋予的，所以说它们所获得的超额利润其实也是被国家保护的，为此我曾将 A 股市场比喻成基本封闭的"权贵俱乐部"，一旦进入这个俱乐部，就相当于鱼跃龙门，企业就从一个苦哈哈的实体，变成了有金光附体的类金融企业，可以低成本增发，高位派现，还可以直接高抛低吸玩波段，企业自己不会玩，有一群所谓的市值管理机构会教你玩。玩烂了也没关系，还可以重组，或者卖壳，照样可以赚得盆满钵满。因为企业本不值钱，是这个上市公司牌照，这个六位数的代码值钱。

我们资本市场发展了近三十年，通过人为设置的垄断，使得这个市场的标的只有 3000 家，而买家则以亿计，行情好的时候居民储蓄搬家，资金更是万亿级，这个市场严重的供不应求，导致市盈率居高不下，超额利润就永远存在。

2. 超额利润是 A 股的最大症结

只要有超额利润存在，就会有更多的人想方设法去获得超额收益，想方设法去获得 A 股俱乐部的门票，而门票的发授权掌握在证监会，掌握在发审委，所以我们可以看到前发审委委员冯小树违法获利 2.48 亿元的天方夜谭，这是设租寻租的价格。

只要有超额利润存在，所有的企业都会以取得超额利润为目标，围绕超额利润作文章。所以我们看到企业已经可以在新三板实现融资，解决企业的资金需求，但还要去 A 股上市。一方面是投资机构，要求企业去 A 股变现，享受跨市场套利而非享受企业成长获利，另一方面企业家也希望自己的财富通过 A 股的高市盈率，靠变魔术式的资本运作赚钱而非靠经营公司赚钱。资本市场本是一个让资金和实体对接，让资金脱虚入实的地方，应当设计为可以为企业融资，可以激发企业家精神和干劲的地方。但是现在已经变成一个让企业家脱实入虚的地方，企业家都变身资本玩家，不再去安心经营实体而满脑子考虑炒概念、炒股价。

有了超额利润肯定要兑现，兑现的过程就是减持的过程，就是割韭菜的过程，所以整个中国股市容易就这样循环往复。

二、A 股改革的思路——去牌照化，去韭菜化

A 股表面的问题是"大小非"解禁带来的抛压，可实质是审批制下供求关系不平衡导致的资产价格扭曲（高市盈率）问题。所以此次证监会修改减持的规定，是临时治标的做法，诚然可以减轻解禁后带来的减持压力，将解禁潮推迟。可是 A 股市场上的股票就是用来做交易的，规定的交易期限就是 T + 1，可见从制度设计上，A 股市场就是用来做短期投机而不一定是长期投资的，在这个市场用行政的手段去限制大股东减持，犹如开发商拿地盖房之后，却不让开盘卖房子一样，道理上是说不过去的。

1. 去牌照化——改变供需不平衡

要想从根本上解决 A 股的问题，就必须解决高市盈率的问题。高市盈率的维持来自于供求不平衡，供求不平衡又是因为证监会的对新股发行的管制造成的。所以要解决 A 股的问题，最根本的方法就是源源不断地加大新股供给，解决目前的新股供给不足问题，改变股票市场供求不平衡的局面，从而降低 A 股的整体估值水平，让股票便宜到大股东都舍不得卖的价位，或者对卖与不卖左右为难的时候，才能真正解决 A 股的问题，什么时候出现新股发行失败，什么时候我们的这个市场就成熟了。当然这会带来另一个问题，那就是目前的二级市场肯定会跌跌不休，必然导致手里握有股票的股民利益受损，这就是改革的代价，绕不过去，不是这批股民，就是下批股民。

我们已经看到了刘主席推行的 IPO 常态化被各界骂得体无完肤。

各利益相关方打着保护股民利益的旗号，占据道德制高点，攻击新股发行。就像当年国有企业改革的时候，很多人也是以保护国有企业职工的名义，以保护国有资产的名义，反对改革。但拒绝改革，短期利益得到保护，长期必将承受恶果。比如当年东北三省在国企改革方面，投鼠忌器，改革不彻底，现在所有人都已经开始品尝苦果。

但新股即使按照现在每周十家的速度发行，是否就可以解决 A 股的问题呢？依然解决不了，因为这样的发行规模，相对于打新资金，犹如扬汤止沸，还出现了爆炒次新股的现象。但是如果规模再大，大到新股发行可以直接拉低 A 股整体市盈率的时候，那基本等于是"休克疗法"了，股灾将再次来临，严重影响金融稳定，很显然，这条路暂时走不通。A 股已经大到不能倒，大到没法改的地步了。

无奈之下，证监会只能退而求其次，出台减持新规，对上市公司大股东、董监高减持进行约束，也就是说现在俱乐部的韭菜明显不够割了，俱乐部的牌照现在不敢多发，但是你们来俱乐部享受割韭菜的权力我要进行约束，不能随心所欲地割韭菜了，再割连根都要拔出来了，所以减持要放慢节奏，要给韭菜喘息的机会，千万别把这片韭菜地给糟蹋了，对谁都没好处。

2. 去散户化——改变力量对比

限制俱乐部成员割韭菜的权力和频率是个好事，但是仍旧无法改变 A 股是个割韭菜俱乐部的本质。所以另一个改革方向就是去散户化，去韭菜化，让俱乐部不再是一片韭菜地，最好是变身为一个角斗场，圈养凶禽猛兽（私募机构），让有胆量有雄心和抱负的公司进来与这些凶禽猛兽谈判、合作，如果能够降服或者收服这些凶禽猛兽，那可以助企业的一臂之力，也就是我们常说的资本助力实体经济，让企业的发展如鱼得水、如虎添翼。

A 股市场去俱乐部化（破除牌照垄断），去韭菜化（去散户化），听起来很美，但却是一个道阻且长的过程，A 股已经臃肿无比、病入膏肓，现在的治疗方案只能是让它维持不死，让病情不再加重，这个阶段再用猛药来治，恐怕真能治死。慢性病只能慢慢治、慢慢养，不要幻想毕其功于一役，一服药就能药到病除、起死回生。

可是我们国家的经济发展还是需要资本市场发挥作用，还有大量的中小企业嗷嗷待哺，需要资金，我们还有时间去指望 A 股改革、治病之后，充满活力的发挥作用么？指望不上！那怎么办？只能采取"稳住体制内，做大体制外"的增量改革。另起炉灶的增量改革中，必须借鉴 A 股的失败教训，供给方面切忌垄断化，需求方面切忌散户化，这一点，新三板做得很好。新三板完全可以逐步承担起将社会资金配置到实体经济中去的重任。

三、新三板还是 IPO，这是个问题

新三板还是 IPO？这不光是企业面临的选择，也是证监会面临的改革道路选择。

1. 双轨制改革逻辑

既然三板市场既没有牌照垄断，又没有韭菜，而且还能够切实的实现融资功能（去年三板市场已经超过创业板，融资规模过千亿），我们为何还要千辛万苦费力不讨好地去加快 IPO 的审核节

奏呢？

既然走上了双轨制改革的路子，体制内的存量就必须要控制住，通过改革，限制数量，提高质量，同时给予做大体制外的增量以新的政策，否则体制内有着体制外不可比拟的制度优势，让二者在同等条件下竞争，体制外的增量是永远赶不上存量的发展速度的，这是双轨制改革的核心逻辑，也是必然要求。

IPO 提速，又让很多本来安心待在新三板的企业，又重新燃起希望，开始继续申报 IPO，希望搭上 A 股的最后一班车，去享受高市盈率带来的财富神话。体制内的存量，因为 IPO 提速继续扩大，体制外三板企业又想拼命挤进体制内，这样的改革，还是双轨制改革吗？

所以我认为之前的肖钢主席对待新三板和 IPO 的路子是对的，提高 IPO 的发行门槛，减缓 IPO 的发行速度，通过一次次的财务大核查，逼 IPO 排队企业去三板融资，同时做好三板的各项制度建设，增加对拟 IPO 企业的吸引力。但是刘主席上台之后，新三板制度建设的速度明显放慢，2016 年的分层也是早在肖主席任内定好的事情，但是分层之后，并无配套的措施出来，刘主席上任后也从未到股转系统视察指导过，其对新三板的态度可见一斑。

我在 2017 年 5 月 2 日首发的《让刘主席的子弹再飞一会》一文中力挺刘主席，也提醒过"IPO 提速、再融资缓行这些存量改革是好事，但是仍然不能忘了增量的继续推进。从最近的观察来看，证监会仍然陷于三个孩子的利益纠葛，券商等市场主体仍然作为有限，股转公司'空有报国志，无奈客京华'，就连创新层的制度红利都迟迟无法得到审批、放行。"当然随后我也做了乐观的估计："说不定很快新三板增量改革的红利就会释放，A 股存量改革的步子又要缓一缓了，存量和增量改革需要交替前进，螺旋上升……"

因为我相信形势比人强。

2. 稳住体制内的各种举措

IPO 提速、再融资缓行，是刘主席上任后的第一板斧，标志着刘主席启动了 A 股存量改革的按钮，这两个政策可以自我对冲，是个好政策，我已经在《让刘主席的子弹再飞一会》一文中讲过了，而且目前 IPO 主要是集中在创业板，IPO 提速对于降低创业板的虚高的估值，立竿见影。但因为银监会、保监会也同时出台政策去杠杆，多重因素叠加，导致股市确实跌跌不休，创业板指数下跌 35%，很多个股都跌破了 2015 年股灾的低点，A 股去除泡沫，让估值下移是正确的方向，但必须保持过程平稳，不能出现暴跌，引发系统性金融风险。

现在出台这个减持新政，也明显是可以对冲 IPO 提速对二级市场影响，是通过限制减持，稳定指数稳定股民情绪的权宜之计，体现出改革进程中的过程控制，也确实是落实刘主席"稳"字当头施政方针的具体体现，将矛盾后延，为解决问题争取时间。同时也是落实刘主席从"严"监管的政策体现，为之前减持政策的漏洞打补丁，对"清仓式减持""过桥减持"等现象不留政策死角。

证监会主席都是真的猛士，敢于直面惨淡的股市，敢于正视淋漓的鲜血，刘主席毅然决然地选择了一条难走的路，选择来趟 A 股这个地雷阵，开弓没有回头箭，政策既出，市场就要求必须见效，如果不见效，就会背上随意决策，扰乱市场的骂名，就必须要接着出新的政策，如此往复，没有回头路。这让我想起了 1998 年朱镕基当选总理时说过的话："不管前面是地雷阵还是万丈深渊，我都将勇往直前，义无反顾，鞠躬尽瘁，死而后已。"

3. A 股只是一个手段

就 A 股层面的改革而言，刘主席的策略是对的，IPO 提速（做大 A 股增量）、再融资缓行（限制 A 股存量）、规范减持（降低 A 股会员含金量，限制会员权力），但这仅是整个资本市场的存量改革，是在旧体制上的修修补补，有如当年要求国有企业减员增效等措施。

上一轮改革开放，国家要的是国民经济健康稳定发展，这是目标，所以大力扶植发展民营经济，增加其在国民经济中的比重，才能够对冲国企低效对国民经济带来的影响，才能够为关闭低效的国有企业创造条件，而不是靠继续新增国有企业来带动经济增长。同样，此轮资本市场改革国家要的是资本市场服务实体经济，A 股只是资本市场服务实体经济的一个手段，但不是唯一手段。只有大力发展新三板，才能够提高资本市场助力实体经济的效率，才能够对冲 A 股低效（IPO 暂停或者继续控制数量、金额）对企业资本市场融资带来的影响，从而为 A 股的改革争取时间、创造腾挪的空间，而不用担心停发会影响实体企业融资。我们切不能把手段当目标，为改 A 股而改 A 股。

文末还是要说说，减持新政对新三板的影响。我认为当然是利好，因为新政继续限制或者说剥夺了上市公司股东的部分权利，让 A 股成为一个更加管制的市场，这也必然降低 A 股大股东、PE 所持股权的流动性，加之 IPO 提速，供给增加导致市盈率向下走的态势，股东的收益率也将随之降低。而新三板依然是一个自由的市场，且将会出台改善流动性的措施，流动性的改善也会带来溢价。趋势很明显，一个在往下走，一个在往上走，一个代表了守旧，一个代表了创新。

四、再强调

所以我再次强调对待 A 股的策略就是稳字当头，不能求进，稳中求进的"进"就应当体现在新三板上，这应该是资本市场改革的整体策略。

既然走上了双轨制改革的路子，体制内的存量就必须要控制住，通过改革，限制数量，提高质量，同时给予做大体制外的增量以新的政策，否则体制内有着体制外不可比拟的制度优势，让二者在同等条件下竞争，体制外的增量是永远赶不上存量的发展速度的，这是双轨制改革的核心逻辑，也是必然要求。

写于 2017 年 5 月 20 日端午节

第三章

新三板繁盛之路

　　新三板在不断完善制度建设的同时，一定不要忽视市场主体的培育，对挂牌企业、主办券商和投资机构多做一些要求和培训，让挂牌企业懂得产融结合，而非圈钱暴富，让券商回归投行本质，发育出定价、销售和投资的能力，让机构投资者不再投机，转向投资，让"价值投资"的理念占据市场参与主体的心智，让"价值投资"成为新三板的第一标签，这是万分重要的！

新三板流动性差是个伪命题

这篇文章是根据 2016 年 7 月 30 日我们在青岛举行的"东北证券金牌董秘训练营"上的演讲录音整理的。演讲时间近一个半小时，同事张美景整理出来的文字近 1.9 万字。经过这几天的删减、整理，决定作为两篇文章与大家分享。这次分享的是演讲时的第一部分和第二部分，主要对新三板目前存在的做市商制度以及流动性问题谈了自己的看法，提出了"凡是谈论流动性的投资者都不合格"，"做市商现在是空手坐庄"等观点，供大家批评。

一、新三板市场的一些现象

1. 新三板企业质量增强但做市指数下跌

根据股转系统 2016 年 5 月 26 日通过官方渠道发布"新三板挂牌公司 2015 年年报解析"，2015 年新三板挂牌公司业绩整体向好，当年挂牌公司平均营业收入 1.64 亿元、平均净利润 1293.65 万元，同比分别增长 17.33% 和 41.75%。截至 2015 年底，新三板挂牌公司平均总资产 2.82 亿元，平均净资产 1.25 亿元，比 2014 年同期分别增长 29.87% 和 48.95%。上述四个指标同比都增加很多，体现出挂牌企业的盈利在增加，质量在提高。新三板经过这两年的高速发展也的确吸引了很多优秀的企业挂牌新三板，比如像神州专车这样的明星企业也已正式挂牌新三板。

在企业的盈利能力整体增强的同时，做市指数却呈断崖式下跌态势。从之前最高点 2673.17，一路跌到最近的 1094.80，现在可能就是最低的时候。这是个悖论，企业盈利增加，股价应该往上走，但为什么我们看到的是往下走？

拿我们服务的一家新三板企业举例，该企业质地很好，做市后价格一直维持在十五六块钱左右，但有一天，价格突然跌到了 8.5 元左右。经查询得知一名持有 20 多万股的小股东，因为要移民，在二级市场减持套现，当天仅成交了 92 万元，但公司股价却缩水了一半，也就是说仅用 92 万元，就可以砸盘。实际上，在此期间，已经有很多著名的投资机构与企业基本达成了 12 元/股的定增价格。这样的例子比比皆是，很多做市的企业都已经跌破定增价，跌破净资产。我想通过这个现象、这个悖论来告诉大家，我们认为定增价格可以相对真实的反映企业价值，做市价格不能反映企业的真实价值。

2. 做市商和做市企业的数量不断增加但成交额却出现下降

第二个现象就是做市商的数量和做市企业的数量不断增加，2014 年底做市商 72 家，2015 年底做市商 85 家，做市的企业从 2014 年的 122 家，到 2015 年的 1115 家，截至目前有 1610 家，做市商和做市企业的数量都在不断增加。如果做市制度能够增加流动性，那么在做市商和做市企业二者同时增加的情况下，成交额应该是翻倍增加的走势，但是新三板的成交额不升反降。这是第二个现象、第二个悖论。通过这个现象我想告诉大家：现阶段，做市商不能提供市场所需的流动性。

3. 创新层与基础层的二八现象明显

第三个现象是创新层与基础层的二八现象明显。我们对创新层和基础层的交易情况作了对比分析，创新层中24%的企业是没有发生过交易的，76%是有过交易的，而基础层中发生过交易的是21%，未发生过交易的是79%，一个非常明显的二八现象。另外，分层后953家创新层企业的成交额占了总成交额的53%，7091家基础层企业的成交额仅占47%。通过这一现象，我想说分层还是有点道理（其实我还想说分层是有大道理的，这个在后面讲）。

我挑了这三个现象，试图从这三个现象里面发现一些本质性的东西。从前两个现象和得出的结论（做市价格不能反映企业真实价值，做市商不能提供流动性），我们应该再得出一个结论，那就是现阶段的做市商制度有问题。我一直在为新三板鼓与呼，但唯独对做市制度颇有微词，下面我就想讲一下做市商制度的问题和流动性的问题。

二、现象背后的原因探究

1. 做市制度的问题

为什么做市价格一路下跌，为什么做市商没法提供流动性，我找了三个原因：

（1）做市商总体投入金额少。

我从网上得到一组数据，投入做市金额在10亿元以上的有两家，东方证券和广发证券（实际金额已经超过 20 亿元）。投入 5 亿元到 10 亿元的有六家，投入 1 亿元到 5 亿元的有 38 家，投入不足 1 亿元的有 39 家，投入不足 1000 万元的有 7 家。但实际上东北、中信、海通、国信这不到 10 家券商投入的金额应该都超过了 10 亿元，但相对于新三板 2 万多亿元的市值来说，券商总体投入 200 亿元，这 200 亿元为 2 万亿元提供流动性，哪怕是为其中 10% 的小股东提供流动性，都没有不可能。所以做市商根本接不住，所以也就不想接。

（2）做市商投入金额与新三板投资者结构不匹配。

我们从 Wind 资讯中统计了做市商做市情况，发现做市商持有单个做市企业的股票较少，很多做市商就拿 20 万股、30 万股。

现阶段新三板挂牌企业的股票的持有者，一是老股东群体，二是通过挂牌前私募或者挂牌后定增进入的机构投资者，他们持有的金额少则几百万元，多则上亿元。当一家做市商在该股票上投入的做市金额只有几百万元甚至不足百万元的时候，怎么可能接得住？怎么可能为机构投资者提供退出渠道？

别说机构投资者，新三板个人合格投资者的门槛就是 500 万元，很多做市商在每只股票上的投入，可能连一个新三板的普通散户减持，都接不住。庄家、闲家力量对比悬殊，现在做市商就是拿仨瓜俩枣出来，怎么好意思说自己在坐庄。

（3）做市部门考核压力大，做市商主动做空。

当前阶段新三板二级市场，最大的空头可能就是做市商群体，因为证券公司对做市部门有考核，考核的主要标准还是利润。所以做市企业的股票下跌，做市部门的压力很大，压根不想接，甚至有些做市商趁着价格高，自己提前减持，变成了做市商跟做市商之间自己玩。

做市交易制度的推出的设计初衷是为了活跃交易，让投资者在想要卖出股票的时候，随时可以找到做市商接盘，即为提高保证新三板流动性而推出的。但现阶段做市商做得更像是低价投资赚钱，而非做市提供流动性。要想真正做市，做市商在持有库存股的基础上，必须为该只股票预留几倍甚至十几倍的接盘资金，做市投入应该与该只股票的总市值之间有一个合理的比例关系。

2. 流动性问题

第二个我想讲的是流动性的问题，大家最关心的一个问题。市场都在喊流动性不足，这是新三板最大的问题。那到底什么是"流动性"？我们 A 股市场存在很多年了，所有跟资本市场有关的词，大部分都是在 A 股上创造出来的，然后我们把这些词汇再拿到新三板市场上来讲，想当然的，下意识的全部是在跟 A 股市场做比较，"流动性"也是。A 股的流动性能够作为新三板流动性的标准吗？如果不能，那么新三板到底需要什么样的流动性？我们大家一起来探讨这个问题。

（1）什么是流动性？

流动性是指资产能够以一个合理的价格顺利变现的能力，它是一种所投资的时间尺度（卖出它所需多长时间）和价格尺度（与公平市场价格相比的折扣）之间的关系。所以要谈流动性，一要看时间，二要看价格。

（2）A 股是个投机的市场，所以需要 T + 1 天的流动性。

那 A 股市场的流动性是什么，T + 1 天。今天买入明天就可以卖出变现。当年股市行情不好的时候，有人还建议推 T + 0，即买入当天即可卖出。那你投入资金几分钟内就可以看到它的回报而且就可以把这些回报变现。那大家想想还有什么事可以做到这样的？对，就是赌博，赌博直接猜大小，21 点，基本上半分钟就可以变现。为什么吴敬琏讲 A 股就是个赌场？因为这种投入之后第二天就要回报的心态，就是赌徒心态，A 股散户学习基本面分析、技术分析、消息面分析就能赚钱，跟赌徒自认为提高赌博技巧就会赢一样，炒股和赌博就是因为有技术性所以才引人入胜。T + 1 天，公司基本面不会有任何改善，所以我说 A 股是一个投机的市场。

（3）新三板是个投资的市场，所以需要 T + 1 年的流动性。

新三板是金融服务实体经济的场所，是一个价值投资的场所。而实体经济的扩大再生产，必须要经过一个时间的轮回，这个回报至少要以一个会计年度为单位，所以作为价值投资场所的新三板，它的流动性应该是 T + 1 年，1 年只是最小的一个计算单位，要想获得合理甚至超额回报，需要企业的成长性支撑，而企业的成长性，可能得 T + 3 年、T + 5 年才体现得更好。所以在三板市场不能要求有像在 A 股一样，在基本面不变的情况下，还要退出并获得收益。

根据 Wind 资讯显示，截至 2016 年 7 月 25 日，新三板信托及私募产品总数有 4281 只，通过信托或者资管计划投资新三板的，基本都是 A 股二级市场的思维，产品存续期，一般不超过 3 年，其中还有一大部分是（18 + 6）个月，18 个月的投资期，6 个月的回收期，这个投资时间太短了，很难获得相对较高的收益。新三板必须要有长期稳定资金入市。

所以我说现阶段谈新三板流动性的投资者都是在"价格投机"

而不是"价值投资"，都不合格！

3. 所有问题的核心——供需矛盾

但是做市商的问题，流动性的问题这也是两个现象，我们再往下挖一层，发现新三板目前最大的问题就是最简单的供需矛盾，挂牌企业太多，投资者太少，这是最根本的原因。

之前我一直在说，股转公司在挖池子养鱼，新三板一定要尽量把池子做大，然后再放水，若池子太小就放水可能马上会变成下一个A股市场。大家都看到了2015年上半年新三板那一波疯狂的走势，那就是因为池子很小，新三板的企业规模小，好的标的不多，很多资金通过各种渠道疯狂地涌入，股价被炒上天。所以股转公司在前两年做的最重要的工作就是把这个池子尽量做大，做大以后再考虑逐步地往里放水，逐步地分批地吸引资金进来，这是一个策略。当然现在看是池子挖得挺大，水太少，所以鱼有点渴。

鱼多水少的这个供需矛盾怎么来解决，靠控制挂牌节奏，限制挂牌数量？还是靠降低门槛，增加投资者数量？让我们分别来看一下是否可行。

（1）控制挂牌节奏，限制挂牌数量。

新三板设立的目的就是解决广大中小企业融资难的问题，我国四千多万家中小民营企业，在不断的成长，他们里面会不断地涌现出特别优秀的符合国家产业好企业，不可能挂了8000家就停。靠提高挂牌门槛，控制挂牌企业数量不可行。

（2）降低投资门槛，增加投资者数量。

很多人都提建议要求降低投资者门槛，有人说降到300万元，有人说可以直接降到50万元。这是非常典型的"头痛医头、脚痛医脚"的办法。流动性不足，就降低投资者门槛，但降门槛随之带来的问题可能比现在流动性不足带来的问题还要多。我在之前的文章里面说过，新三板设立之初就是要防止 A 股病，防止新三板的主板化，投资者的散户化，这是要牢牢把握住的一个方向，所以我认为降低投资者门槛也不可行。

（3）缺乏合格的机构投资者是新三板发展的最大瓶颈。

那到底怎么办呢？优秀的中小企业急需资金，庞大的居民储蓄急需投资渠道，双方都有着巨大的需求，股转公司也是实施市场化的备案制并且具有高度的服务意识，为何仍然造成现在这种局面？

造成目前这种供需矛盾的关键是打通供需之间的道路与桥梁太少。券商是桥梁，是负责从左边将企业引入到资本市场，因为有着成熟的体制，在短短的 2 年内组织起了近万名的从业者，帮助企业梳理挂牌上市。但是负责将资金从右边引向资本市场的桥梁——私募股权机构，在这两年间却依然没能够有太大的作为，掉链子了，这才是新三板市场目前发展的最大瓶颈。

我国的优秀的股权投资机构太少，因为中国的资本市场是个相对管制的市场，私募股权投资通过 IPO 或者并购退出的渠道不畅，客观上限制了私募股权基金在我国的发展。2009 年创业板的推出，带来私募的大发展，掀起了一个全民 PE 的时代，从中崛起了一家标志性的私募机构就是九鼎。但随着 IPO 的暂停，这期间成立的私募没了退出渠道，很多倒掉了，中国私募的发展再次陷入沉寂。

2014 年 1 月 17 日，国家为了配合新三板市场的发展，打造新三板的合格投资者，出台了《私募投资基金管理人登记和基金备案办法（试行）》。这是国家促进私募投资基金行业健康发展的重要举措，也是国家资本市场战略的重要组成部分（新三板起来以后必须要有大量的私募机构产生，那大量的私募机构产生之后就必须把它作为一个行业来监管），但私募股权基金这两年的发展却并不如人意。虽然注册了 3 万多家，但经过私募新政后，已经仅剩 15000 多家，而且这 15000 多家里估计还得有一大批被注销。私募股权投资机构的发展，并不是注册个牌照就可以发展起来的，这当中最大的制约因素是懂资本运作的人才太少。

我在 2016 年 1 月 7 日发了一篇朋友圈，整个新三板最大的瓶颈实际上还是人才短缺。做 PE 投资的，必须要懂资本运作。我认为真正懂 PE 投资、有投资经验的投资者是从华尔街回来的那批人，再就是证券公司的投行从业人员，但因为 IPO 经常暂停，所以真正懂资本运作的投行人员也不多，流动到 PE 里的就更少了。虽说整个市场上做 PE 投资，号称"某某资本"的公司很多，但是真懂的不多。整个新三板现在最根本的问题就是机构投资者数量太少，而且还不合格。合格机构投资者的发展不是一日之功，需要时间、需要整个社会意识的转变。

（4）分层制度是个宝。

我前面讲了新三板分层有点道理，实际上它有大道理！分层可以平衡现阶段挂牌企业多、投资者相对过少的矛盾。分层以后，有 900 多家优质企业进入创新层，这些企业要么有着较好的盈利能力（近两年平均净利润在 2000 万元以上），要么有着较快的发展速度（近两年的复合增长率在 50% 以上，且营业收入超过 4000 万元），或者有着较好的市场认可度（六家以上做市商，市值超过 6 亿元，不少于 50 名合格投资者），这样的企业，可以说是安全边际较高，风险较低，一方面可以吸引目前存量合格投资者的注意，另一方面就可以引进那些风险厌恶型的诸如公募基金参与。这样在这个小的范围里面企业的数量跟投资者的数量可能会达到暂时的平衡，有希望成为一个良性、有效的市场。

这相当于在新三板的大池子里，再隔离出一个小池子，优先将有限的水集中到这个池子里，让这个池子的鱼先得到水。未来也将不断地再将小池子做大，有更多的水，就可以养更多的鱼，而这些鱼都是从新三板的大池子（基础层）进来的。

如果创新层变成一个有效的市场之后，优质企业就没有必要排队做 IPO 上主板。基础层的企业只要在下一年符合三个标准中的任意一个，就可以自动直接进入创新层，所谓的转板制度实际上就在整个新三板的内部实现了。分层不但可以解决目前新三板存在的这些问题，更可以为所有的企业指明一个方向，那就是符合国家产业政策要求、有着较好盈利能力、成长速度的企业可以先挂牌新三板进入基础层，在基础层规范运作一年或者两年，达到创新层标准后，进入创新层这个有效、完善的资本市场。

所以接下来大家期待的新三板制度红利将主要围绕着创新层展开，在这里我想引用一下股转公司副总经理隋强最近做的《不忘初心，继续改革》演讲中的一段话，这段话已经清楚地向我们揭示了新三板未来一两年的发展方向。

"一方面，我们推动创新层挂牌公司进一步规范公司治理，切实加强对其信息披露、发行融资和并购重组的监管，提升创新层挂牌公司的规范化水平，在这个基础上探索优先在创新层引入公募基金，落实储架发行和授权发行等制度。

另一方面对基础层挂牌企业加强服务和引导，引导基础层公司主动规范公司制度，优化信息披露制度，加强对基础层挂牌公司的基本业务规则培训，提供有针对性的培育孵化融资，对接并购服务，等等"。

建议大家认真阅读隋总的这篇讲话！认真阅读！！认真阅读！！！重要的事情说三遍！！！

三、后记

最后再说一遍，新三板设立之初就是要防止 A 股病，防止新三板的主板化，我们大家不要用 A 股的标准来要求新三板。同样，我也不赞成将新三板比作中国的纳斯达克，新三板肯定是世界上独一无二独的股票市场，她将吸取借鉴所有传统证券交易所的一些优点，避免一些缺陷。这个市场的交易方式、价格发现机制、投资者结构、运行机理很多都是前所未有的。新三板犹如我们的国家一样，必将探索出伟大的特色发展道路。

股转公司对新三板的战略使命有着清醒的认识，非常有战略定力，没有屈从社会上的压力，贸然出台一些短视的政策。再次重复上一篇文章里面说过的话，散户用天计算收益，机构投资者应该用年计算收益，但一个国家重大的改革政策可能是要用五年、十年的时间去计算收益，所以大家不能要求国家的改革进程遵从我们的个人意志，而应该是我们跟随整个国家的战略，国家的改革步伐一起前进。

写于 2016 年 8 月

信用和法治：新三板市场的两大基石

一、新三板，成功了一半

2017 年 8 月 25 日，谢庚在升任股转公司董事长之后第一次出面讲话，谢董事长讲话分三个部分：一是从六个方面全面总结了股转公司成立以来这五年，新三板继往开来，审慎起步，在探索中快速发展；二是历数新三板积极效应初步释放，比如引导和带动了早期投资，提高了金融体系协同效应，激发创新创业热情，引导企业规范发展，增强了资本市场服务国家战略的能力；三是向大家透露新三板未来的改革目标和改革思路，给市场以信心。

谢董事长这篇讲话，可以说是政府公文的典范，总结得非常全面和到位，既有实际数据，又有抽象高度，我是打印全文后一字一句认真学习了的。

我从 2011 年就在讲创业板失败了，它与主板、中小板一样，在发展过程中出现了异化，并没有为解决我国创新创业企业转型升级提供整体支持和解决方案，未完成国家赋予它的历史使命。

反观新三板，要我说，截至目前判断新三板的成功与否为时尚早，但检验新三板成功与否的标准依然是其能否完成创业板未能完成的历史使命。从相关数据上看，新三板这几年较好地实现了为战略性新兴产业、中小型企业融资这一主要目标。截至 2017 年 7 月 31 日，挂牌公司数量与总市值分别为 11284 家和 4.87 万亿元，已成为全球上市（挂牌）企业数量最多的证券交易场所，其中中小微企业占比达 94%；行业覆盖从初期的 12 个行业大类发展至覆盖全部 89 个行业大类；地级市覆盖也超过了 90%，帮助 5029 家挂牌公司完成 7615 次股票发行，实现股权融资 3503.02 亿元，帮助 5771 家公司获得银行贷款合计 4871 亿元，市场累计成交 5387.85 亿元。

但这些数据只是新三板市场一体两面中企业融资这一面，确实让企业融到了钱，但是在创投机构投资这一面，其情况却并不乐观。做市指数跌跌不休，大部分投入到新三板的股权投资机构目前并未得到增值回报，且退出渠道并不通畅，也不明朗。新三板还没有经历一个轮回，还未出现双赢的局面，所以从市场作用的发挥层面来讲，我说新三板成功了一半。

二、市场的信用基础和法治保障

让我们跳出三板，再来重新思考一下"市场"的本质是什么，这可能会对我们理解和把握新三板的市场建设进度，提供帮助。

1. 交易要以信任为基础，权威作保障

"市场"狭义上理解就是一个买卖双方进行交易的场所，其核心功能是交易（交换）。交易的需求是来自于整个社会的专业化分工，

因为分工和专业化会提升劳动生产率，从而带来规模经济。分工和专业化之所以能提高劳动生产率，原因在于知识的获得和积累，分工使得各个生产者集中时间在单一方向上获取和积累知识，所以知识的积累速度大大加快，但另一方面分工也造成了各个生产者知识结构的狭隘。

现代社会的分工越来越细，专业化程度越来越高，所以交换发生的频次也越来越高，范围也越来越广。但所有交换的产生需要以"信任"为基础，以"权威"作保障。信任一般是来自于长期的社会文化传统，权威一般是来自于政府。如果一个市场想要成功，必须满足这两个基本条件。淘宝的网上交易之所以能够在中国快速发展，最关键的原因是通过"支付宝"的设置，为交易双方提供了"信任"机制，以及交易完成后的相互"评价"机制和违约的"处罚"机制，所以淘宝的网上交易才能够大规模、高频次的发生。

2. 中国的 A 股市场信任有之，法治不足

再来看我国的 A 股市场，其之所以能够持续运行近三十年，主要是因为在这个市场，交易双方有一定的信任基础：上市公司大股东不担心二级市场投资者（中小散户）会影响到其对公司的控制，同时企业上市都是经过券商保荐，证监会发审委严格的审核，等于是有券商和证监会的双重背书，所以中小散户基本不加辨别地认购新股。信任基础，导致了这个市场可以有大量的交易发生。但为什么说我们的 A 股市场还需要改革，还不健全呢，主要是指这个市场法治化的力度不够，对市场主体的约束机制不健全或者说是不能被有效执行，导致违约的成本较低。所以存在着不同程度的上市公司造假，时有发生的大股东侵犯中小股东利益的案例，中小投资者维权难等问题。

3. 中国的股权投资市场缺乏信任基础和法治保障

股权投资市场就是一个企业拿股权与投资机构手中资金做交换的市场，这个市场想要成功并能有效运行，也必须让交易双方产生信任基础。中国一直未能发展出商业文明，企业一般是家族控制，靠血缘关系维系，对于外部的合伙人有天然的不信任感。而中国的股权投资机构出现得更晚，一方面由于企业的经营是一项很复杂的事情，创投机构专业人才不足，很难去理解、判断被投企业的核心价值所在，同时企业也很难从创投机构的角度看待问题，不知如何向创投机构展现自身价值，更不知道如何为企业估值、定价，所以二者的沟通存在着一定的障碍；另一方面，中国的民营企业为了避税，还存在着广泛的财务不透明、不规范，甚至财务造假情况，更让投资机构没有信任感和安全感。

此外，中国的股权投资机构发展较晚，也很不规范，很多借着股权投资之名，行非法集资之实，加之老百姓对私人金融机构存在不信任的社会文化，整个社会并未形成股权投资的文化和理念，因为没有信任基础，交易成本高，法治不健全，维权成本也高，这些都阻碍了股权投资在我国的展开与发展。所以私募股权投资基金能够真正成长成一类被社会所认可的金融机构，还需假以时日。

除此之外，一般而言，交易需要靠三种机制进行约束监督：一是自我约束，这主要靠交易双方的道德规范、宗教信仰等，二是相互监督，比如双方都有某种使对方不敢犯规或"坑人"的强力手段，三是第三方监督，比如依靠法庭、朋友、单位、政府等。但我国在向市场经济转型的过程中，诚信体系建设不足，法治化进程也有待加强，靠后两种机制对交易进行约束的成本过高，所以我们经常会听到投资机构说一句，叫做投企业关键是看人，也就是说很大程度上中国的股权投资还是依靠被投企业实际控制人的道德水准来进行约束。

由此可见，要想在我国建立起全国范围内运转高效的股权投资市场，必须首先打造让交易双方诚实守信的信任环境，同时建立起完善的切实有效的违约处罚机制，可以让守约方低成本维权，让毁约方付出高额代价。

三、信用和法治是新三板市场的两大基石

从市场建设的"信用基础"和"法治护航"的角度，再来读谢董事长的讲话，我们就会知道他关于新三板市场这几年的总结是真正抓住了重点，而非老生常谈。

1. 新三板的信用体系建设

（1）对于挂牌企业。

股转公司这几年很多政策制度都是为了给新三板交易双方打造一个信用基础，比如为了提高挂牌企业的透明度和可信度，股转公司要求：

"公司申请及持续挂牌的硬约束在于规范运营，必须按照国际会计准则规范财务信息，必须经具备证券从业资格的会计师事务所进行审计并持续公开披露，以提升公司会计信息的规范化、透明化和连续化程度，使得各类投资人可通过可比会计信息做出风险判断；必须建立'三会一层'的公司治理架构，必须制定和完善公司章程

来保障这种架构的有效运行，必须接受主办券商的持续督导，必须公开披露公司治理的重要信息，以保障投资者的知情权和决策参与权。"

这一信用建设要求，也获得了较好的效果，就像谢董事长讲话中总结的：

"万余家股份公司在新三板平台上按照公众公司的要求，逐步规范会计信息、健全公司治理、提高运作透明度，降低了投融资双方的谈判成本，股份定价实现了市场化，改善了投资者风险管理条件，为提高金融体系协同效应创造了条件，扫除了对接金融体系的微观障碍，在全社会起到了很好的示范引领作用，也促进了股权文化、诚信文化、契约精神的深入发展。"

（2）对于股权投资机构。

对于私募股权投资机构，基金业协会要求对私募管理人进行强制备案和信息公开，并对其管理人资格进行了严格限制，对其日常的合规化运营进行督导和检查。截至 2017 年 8 月 28 日，中国证券投资基金业协会已将上海璞盈投资管理有限公司等 174 家机构列入失联机构名单，并在协会官方网站（www.amac.org.cn）私募基金管理人分类公示栏目中予以列示。

2017 年 8 月 30 日，国务院法制办公室在其官网发布关于《私募投资基金管理暂行条例（征求意见稿）》公开征求意见的通知，公开向社会公众征求立法意见。这被称为是史上最严私募管理条例，从监管范围、私募管理人、私募托管人、募集行为、投资运作、信息提供、行业自律、监督管理、关于创业投资基金的特别规定等多个方面对私募基金行业提出了全面的监管要求，将指引未来私募行业更加规范发展。

这都是国家为了新三板这个股权投资市场的建设，在提高交易双方透明度、信任度和打造市场的信任基础方面所做的广泛而具体的工作。

2. 法治护航建设

在加强对新三板挂牌企业的监管和惩处方面，谢董事长在讲话中总结道：

一是加强监管制度机制建设。目前已形成了以法律法规为依据、以7件部门规章和23件行政规范性文件为基础、以102件市场自律规则为主体的制度体系；初步构建了行政监管与自律管理的信息共享、监管协作、案件查处的分工协作机制及风险处置机制。

二是不断提高自律管理能力。坚持以信息披露为本、以规则监管为依据健全和改善市场自律管理，通过开展执业评价公示等方法强化市场主体归位尽责，实行严格的投资者适当性管理制度，加强配套技术系统建设，以常态化的市场培训服务机制带动监管延伸。

三是坚持有异动必有反应、有违规必有查处，严厉打击违法违规行为，切实维护市场"三公"。截至2017年6月末，证监会共处理新三板违法违规案件6件，对18个违法对象做出行政处罚6次；全国股转公司累计处理违规案件3345件，对4804个违规对象出具3326份自律监管决定书，出具19份纪律处分决定书，对18家公司实施强制摘牌。

同样，基金业协会也对私募股权投资基金进行严格管理和惩处，2017年8月30日国务院法制办公室新公布的《私募投资基金管理暂行条例（征求意见稿）》将私募基金可能存在的35种行为，列入处罚之列。

2017 年上半年，证监会组织就开始对 328 家私募机构开展了专项检查，包括私募债券基金 20 家、跨区域私募股权基金 88 家、其他私募证券和股权等各类基金 220 家，共涉及基金 2651 只，管理规模 1.27 万亿元，占行业总规模的 14.8%。

证监会这次专项检查发现：12 家私募机构涉嫌非法集资、挪用基金财产、向非合格投资者募集资金、利用未公开信息获利等严重违法违规行为；83 家私募机构存在公开宣传推介、未对投资者进行风险评估、承诺保本保收益、证券类结构化基金不符合杠杆率要求、基金财产与管理人固有财产或他人财产混同、费用列支不符合合同约定、基金未托管且未约定纠纷解决机制、未按合同约定进行信息披露、未按规定备案基金、证券类私募基金从业人员无从业资格等违规问题；190 家私募机构存在登记备案信息不准确、更新不及时，公司管理制度和合规风控制度不健全或未有效执行，公司人员、财务、制度等缺乏独立性等不规范问题。

根据违法违规行为的具体情形，证监会依法采取以下处理措施：

相关证监局对 83 家存在公开宣传推介、承诺保本保收益、未按合同约定进行信息披露等问题的私募机构采取行政监管措施；相关证监局对 6 家存在挪用基金财产等严重违规问题的私募机构立案稽查，并对其中 4 家私募机构先行采取行政监管措施；相关证监局将涉嫌违法犯罪的 8 家私募机构的违法违规线索通报地方政府或移送公安部门，并对其中 6 家机构采取行政监管措施或立案稽查。

四、让"价值投资"成为新三板的第一标签

综上所述，股转公司用了四五年的时间，为新三板这个市场，打造了信用和法治两块基石，这是所有市场制度建设的最根本的基础，方向正确，仍需坚持。如果新三板市场能够继续沿着上述工作而努力，为我国的股权投资创造好的信任基础和法制环境，就可以让战略型新兴产业能够顺畅地获得资本市场融资，推动我国的经济结构转型升级，也可以让企业通过股权激励吸收员工入股，引进战略投资者，改善企业的微观治理结构，就会彻底改变我国商业社会以家庭血缘关系为基础的企业文化，赢得社会的信任，从而提高自身的金融获取能力，扩展企业的边界；同时，基金业协会能够出台鼓励和规范私募股权投资基金发展的政策，加强对基金规范化运作的监管及对违规的严格惩戒，让股权投资基金梳理其良好的认知度和社会形象，提高自己被优质企业的接纳程度。

这也是我之前讲的新三板的文化和理念建设同样至关重要，应当让"诚信文化""契约精神""价值投资"的理念占据市场参与主体的心智，让"价值投资"成为新三板的第一标签，让信用和法治成为新三板市场健康发展的两大基石。只有这样，中国以新三板为代表的股权投资市场（含四板市场）才可能健康、稳定发展，才能够为更大范围的分工合作创造条件，才能够承担得起为战略型新兴产业融资，助力我国经济结构转型升级的历史使命。

写于 2017 年 9 月

新三板市场建设发展情况介绍

——谢庚 2017 年 8 月 25 日讲话

全国中小企业股份转让系统（俗称"新三板"）是党的十八以后正式投入运行的全国性证券交易场所，以《国务院关于全国中小企业股份转让系统有关问题的决定》（以下简称《国务院决定》）发布为标志，从小规模区域性试点扩大至全国。5 年来，在中国证监会的坚强领导下，全国股转系统深入贯彻党中央、国务院关于资本市场发展、新三板建设的战略决策，认真落实《国务院决定》，完成了市场基本制度和 IT 架构的构建，形成了海量市场规模，市场运行日益规范，积极效应逐步释放。

一、继往开来、审慎起步，新三板在探索中快速发展

新三板自诞生之日起就承载着服务供给侧结构性改革、创新创业和多层次资本市场建设的重要使命。作为中国多层次资本市场的一个新兵，交易所市场 20 余年的发展，在拓展证券市场服务与有效控制风险方面为新三板提供了充分的经验，证券业协会 6 年的中关村代办股份转让系统试点为新三板服务创新创业提供了有益借鉴。

站在巨人的肩膀上，新三板牢牢把握服务创新型、创业型、成长型中小微企业发展的定位，充分学习借鉴境内外市场和深入研究

中小微企业及其投资人的特点、需求，多方面探索服务中小微企业创新发展。5年来的探索，从市场建设方面可以概括为六个方面：

第一，以包容性理念设置挂牌准入条件，强化规范发展，有效拓展市场覆盖面，提高挂牌公司金融获取能力。公司挂牌不设财务门槛和股权分散度要求，只从规范性角度设置了五条底线标准，并细化为"可把控、可识别、可举证"的标准体系，供市场一体周知，最大限度地压缩自由裁量空间；挂牌审查以信息披露为中心，实行电子化申报和网络化沟通，在符合基本条件的前提下通过信息披露方式解决文件审查中关注的问题，审查反馈意见和公司回复意见全部网上披露。公司申请及持续挂牌的硬约束在于规范运营，必须按照国际会计准则规范财务信息，必须经具备证券从业资格的会计师事务所进行审计并持续公开披露，以提升公司会计信息的规范化、透明化和连续化程度，使得各类投资人可通过可比会计信息做出风险判断；必须建立"三会一层"的公司治理架构，必须制定和完善公司章程来保障这种架构的有效运行，必须接受主办券商的持续督导，必须公开披露公司治理的重要信息，以保障投资者的知情权和决策参与权。

通过以上制度设计，一方面企业挂牌预期明、时间短、成本低，市场规模和覆盖面快速扩大。截至2017年7月31日，挂牌公司数量与总市值分别为11284家和4.87万亿元，分别是市场初建时的32倍和88倍；进入8月后，市场总市值已经超过了5万亿元。新三板目前已成为全球上市（挂牌）企业数量最多的证券交易场所，其中中小微企业占比达94%；行业覆盖从初期的12个行业大类发展至覆盖全部89个行业大类；地域覆盖从四个高新园区扩大至境内所有省域，地级市覆盖也超过了90%。另一方面，较好地解决了挂牌公司规范治理、会计信息标准化和信息公开问题，扫除了对接金融体系的微观障碍。

第二，基于中小微企业需求构建持续融资机制和多元交易制度，改善挂牌公司融资条件。考虑到挂牌公司数量众多，且在股本规模、股权结构和股票流动性需求等方面存在巨大差异，新三板《业务规则》和《股票转让细则》均规定，股票转让可以采取协议、做市、竞价或其他中国证监会批准的转让方式，已上线了协议和做市转让方式。截至2017年7月31日，新三板做市股票1513只，协议股票9771只，市场累计成交5387.85亿元。企业融资方面，初步形成了包括普通股、优先股等融资工具在内的直接融资体系。对于挂牌公司发行融资，遵循公司自治和买者自负原则，主要由全国股转公司实施信息披露文件的备案管理；发行监管以信息披露为核心，强调信息披露真实、准确、完整、及时、公平，关注审议程序规范和资金管理合规；股票发行额度、发行时点、发行方式、发行定价由市场主体自主决定。

企业通过挂牌，获得了股票合法公开转让渠道，改善了股票的定价和流动性水平，降低了投融资双方的谈判成本，改善了投资者风险管理条件，再配以小额、快速、按需的持续融资机制，大幅缓解了融资难问题。截至今年7月末，5029家挂牌公司完成7615次股票发行，实现股权融资3503.02亿元，一批处于研发阶段的企业也顺利完成融资；2017年以来的平均发行市盈率为26倍。非金融业挂牌公司资产负债率连续3年整体下降，2016年平均资产负债率为50.98%，同比下降3.03个百分点。挂牌以来融资超过1亿元的492

家公司 2016 年营收和利润增幅分别较无融资公司高 21.22% 和 14.98%，平均营业收入和净利润分别是无融资公司的 4.58 倍和 5.63 倍。

第三，突出公司自治，建立高度市场化的并购重组制度，优化挂牌公司资本运作环境。中小微企业往往发端于行业细分领域，很难形成完整的产业链条和市场价值的最大化。新三板构建了高度市场化的并购重组制度，支持企业相对便捷地实现强强联合和优势互补。一是尊重公司自主选择和判断，不设重组委，不强制要求评估，不强制要求业绩承诺，不设统一强制要约收购条款；二是强化中介作用，明确中介职能和责任，引导中介机构归位尽责；三是严防内幕交易，保护中小股东权益，明确控股股东、实际控制人及公司管理层在收购事项中的义务和责任，对超 200 人公司重组单独披露小股东表决结果。截至 2017 年 7 月末，挂牌公司累计披露重大资产重组和收购 800 次，交易总额 1232.07 亿元，其中七成以上属现代服务业和战略新兴产业公司进行产业整合或传统制造业公司谋求转型升级实施。此外，上市公司收购挂牌公司也日益频繁。新三板使得科技、人才等创新要素可以在更大范围内流通、重整，有助于相关行业的创新发展。

第四，以主办券商为核心构建市场化的遴选机制，挂牌公司科技创新、研发驱动、高成长性特征突出。新三板构建了主办券商制度，要求券商以销售为目的遴选企业，以提升企业价值为目的进行持续服务和督导，引导证券公司从辅导企业改制、规范公司治理、完善资产定价与销售能力方面加快业务整合，完善服务链条，回归投行本质。目前参与市场服务的主办券商 100 家，其中做市商 93

家。从实践效果看，挂牌公司整体质量保持较好水平。挂牌公司中，高新技术企业占比65%。2016年挂牌公司研发投入合计622.30亿元，同比增长10.78%，其中研发强度在5%以上的公司达5266家。2016年，79.83%的挂牌公司实现盈利，49.88%的挂牌公司实现营收利润双增长，1098家公司净利润超3000万元，150家公司净利润超1亿元。

第五，实施市场内部分层，探索优化公开市场标准化服务与企业差异化需求的匹配。新三板海量挂牌公司的多元化特征、差异化需求决定了单一的服务和监管已无法满足市场需求。在前期研究的基础上，2016年6月27日，正式实施了市场内部分层，起步阶段先将企业划分为创新层和基础层。2017年5月30日，完成挂牌公司分层的年度调整。截至7月底，创新层公司1389家，基础层公司9895家。分层的目的，一是立足海量市场实际，降低投资者信息收集成本；二是立足挂牌公司多元化的实际，实施差异化服务和监管。通过分层信息揭示，分层的第一个目的已经实现。市场分层管理的完善和差异化制度供给的安排是一个持续的过程，是新三板市场下一步改革发展的重点。

第六，坚持创新发展与风险控制相匹配，努力提高风险控制水平，维护市场"三公"。新三板坚持发展以规范为前提，规范以发展为目的，努力提高风险控制能力。一是加强监管制度机制建设。目前已形成了以法律法规为依据、以7件部门规章和23件行政规范性文件为基础、以102件市场自律规则为主体的制度体系；初步构建了行政监管与自律管理的信息共享、监管协作、案件查处的分工协作机制及风险处置机制。二是不断提高自律管理能力。坚持以信息披露为本、以规则监管为依据健全和改善市场自律管理，通过开展执业评价公示等方法强化市场主体归位尽责，实行严格的投资者适当性管理制度，加强配套技术系统建设，以常态化的市场培训服务机制带动监管延伸。三是坚持有异动必有反应、有违规必有查处，严厉打击违法违规行为，切实维护市场"三公"。截至 2017 年 6 月末，证监会共处理新三板违法违规案件 6 件，对 18 个违法对象做出行政处罚 6 次；全国股转公司累计处理违规案件 3345 件，对 4804 个违规对象出具 3326 份自律监管决定书，出具 19 份纪律处分决定书，对 18 家公司实施强制摘牌。5 年来，新三板市场运行保持平稳，牢牢守住了不发生区域性、系统性风险的底线。

二、新三板积极效应初步释放

经过五年的发展，新三板已经成为我国多层次资本市场的重要组成部分，展示出勃勃生机，对落实创新驱动发展战略、助力"双创"、服务供给侧结构性改革、促进经济转型升级等产生了积极作用。

一是引导和带动了早期投资。新三板的设立，提高了中国证券市场对企业的包容度和覆盖面，拓宽了早期投资退出渠道，拉长了中小微企业直接融资链条。据清科统计，2016 年 VC/PE 退出案例中通过新三板退出的分别占 61.5%、71.4%，推动改变了过去 VC/PE 集中做成熟项目的状况。

二是提高了金融体系协同效应。新三板对挂牌公司会计信息和公司治理问题的规范，为提高金融体系协同效应创造了条件。全国股转公司与 33 家商业银行开展了战略合作，通过信息共享，降低银行的信息搜集成本和审贷成本。2016 年，5771 家公司依托新三板通过专项金融产品等方式获得银行贷款合计 4871 亿元。

三是激发创新创业热情。挂牌公司通过实施股权激励提高对创新创业人才的吸引力，累计激励 8100 多人次，实现了个人贡献与企业发展的利益共享。目前有核心员工持股的挂牌公司约有 1500 家。

四是引导企业规范发展。万余家股份公司在新三板平台上按照公众公司的要求，逐步规范会计信息、健全公司治理、提高运作透明度，股份定价实现了市场化，获得了快速发展，在全社会起到了很好的示范引领作用，也促进了股权文化、诚信文化、契约精神的深入发展。2016 年年报显示，有 725 家公司设立独立董事，665 家公司管理层引入职业经理人；2350 家挂牌公司公布分红预案。

五是增强了资本市场服务国家战略的能力。新三板对贫困地区和民族地区企业挂牌设立单独通道，实行即报即审、审过即挂政策，同时减免费用。截至 2017 年 8 月 18 日，贫困地区挂牌企业共 233 家，民族地区挂牌公司共 319 家，涉农挂牌公司共 418 家。77% 的挂牌公司在 2016 年年报中披露了扶贫与社会责任事项，2151 家公司开展了实质性的扶贫工作。初步统计，有近 2000 家挂牌公司以产品出口、设立海外生产基地等不同方式参与"一带一路"建设，2014年至 2016 年挂牌公司海外业务收入合计 2598 亿元，海外业务收入占营业收入的比例分别为 16%、19%、22%，呈逐年增长趋势。

总的来看，新三板的设立，弥补了中国资本市场服务体系的缺失，增强了资本市场服务实体经济和供给侧结构性改革等国家战略的能力。2014～2016 年，挂牌公司整体营收增长分别达 11%、

17%、17%，净利润增长分别为 24%、42%、7%，832 家公司挂牌后实现规模升级，由小微型企业成长为大中型企业。挂牌公司员工人数 2016 年末达 276.19 万人，同比增长 14.99%，较同期全国城镇就业人员增长率高 11.74 个百分点。

回望过去 5 年的发展，新三板之所以能取得一定的成绩。第一，得益于党中央、国务院的高度重视；第二，得益于国家全面深化改革和推进供给侧结构性改革、大众创业万众创新，促进经济转型升级的战略机遇，为新三板的快速发展提供了经济基础；第三，得益于证监会党委的坚强领导、大力支持；第四，得益于市场主体和媒体朋友等社会各界的参与支持。

三、深化改革，市场发展迎来新阶段

万家企业时代的新三板，进入了"从量的积累到质的飞跃"的新阶段。一万一千多家挂牌公司中，成熟企业与初创企业并存。挂牌公司平均设立年限 10.57 年，其中 10 年以上的占比 55%，短于 5 年的不足 10%；平均股本 5700 万，其中大于 3000 万上市条件的占比 55%。这就是说，已有相当数量的公司与市场建立时的主体预设不一致，市场需求结构发生了深刻变化，需要加快完善市场功能。

党中央、国务院和中国证监会高度重视新三板的改革发展。《"十三五"规划纲要》明确提出"深化新三板改革"，2017 年国务院《政府工作报告》要求"积极发展新三板"；今年全国证券期货监管工作会议要求"从制度与实践两方面实现深化新三板改革的破题"，新三板迎来了新的发展机遇。

下一步，全国股转公司将按照中央经济工作会议关于"稳中求进"的总基调和全国金融工作会议关于服务实体经济、防控金融风险、深化金融改革的总体要求，在证监会党委的领导下认真落实好"深化新三板改革"、"积极发展新三板"的战略部署。改革的目标，是健全基础制度，提升核心功能，使优质企业愿意来、留得住，使投资者愿意进、敢于投，从而引导社会资本弃虚向实，实实在在服务创新创业和供给侧结构性改革。改革的思路，是进一步完善新三板市场内部分层。以完善分层标准为切入点，统筹推进发行、交易、投资者准入和监管等各个方面的改革，理顺市场制度逻辑，为众多挂牌企业提供差异化服务，同时进一步增强市场监管和风险控制能力，做到既有效监管、守住底线，又因势利导、积极作为，全面提升市场价格发现、资源配置和风险管理等核心功能。

往者不可谏，来者犹可追

一、从希望到失望再到绝望

新三板作为中国多层次资本市场的一部分，在 2013 年底推向全国之后，市场基本架构得以搭建，市场规模得到了快速发展，很多人都满怀期待地参与到这个伟大的改革实践当中。但是新三板市场的建设并非一帆风顺，2016 年市场分层后并未推出配套的差异化制度供给，市场建设低于预期，各种质疑新三板的声音甚嚣尘上，甚至对新三板的定位也开始产生怀疑，整个市场弥漫着悲观的失望情绪，做市指数一路下跌。

2017 年春节之后，出于对政策红利的期待，使得市场走出了一波小阳春，可是相关政策仍然是只"打雷不下雨"，永远在路上，监管机构并未给出明确的回答，市场情绪从失望"顺利地"过渡到了绝望，这也不可避免地影响到了各市场主体的行为选择：很多优质企业选择 IPO，也有很多资质较差的企业选择了主动退市，未挂牌的企业也选择观望，券商开始裁撤新三板部门，投资机构以及个人投资者开始离场，唯一的退出渠道就是做市，很多股东也开始通过做市减持，所以我们看到做市指数从 4 月开始一直跌到现在，做市价格并不反映企业真实价值，但却可以很好地反映市场情绪，做市指数可以当做新三板的"信心指数"来看待。

二、看似供需不平衡，实则人、事不匹配

目前新三板的这种状况跟一年前没有什么两样，我在 2016 年 8 月写的《分层之后再谈新三板》就对有关问题进行了分析，文章的核心逻辑就是对做市商问题以及流动性问题这两个最显著的现象做了分析，得出现象背后的原因是企业端与投资者之间存在严重的供需不平衡，供需不平衡的原因是人、事不匹配。主办券商推荐的挂牌企业良莠不齐，很多根本不适合挂牌的企业也被推荐到了这个市场。监管部门希望将新三板设计成为一个没有散户的机构投资者的市场，可是中国的机构投资者不但数量少，而且还都不合格，承担不起归集资金进行价值投资的重任。我当时就说过"所有谈流动性的机构投资者，都不合格。"他们高喊"价值投资"的口号，只是一种"叶公好龙"式的自我标榜。

面对当时的市场，我说分层制度是个宝，建议应当尽快根据分层完善差异化的制度供给，从而将创新层变成一个供需相对平衡的有效市场。同时指出在制度建设的同时应该注重市场主体的培育，加强合格机构投资者的队伍建设，充分发挥主办券商的市场主体作用。

三、往者不可谏——失去的一年

时隔一年，我们看到，当时热切期待的新三板分层的差异化制度并未出台，除了董事长秘书变成了"董事会秘书"（组织了创新层董秘考试，要求持证上岗），机构投资者依然是价格投机而非价值投资，主办券商依然是"主板券商"，新三板的状况依然没改善，市场开始不再抱有幻想地持续杀跌。

1. 机构仍是喊着价值投资做着价格投机

我国成熟的股权私募机构不多，所以在三板火热的 2015 年，社会资金主要被之前投资 A 股二级市场的人们，以契约型私募基金、信托计划、资管计划（所谓的三类股东）的形式归集起来，在新三板进行投资。但这三类股东的管理人从 A 股二级市场而来，其基金期限和投资理念并不适合在新三板进行价值投资，所以在投资标的的选择方面与新三板的主要企业并不匹配。

优质企业对新三板失去信心，加之 IPO 提速，所以大量企业申报 IPO 排队，让三类股东的问题凸显出来。一时间竟成为整个三板圈最为关注的焦点，有人喊出了三类股东问题事关新三板存亡，这从某些方面来看是有些道理的。

在新三板投资 PRE–IPO 企业然后到主板 IPO，基本成了股权机构以及个人合格投资者唯一的投资逻辑，如果此路不通，会直接影响资金方的投资判断，导致无项目可投，三板将更加有价无市，成为一潭死水。三类股东的问题，也从侧面反映出了大部分机构与"散户集邮党"类似，只会投 PRE–IPO 项目，根本不具备发觉优质企业价值的能力，更不用说做好投后管理，为投资企业赋能了。

2016 年 8 月经过私募新政后，还剩 15000 多家私募，当时就说这 15000 多家里估计还得有一大批被注销。果不其然，截至 2017 年 6 月，私募股权投资管理人减少到 11251 家，而且还不断有私募机构失联，将被吊销执照。机构投资者的培育，任重而道远。

2. 券商依然是主板券商而不是主办券商

2016 年 1 月 7 日我忍不住发了个朋友圈，说"制约新三板发展的最大瓶颈是人才……新三板建设的重中之重应该是队伍建设"。2016 年 10 月我又专门写了一篇文章《新三板，不是赛道是赛场》，讲新三板与 A 股市场上同类业务的做法，可能有天壤之别，完全是不同的逻辑，如果证券公司也用发展 A 股市场业务的方法论来发展新三板业务，将会"彻底蒙圈"。

现在离我发朋友圈过去一年半了，离我发文章也快过去一年了，诸多券商在新三板业务上的表现诚如我所预料，彻底蒙圈，做市部门依然将做市理解为折价投资，依然未去发挥组织交易的功能，有的券商干脆彻底退出了这个市场，大部分券商也削减了在这个市场的人力、物力投入，也诚如"读懂新三板"的一篇文章《裁掉新三板业务，省下四五斤口粮》所讲的。

在 IPO 常态化发行的背景下，没有哪个券商和团队愿意在新三板这个贫瘠的业务中，去认真地实践和发展出自己团队的定价能力、承销能力和用资金赚钱的能力。更没有哪家券商愿意按照中国证监会 2015 年 11 月 16 日发布的《中国证监会关于进一步推进全国中小企业股份转让系统发展的若干意见》中第三条所鼓励和支持的那样，设立专业子公司，不受同业竞争限制，统筹开展全国股转系统相关业务。

我一直热情地讴歌新三板是中国真正的资本市场，热切地期望在新三板诞生出真正的"华尔街"式投行，然而投行里金光闪闪的依然是报材料的 IPO 投行，而不是新三板团队，券商依然是"主板券商"而不是"主办券商"。

四、来者犹可追——展望新的一年

我读钱穆老先生的《中国历代政治得失》，得到的最大收获就是明白了"制度和人事，二者不可偏废"，所以对新三板未来的建设，我们仍然要从制度供给和市场主体培育两方面推进。

1. 建立完善可以服务多层次企业的资本市场制度

新三板发展到现阶段，制度供给滞后已经成为共识，制度供给滞后最关键的一环实际是卡在 2016 年的分层制度。分层之后，监管层并未针对创新层推出应有的政策利好，体现出差异化的监管和服务安排。而新三板未来的制度供给都应该围绕着分层进行安排，第一步没走好，后面的都没法走。

所以谢庚董事长在 2017 年 8 月 25 日继往开来的讲话中指出：新三板未来改革的思路，是进一步完善新三板市场内部分层。以完善分层标准为切入点，统筹推进发行、交易、投资者准入和监管等各个方面的改革。让我们从谢董事长的讲话中寻觅一点端倪。

（1）完善服务成熟企业的市场功能。

万家企业时代的新三板，进入了"从量的积累到质的飞跃"的新阶段。一万一千多家挂牌公司中，成熟企业与初创企业并存。挂牌公司平均设立年限 10.57 年，其中 10 年以上的占比 55%，短于 5 年的不足 10%；平均股本 5700 万元，其中大于 3000 万元上市条件的占比 55%。这就是说，已有相当数量的公司与市场建立时的主体预设不一致，市场需求结构发生了深刻变化，需要加快完善市场功能。

谢庚上面这段话的潜台词就是新三板本是为中小微企业的投融资服务而设立，所以交易、发行、监管等各项制度都是以服务满足中小微企业为目的制定的。但是发展到今天，服务的对象已经有很多成熟企业，很显然新三板目前的各项制度已经不能够适应和满足成熟企业的要求，那就需要新三板尽快制定、推出服务成熟企业的市场功能，那服务成熟企业的市场功能应该是什么样的功能呢？谢董事长将这些企业的情况与上市条件作了比较，我想已经是不言而喻了吧。

（2）从制度和实践两方面深化改革破题。

谢董事长接着指出深化新三板改革是党中央、国务院、证监会的要求，而且 2017 年全国证券期货监管会议要求"从制度和实践两方面深化改革破题"。2017 年破题，很显然，这是股转公司必须完成的任务。什么叫从制度和实践两个方面来破题改革呢？

一是制度要改，二是制度改了之后，不能不管用，必须要在实践层面产生实实在在的效果。也就是说改革必须要见效，必须要改变目前新三板流动性差，交投不活跃的状态。

怎么实践？当然不是股转公司亲自实践，而是要发挥市场主体的主动性，比如在 2015 年 12 月证监会关于深化发展新三板的意见中，鼓励券商成立专门子公司，允许地方股权交易中心推荐挂牌等，政策都给了，可是没有人去实践，就跟没出一样。所以我认为证券期货会议的这句话，说到了点子上。

（3）分层是个宝，必须要用好。

"改革的目标，是健全基础制度，提升核心功能，使优质企业愿意来、留得住，使投资者愿意进、敢于投，从而引导社会资本弃虚向实，实实在在服务创新创业和供给侧结构性改革。改革的思路，是进一步完善新三板市场内部分层。以完善分层标准为切入点，统筹推进发行、交易、投资者准入和监管等各个方面的改革，理顺市场制度逻辑，为众多挂牌企业提供差异化服务，同时进一步增强市场监管和风险控制能力，做到既有效监管、守住底线，又因势利导、积极作为，全面提升市场价格发现、资源配置和风险管理等核心功能。"

改革目标是健全基础制度，也就是健全那些能够打造信用基础和法治保障的基础制度，市场的核心功能是"交易"，所谓的提升核心功能，那肯定就是提升新三板的交易活跃度，改善流动性，这样才能使优质企业融到资，投资机构赚到钱，才能起到引导社会资本弃虚向实。

我们的复杂国情要求必须建立多层次资本市场，服务不同层次的企业，企业在成长、变化，当然就要求各层次之间能够互联互通，这是多层次资本市场的应有之义。但是在不同的交易所之间，存在着诸多现实的法律的制度障碍，要想实现互联互通，肯定是一个系统工程，需要一定时间。但是形势不等人，那么新三板自己分层，在基础层、创新层之上，再分化出"竞价层"（精选层），不同层次之间的发行、交易、投资者准入和监管都实行差异化的制度和服务，自己构建起多层次市场、服务不同层次的企业也不失为一个有益和必要的尝试。

2. 调动市场主体的积极性和创造性

新三板是新生事物，但是所有参与者都用 A 股的老思维、老规则来玩这个新游戏，自然会觉得处处别扭，自然会要求将新三板向 A 股改造。打个比方，棋牌室新引进了"德州扑克"的游戏，邀请之前玩麻将的人来玩这个新游戏，这群打麻将的开始不熟悉规则，肯定会觉得不如打麻将过瘾，当所有人都一致表态"德州扑克"不好玩的时候，他们要求的就是再开一桌麻将，如果老板不开麻将桌，他们就要走人。但"德州扑克"真的不好玩吗？不见得。棋牌室的老板要做的是要教会大家怎么玩德州扑克，同时要多找一些会玩德州扑克的人来现身说法，让大家懂得其中的乐趣所在，而不是将德州扑克麻将化。

现在看来，新三板目前面临的困境，主要在于从建设初期只重视制度建设，忽略了市场主体的培育和引导，未来应当在这些方面有所作为：

（1）给予挂牌企业以税收等多方面的优惠。

前面已经说过我们的社会主义市场经济体系刚刚建立，在信用体系、税收体系、监管体系等方面还不健全，存在很多制度漏洞，企业偷税漏税、环保不达标，劳动保护不够等情况普遍存在，这样的环境必然导致劣币驱逐良币。而新三板将是一个新的生态系统，企业的生存环境将从"丛林法则"进化到"社会法则"，从无序的市场经济过渡到法治的市场经济。但是在过渡期，两种生态还将同时存在，并行很长时间，在大量的企业还存在偷税漏税等财务不规范的情况下，挂牌企业经过自身的规范治理，券商的督导推荐，还有社会各方的监督，已经是依法经营，照章纳税，属于规范生，优等生，新三板除了给予这些挂牌企业以融资便利之外，还应当给予更加优惠的政策，以鼓励、补贴挂牌公司，不能让规范生、优等生吃亏。这对我们整个国家建立信用体系、完善税收体系，改善环保压力都具有重要意义。

比如，国家已经给予挂牌公司在分红税收方面的优惠政策了，能否再推动国家各部委统一给予挂牌企业15%的所得税优惠政策，以鼓励挂牌企业的照章纳税，减轻他们在税收方面与未照章纳税同行们的差距；在各行政单位办事大厅，给予挂牌企业以绿色通道，以表彰他们合法合规经营；国家的各种补贴、奖励等政策，在同等条件下应该优先给予挂牌企业。这样，即使挂牌企业在三板融不到资，但是只要他们规范经营，也可以获得其他的好处，可以给整个社会起到示范作用，逐步扩大新生态的覆盖范围，对整个中国社会来说也是一项不小的帕累托改进。

（2）充分发挥券商的市场主体作用。

对于新设立的新三板市场而言，最重要的市场主体一定是券商，目前的三板市场对券商而言，业务主要集中在推荐挂牌和持续督导，这都是责任大于收益的业务，甚至连鸡肋都算不上，所以很多券商主动选择退出。股转公司应当呵护、珍惜、支持还在新三板坚持的券商，让券商在这个市场中的责权利相统一，才能充分调动、发挥券商在筛选挂牌企业方面的主导作用。

新三板市场最核心的业务应当是促进股权投资交易达成，也就是股票发行承销业务，在这方面股转却没有相应的制度安排。比如针对新三板企业融资难的问题，如果股转公司能够借鉴 A 股市场出台新三板股票发行承销细则，赋予主办券商的主承销资格，准予组建承销团，甚至可以允许采取代销或者包销的方式，必将极大提高新三板市场的融资效率，也能够保证券商的收益，也只有这样才能够让券商以投资人的视角在国家支持的战略新兴产业筛选有潜质的企业，完善出券商的资产定价能力、股票销售能力以及项目投资能力，才能完善服务链条，才能在新三板这个中国真正的资本市场，产生出中国真正的投资银行团队，产生出真正的投资银行家。

（3）鼓励国有创投与民营创投错位发展。

新三板是一个平等、开放的市场，为民营私募机构提供了一个不同于 PRE－IPO 的股权投资机会，在这里可以靠真本事吃饭。实际上股权投资确实是需要真本事，是一项非常复杂的业务，需要综合判断一个企业的技术、团队、前景、竞争环境等多方面的因素，需要发现企业的价值性和成长性，然后耐心持有，与时间做朋友，才会获得回报。

私募机构应该摒弃之前靠关系做投资的权力思维和投机思维，应该加强自身的投研一体化建设，完善自己的研究团队、投资团队，组建自己的投后管理团队，跟随被投企业，跟随这个市场共同成长。新三板分层后，创投基金也应市场化的形成分层，创投机构根据自身特点来定位自己的基金类型和投资标的选择。

另外，目前民营创投的 LP 结构也导致了目前私募股权投资机构运营的短期化和逐利化倾向，这种现状和特性决定了，其并不能完全与国家倡导的价值投资，扶持种子期和初创期的中小企业的发展完全匹配。

这时候，需要国有创投机构在风险高、收益低或者社会效益大的领域，以及种子期、初创期等阶段，一些民营私募股权投资不敢投，投不好的领域和阶段，发挥国有创投机构的积极作用，与民营创投相互补充，错位发展，共同服务于创新创业的挂牌企业。

3. 向全社会推广价值投资理念

新三板是国家为战略型新兴产业打造的一个可以进行股权融资的场所，为创投机构打造的一个可以进行"价值投资"的场所。但是由于我国民营企业长期以来缺少股权融资的经验，更不用说资本运作的经验，他们对资本市场的认识就是 A 股暴富的神话和传说，可以圈钱可以套现，同时受港台影视剧的影响，又担心控制权旁落。国内 A 股市场确实不是一个"价值投资"的好地方，多少运用价值投资理念在 A 股投资的机构，下场都是折戟沉沙，葬身于人民战争的汪洋大海。所以虽然我们的资本市场已经存在了快 30 年了，但是价值投资的理念并未深入人心，甚至成为一种笑谈。人生苦短，股市变幻，要快进快出，及时变现，这是大多数投资机构的玩法。

新三板在不断完善制度建设的同时，一定不要忽视市场主体的培育，对挂牌企业、主办券商和投资机构多做一些要求和培训，让挂牌企业懂得产融结合，而非圈钱暴富，让券商回归投行本质，发育出定价、销售和投资的能力，让机构投资者不再投机，转向投资，让"价值投资"的理念占据市场参与主体的心智，让"价值投资"成为新三板的第一标签，这也是万分重要的！

写于 2017 年 9 月

新三板不是中国的"纳斯达克"

这篇文章是 2016 年 8 月 30 日在去往常州的高铁上写的，针对隋强 2016 年 8 月 28 日的讲话，总结出看待新三板的四条原则，那就是不争论、不循旧、不要急、不容易。2015 年夏季，市场对新三板充满迷茫，掀起了一轮大讨论，悲观失望的论调此起彼伏，股转公司也被迫出面发声，声称需要"二次创业"，时隔一年，再来看新三板的建设，发现这四个角度依然适用。

上周六（2016 年 8 月 27 日）团队全员开会讨论我们要不要有一个使命的话题，期间涉及了我对未来三板走向的看法，第二天（8月 28 日）就看到了隋总的讲话。隋总 2016 年 7 月题为《不忘初心，继续改革》讲话是有所准备的，系统的对前期三板的发展做了梳理，肯定了成绩，也承认了不足，并对接下来的三板工作做了介绍，而这次讲话显然仅是对近期社会讨论三板定位问题的一个回应。隋总的这次讲话，我给概括成四个词：不争论，不循旧，不要急，不容易。

一、不争论

隋总在 2016 年 8 月 28 日的发言里讲道 "一、市场化的方面不会变。二、法制化的方面不会变。三、独立市场设置的方向不会变。在这些原则上，至于这个市场到底是场内市场还是场外市场？它是一个公开市场还是私募市场？这些概念性的东西都可以抛开。"

我在 2016 年 6 月 17 日写的第一篇新三板文章《新三板，中国近三十年最伟大的制度变革》，开篇就说新三板市场名不正言不顺，"新三板从 2013 年年底扩展到全国到现在，经历两年多的发展，挂牌企业超过 7500 家，但还是处于名不正言不顺的状态"。所以 "现在叫股转系统，名不正言不顺，所以社会上至今对它还存在很多不同的认识，对新三板的发展还有很多不同的声音。"

虽然我将新三板名不正言不顺的问题，作为首当其冲的问题提了出来，但我没有要求立即正名，因为这正体现了中国的改革智慧，改革探索不能非此即彼，只有存在模糊地带，改革才有空间，新三板不要被一个 "交易所" 还是 "交易场所" 的名字作茧自缚，不要被意识形态禁锢了发展的脚步，不要被已有的现实禁锢了创新的思想。

所以我的那篇文章，并没有在名分上纠结，而是迫不及待地直接喊出了这个市场的实质，那就是 "新三板是中国真正的资本市场"，而且给出了理由，给出了检验标准：一是新三板实行市场化的 "注册制"，二是新三板实行 "法治化" 的惩戒制度，三是新三板将资金导入优秀的实体经济。这跟隋总发言思路基本一致，实质重于形式。这里大言不惭地说一句，如果隋总能够再加一条"服务实体经济的定位不会变"，就完全对新三板的本质做出了界定，可以回击那些无谓的名分之争。

新三板是个新生的孩子，它的名分是由它今后所做的事情来界定。不管黑猫白猫，能够抓到老鼠就是好猫，不管姓资姓社，能够解放和发展生产力，增强综合国力，提高人民生活水平的制度就是好制度，不管场内还是场外市场，公募还是私募市场，独立市场还是培育市场，能够解决中小企业融资难，促进资本和实体经济有效嫁接的资本市场就是好的资本市场。

二、不循旧

1. 用什么眼光、用什么思维看待新三板的问题

隋总说："我们最大的难题是在看待新三板市场的时候我们一些对标对象是错的，比如说流动性问题的定义，它对标的都是交易所市场"；"评价新三板都用传统的眼光，可以看到他到处都是问题，千疮百孔"；"新三板到了今天这个时候，可能需要大家认认真真的、系统地去思考这个问题，特别重要的是，要从传统的思维中跳出来看待这个问题"。

我在《新三板，中国近三十年最伟大的制度变革》中讲道："新三板的发展必须牢牢把握住一点，那就是防止新三板的主板化，我将A股市场存在的所有问题统称为'A股病'。新三板之所以诞生，他的使命就是为了区别与主板，防止资本市场的'A股病'，但我们大部分资本市场的人，竟然将新三板的目标定位于再造一个A股市

场，所有的制度安排都在要求向 A 股看齐，只不过在局部有量的区别罢了，这是方向性错误。所以我们一定要用全面的眼光、联系的眼光、发展的眼光来看待新三板。"

2. 如何看待流动性问题

对于流动性问题，隋总在讲完新三板的流动性不应跟交易所对标之后，郑重地提出"我们应该反思一个问题，新三板的流动性水平应该保持在什么水平？这个市场的投资机构参与这个市场的目的是什么？"

我在 2016 年 8 月 8 日的文章里也说过："A 股是个投机的市场，所以需要 T + 1 天的流动性"，"新三板是个投资的市场，所以需要 T + 1 年的流动性"，所以我说现阶段谈新三板流动性的投资者都是在"价格投机"而不是"价值投资"，都不合格！这些说法不一定对，但确是在跳出传统思维来思考三板的流动性，思考新三板的投资者。

3. 与其他交易所对标的问题

隋总讲："经常在各种场合有朋友问我，新三板在全球视野范围内是怎样的？从我的实践来看，它很难跟任何一个市场所类比。""这套融资机制是不是交易所那一套？是不是纳斯达克那一套？我们是在中国，我们将来不会过分说它是怎样的市场。"

我在《分层之后再谈新三板》的后记里讲道："最后再说一遍，新三板设立之初就是要防止'A 股病'，防止新三板的主板化，我们大家不要用 A 股的眼光来要求新三板。同样，我也不赞成将新三板比作中国的纳斯达克，新三板肯定是世界上独一无二独的股票市场，将吸取借鉴所有传统证券交易所的一些优点，避免一些缺陷。这个市场的交易方式、价格发现机制、投资者结构、运行机理很多可能都是前所未有的。新三板犹如我们的国家一样，必将探索出伟大的第三条道路。"

显然，隋总拒绝将新三板跟 A 股比较的同时，也正式拒绝了将新三板比作中国的纳斯达克的论调，这是我看到的股转公司官方第一次表态拒绝将新三板比做中国的纳斯达克，意义重大！只有这样才能让那些资深的市场人士彻底抛弃他们多年来建立起的优越感，不要以为自己懂 A 股市场就想当然的也懂新三板，不要以为自己懂纳斯达克，就想当然地以为自己也懂新三板。

三、不要急

隋总讲："无论从准入安排、交易制度设计、分层管理、投资者准入都要有一个全新的思考，我们现在分层是很好的一步，这个也不要急，如果我们规范和发展的问题同步推进得更好，在我们目前的逻辑框架下，我们希望规范以后再供给，这是没有问题的。"

"不要急"这个事，我在自己公众号发布的第一篇文章里说，在第二篇文章里继续重复，在证监会研究院举行的新三板调研会上再说，因为我觉得目前新三板市场最大的问题就是各方都太着急了！

我说："公募基金入市、竞价交易推出、降低投资者门槛，这些措施都会有，但是所有的重大的改革都需要时间，而且需要正确的步骤和出牌顺序，不可能一蹴而就。新三板市场的发展以及合格投资者的培育都需要时间，这一点股转公司看得很清楚，也很有战略定力，这个市场肩负着重大历史使命，不会为了一两年的红火而去违背规律，揠苗助长。散户按天计算收益，机构投资者按年计算收益，国家改革是按五年、十年甚至更长的时间来计算收益，所以不要以自己的节奏来要求国家改革的节奏。"

四、不容易

隋总在讲话的最后说："市场到了现在，我们有清楚地认识，到了再次思考、再次出发、二次创业的关键阶段，从以往量的成长到质的提升的阶段，希望在座的各位保持信心，对于新生市场而言，走到今天的地步挺不容易。"

简单的四个字"挺不容易"，这中间饱含着多少的付出与辛酸。新三板从设立之初的无人问津，到一年以后受 A 股市场带动一路疯涨，再到半路杀出个程咬金，再到今天的流动性困境，应该是太多的规划被打乱了节奏，必须重新设计，承担了如此多的压力和责难。四十多人，服务近一万家挂牌企业，股转公司的兄弟们，比我们券商还辛苦，哪还有周六周日，哪还有白天黑夜！

所以，我在两篇文章里分别是这么说的："这一点股转公司看得很清楚，也很有战略定力，这个市场肩负着重大历史使命，不会为了一两年的红火而去违背规律，揠苗助长。""股转公司对新三板的战略使命有着清醒的认识，非常有战略定力，没有屈从社会上的压力，贸然出台一些短视的政策。"

虽然股转公司因为前面发生的几件事情，被打乱了节奏和步骤，市场倒逼机制已经形成，导致了目前阶段的被动，但我还是想说，要区别对待目前市场上的一些建议和呼声，利好政策出台要把握节奏，因为即使在现有的政策环境下，还有很多市场主体可以自己主动做的事情，要让市场参与主体在逆境中真正的认识这个市场，学会按照这个市场的规律办事。否则，如果政策的制定都是被那些投机赚快钱的机构牵着鼻子走，都是会哭的孩子有奶吃，那么让那些踏实做调研、做价值投资的机构情何以堪？

资本市场这个汪洋大海，总会淘汰一批企业，也总会成长一批企业，沧海横流方显英雄本色。只有积极主动的投身其中，搏击历练，才会产生出伟大的企业，才会催生出伟大的投资机构。

写于 2016 年 8 月 29 日

附录 2

从量的成长到质的提升

——隋强 2016 年 8 月 28 日讲话

新三板很年轻，但是走到今天，我们总结它的经验，创新还是非常重要的经验和特色，我们看今天新三板市场突然会发现很多问题和名字是全新的，比如说叫挂牌而不叫上市，叫公开转让而不叫公开交易等，这些概念本身就是一个创新的制度安排，因为大家回过头来看，现有的制度安排和传统交易所的上市公司监管机制的安排是不一样的，我们现在说法制建设，证券市场依据《证券法》，它对企业如何利用资本市场有一套公允的制度安排，但是这个安排我们在实践中发现，它是针对成熟的企业设置的，不适用中小微企业，怎么办？

全新的制度，从理念上、概念上要做一些突破，从今天的角度来看，对支撑市场的快速起步确实发挥了重大作用，但是到今天这个地步，突然发现有些概念突然变得那么似是而非，是场外还是场内？是上市公司还是挂牌公司？是公众公司还是非公众公司？突然间到了这个阶段，又成为这个市场需要深入思考的一些问题。但是无论怎么说，这些问题的产生都为我们下一步的发展提供了很好的基础。下一步新三板的发展尽管面临着很多问题，但是我们方向性的东西是不会变的，这个方向性在哪里？我个人认为是以下几个层面。

一、市场化的方向不会变。

二、法制化的方向不会变。

三、独立市场设置的方向不会变。

在这些原则上，至于这个市场到底是场内市场还是场外市场？它是一个公开市场还是私募市场？这些概念性的东西都可以抛开。

经常在各种场合有朋友问我，新三板在全球视野范围内是怎样的？从我的实践来看，它很难跟任何一个市场所类比。将来我们如果能有一种理念，抛弃既有传统的利益，基于我们如何服务好创新型、创业型中小微企业这个主题进行一套制度设计，不管它是什么，我觉得这是我们目前必须要做的一个事。跳出来这个概念会发现处处碰壁、处处难受，场内市场、场外市场大家说得清楚吗？说不清楚的。从市场的角度来讲，从经纪人市场、做市商市场、拍卖市场，这个阶段从经典投资学角度来看，对我们看市场是有帮助的。从静态的角度来讲，我们可以设定一种准入条件，但是不要忘了，市场在发展，企业在成长，所以更重要的是，能不能围绕中小微企业特性的发展需求，构建一种持续的融资机制，我认为这个比概念更重要，这套融资机制是不是交易所那一套？是纳斯达克那一套？我们是在中国，中国有中国的法律体系，我们将来不会过分说它是怎样的市场，我们更多是从服务中小微企业的角度来干，方向不会变。

任何一个市场都不是凭空而来的，特别是一个新兴的市场，它都是在既有的市场格局下诞生出来的，无论说它是制度性创新也好，还是什么也好，至少它不同，现行的问题在哪里呢？路径依赖问题。现在我个人觉得，我们最大的难题是在看待新三板市场的时候都能看到一些问题，但是我个人觉得，我们一些对标对象是错的，我现在和很多朋友交流发现，针对这个市场，比如说流动性问题的定义，它对标的都是交易所市场，有的人说交易所市场现在全世界流动性最好的，我恰恰不认同这个观点，评价流动性有很多指标，从稳定性角度来讲，沪深交易所的流动性是最差的。回过头来我们应该反思一个问题，新三板的流动性水平应该保持在什么情况下？这个市场的投资机构参与这个市场的目的在哪里？从这个意义上来看，突然发现，都用传统的眼光来评价新三板，可以看到它到处是问题，千疮百孔。

因此当我们市场建设者建设这个市场，希望把它建设成一个能够服务中小微企业，能够以机构投资人为主的市场的时候我们发现，你博弈的对象可能是市场所有的产品。怎么解决？我觉得，新三板到了今天这个时候，可能需要大家认认真真的、系统地去思考这个问题。特别重要的是，要从传统的思维中跳出来看待这个问题，中国的市场往往有两极化倾向，我们看交易所市场，强化交易所的融资功能，这个提法有所偏颇，只强调融资不强调投资，谁来呢？这个时候看交易所是交易过度，新三板是交易不足，交易的目的是什么呢？有效引导投资、有效为资本退出提供支撑，这是一个问题的两个层面，缺一不可，基于这个理论再考虑。

中小微企业的特点是什么？小、弱、差，但是可能会带来高成长性，从这个意义上突然发现，新三板市场是一个高度包容的市场，又是一个广谱的市场，在这个市场所有企业都能够找到，成熟的企业也能找得到，刚设立满两年的能够找得到，股本很大的能够找得到，两个人的企业也能找得到，这怎么办？针对这类企业怎么服务好它？无论从准入安排、交易制度设计、分层管理、投资者准入都要有一个全新的思考，我们现在分层是很好的一步，这个也不要急，如果我们规范和发展的问题同步推进的更好，在我们目前的逻辑框架下，我们希望规范以后再供给，这是没有问题的。

围绕着市场分层差异化制度安排，我们正在研究。这个方面是要做的。围绕着交易，怎么有效的促进交易，除了改革现行的交易方式之外，我们近期有一个比较大的工作，就是私募基金作为做市商，前期论证都已经做完了，年内是能够推出来的。传统市场准入方面、投资者管理方面，我们用传统的指标评价它，用 A 股市场来评价它，但是有没有更好的指标呢？我们也在考虑。相关的我们可以探讨。还有就是 QFII 和 RQFII 的参与政策可能很快也会出来。还有研究就是公募基金的问题，公募基金那么大的体量，你的资产流动水平和整个投资标的规模能够支撑这些公募基金参与吗？这是我们需要在实践中考虑的问题，公募基金参与产品设计，这些都得考量。

监管方面，监管是什么呢？能够建立独立交易市场的监管安排，这是理想目标，至少我们希望能构建一个符合新三板特性的监管目标，这个说起来会好一点，比如对挂牌公司的监管，不简单等同于上市公司的监管，一等同就死掉了。这里首先是规则，规则要一致，还有就是机制要明确。在监管过程中，市场的自律、交易所的自律监管、中国证监会的行政监管、证监会之上的法律监管，这里涉及市场的参与方、新三板公司、中国证监会派驻机构、公安部，这是一种办法。更重要的是扩展基础设施，新三板到今天为止突然间发现它8877家了，甚至年内到1万家了，这是什么概念？我们公司监管层面只有40个人，一个人管200家管得过来吗？怎么样支撑你的监管？恰恰我认为，在现在条件下大数据监管提供了一种可能性，从以人的监管方式转向以技术支撑的监管方式，将来我们考虑两个全覆盖，中介机构类型全覆盖，所有的业务类型全覆盖，都是在大数据监管条件下完成的，中间机构包括律师、会计师，业务流程包括所有业务流程，这是将来的一个方向，大家都知道，我们正在推主办券商工作底稿的电子化存储，这也是一个方向。

总的来说，市场到了现在，我们有清楚的认识，到了再次思考、再次出发、二次创业的关键阶段，从以往量的成长到质的提升的阶段，希望在座的各位保持信心，对于新生市场而言，走到今天的地步挺不容易。

第四章

新三板力量之源

　　股转公司一直在致力推动投资者结构的多元化，如果国有创投能够尽快参与进来，形成国有创投投资基础层的不确定性较高的创新创业型企业，民营股权投资机构投资创新层的确定性较高的成长期企业，保险以及社保、养老基金等投资收益稳定安全性较高的"精选层"企业，整个新三板市场便会形成良性互动的投融资生态体系，新三板才能促进金融资本的优化、高效配置，从而助推我国经济结构的转型升级。

新三板企业：青春期的迷茫与成长

2016 年 7 月 30 日，我们团队在青岛举办第二期"金牌董秘训练营"，我做了《分层之后再谈新三板》的分享演讲。演讲的前半部分内容整理成《新三板流动性差是个伪命题》（原文题目《分层之后再谈新三板》）一文，2016 年 8 月 8 日在公众号首发。通过几个现象，分析了新三板存在的流动性问题以及做市商问题，并且指出这两个问题也仅是现象，最根本的最主要的矛盾是供需矛盾，即挂牌企业多，而合格机构投资者太少，呼吁要从根本上解决流动性的问题，还必须从发展私募机构入手。

这篇是整理了演讲的后半部分，我将挂牌企业比作青春期的少年，青春期的这三五年，是生理和心理变化最大的阶段，这些里里外外的变化，会为企业带来诸多成长的烦恼和困惑，如何顺利地度过青春期，是我们应该面对和考虑的问题。

一、挂牌之路，仓促迷茫

我们中国成功的企业家对自己的企业很了解，对自己的产品、技术很了解，而且对商品市场、服务市场或者流通市场也非常了解。这种了解，不光是对规则、规律的了解，而且对其中的各项潜规则也非常了解，但唯独对资本市场却不了解。由于之前 A 股俱乐部门槛太高，门票太贵，大部分民营企业可望而不可即，所以也都不去费那个心思。可以说资本市场知识在中国的普及度远远不够，目前大部分民营企业家以及企业的高管并不了解资本市场，更谈不上深刻地认识资本市场。

现在的新三板市场，精明的企业家都是抢着尽快申报、尽快挂牌，生怕晚了政策生变，在企业改制、制作申报材料的过程中，企业董事长、高管对新三板没有太多深入的认识，很多都是稀里糊涂挂了牌，然后参加股转公司安排的挂牌敲钟仪式。大家围着红围巾，敲响资本市场的宝钟，在象征资本市场的红色大门前合影留念，参与其中的每个人脸上都洋溢着激动、兴奋、幸福的笑容，多年的辛苦创业终于得到了社会的认可，这是一个荣耀的时刻。晚上再来顿庆功宴，觥筹交错、豪言壮语，对未来充满美好的期待和憧憬。但这种幸福的感觉不会保持太久，紧随而来的就是困惑和迷茫。

很多企业家可能因为目前的一些新三板从业人员或者其他中介机构误导，一方面，认为一挂就灵，一挂解千愁，挂牌后资金马上就来，刚上资本市场就想要融资、想要定增，被现实打脸后就开始焦躁。另一方面，挂牌后各种监管要求必须遵守，比如不能偷税漏税，要为员工缴纳"五险一金"，"三会一层"必须规范运行，对于关联方交易以及资金占用等问题，必须按规定走股东会、董事会的程序，重大事项必须真实、准确、完整地及时披露，否则会招致处罚。如果自身不懂资本市场的运行规律，挂牌后反而会麻烦、危险丛生，甚至步步惊心，不得安宁。

我有一个比喻，我说中国的企业都是潜水艇，都是在水面以下航行，水面上都不露头或者最多露一个观察镜。我们企业家自己都非常清楚如何掌舵这条潜水艇，开得很好，练就了一身水下功夫。我用这个比喻我们企业以前少做收入、少做利润、少交税，如何跟政府，跟税务、工商、安监部门打交道，都门清儿。但是现在挂牌新三板，登陆资本市场就是让你浮出水面，让你成为一条在水面上（资本市场上）航行的大船，我们的企业家董事长们完全没有水上航行的经验，放眼望去，四处都是海水、看似到处都是路，但到处也可能都是暗礁，大海上如何航行，我们企业家迷失了方向，掌握不好，翻船的概率极大。

今年以来已经有太多的挂牌企业受到监管处罚，有的股东、高管甚至要受到刑事处罚。根据股转公司披露，上半年共对 27 家挂牌公司及相关市场主体实施了监管措施，对于两家未能按时披露年报的挂牌公司实施了强制摘牌，对投资者采取监管措施达到了 475 人次，对 13 家券商实行了 13 次监管措施。

二、义利并举是王道

面对这些监管要求，面对目前暂时的融资难，我们企业家迷茫了，开始反思挂牌到底该不该，到底值不值？迷茫的原因是被眼前所困惑，忘记了方向，忘记了初心。这时候我们应该首先要问一下自己为什么要挂牌新三板，挂牌新三板的目的是什么？

1. 靠诚意、正心、修身来找到创业之基

很多企业家当年是为了生存出来创业，可能做点小买卖小生意，依靠自己的聪明、勤劳赚了第一桶金。有了原始积累后，受益于中国经济的快速增长，迅速积累了大量的财富，两代、三代可能都已经花不完。但水上跟水下，或者阴影里跟阳光下运作企业的立足点是完全不一样的，如果挂牌新三板的目的还是只想着个人家庭财富的增加，还是运用以前的操作手法，而不想承担对员工、对社会的责任，那我想这个市场不适合你。我们国家目前依然给你继续潜伏在水下的机会，那就奉劝你尽快主动摘牌，预计2018年春披露年报前后，会有很多这样的企业会或主动或被动地摘牌。

新三板就是一个更加先进、文明、竞争有序的生态系统，上新三板要有二次创业的心态，继续革命的心态来做事，格局必须是为大家而非为小家。企业家应当开始考虑要运用企业掌握的核心技术、优势做一番事业，比如打破某项产品的国外垄断，让自己企业优质的产品或者服务能够让更多人受益，同时也能让自己的企业员工以及员工背后的家庭受益，应当学会在这个新的商业环境中去与企业员工分享企业的权力和收益，去为社会承担更多的责任和义务。那就不会被眼前的税收问题所困惑，就不会被所谓的公开透明的规范运作所困惑。

资本市场只是促进企业发展的有力工具，如果企业家私欲较重，见利忘义，那你掌舵的船也会走偏，走偏之后可能一年不翻船，两年不翻船，三年四年早晚会翻船，而且翻船越晚，社会危害越大。如果你有一颗大善之心，那你掌舵的船就会走正道，一年不成功，两年不成功，三年四年早晚会成功，社会贡献也更大。所以我们在选择做三板企业的时候，至少我们团队是对企业家的人品希望有一个了解，我们希望服务于人品好、格局大，可以为社会做出更大贡献的企业家。

2. 靠格物、致知来找到兴业之本

新三板是中国商业环境中新打造出来的生态体系。我们挂牌企业进入这个生态体系以后，需要浮出水面航行，面对新环境，要想开好船，企业家首先得学习开船的理论知识（资本市场法律法规、资本运作规律）。我们很多企业家都是越过了前面的阶段，在未知的情况下，直接开船，这是十分危险的。作为掌舵的一把手，企业董事长要做的第一件事情就是必须带领高管们抓紧补理论课，学习资本市场的法律法规，让自己能够认清掌握资本市场上的运行规律，适应新的商业生态环境，才能掌好舵、开好船。

企业家要做的第二件事情就是多交流，交流实际上也是学习的一部分。所谓交流是要向老船长们多请教，跟年轻船长们多交流，然后才能去扬帆起航。比如和我们中介机构、和投资机构、和同样挂牌三板的企业家多交流。在交流的过程中认识资本市场，印证自己的认识是否存在偏颇，同样也在交流的过程中让资本市场认识你，并且要让资本市场不断修正、更新对你企业的认识，真正的让自己经营的实业，插上资本的翅膀，如虎添翼。

我们认为新三板企业，要成为公众公司，必须义利并举，在赚钱的同时承担社会责任，就像对好学生的评价标准光学习好是不够的，还必须有好的道德标准，品学兼优才能有利于未来的成长。

三、成长的建议

新三板由于还在发展过程中，制度还不健全，出现了市场下跌，成交萎缩的现象，所以社会上又出现了一些悲观的论调。对于我们企业来讲，我们也不要去抱怨，不能被动地等待这个市场的完善、发展，不能天天等风来，必须自己积极主动去应对。沧海横流，方显英雄本色，我们认为即使在现有的政策及市场环境下，优秀的三板挂牌企业仍然可以有所作为，所以为挂牌企业提以下几个成长的建议：

1. 转变思维，深刻理解"产融互动"理念

经营企业也存在一个"屁股决定脑袋"的问题。当企业未挂牌、未上市，企业股权不能流通的时候，企业家要赚钱就是靠产品或服务销售实现的利润，为了尽可能多的保留住利润，企业家往往有少做收入、少做利润、少交税的造假冲动，因为省下来的都是可以放到自己口袋的钱。

当企业挂牌之后，不易流通的股权变成方便流通的股票，企业家赚钱的方式已经不再是靠每年净利润的积累，企业的价值不再以整体的净资产计算，而是主要以市值计算。企业家可以通过二级市场抛售股票变现获得收益。要想获得较高的股票价格，净利润是基础，市盈率是关键。所以上市公司也有造假的冲动，但倾向于多做收入、多做利润、多交税。说这个问题，当然不是教大家造假，而是让大家改变以前那种靠偷税漏税赚钱的思维，而是要将正常的收入利润如实地呈现出来，完成从"产品经营"到"资本经营"的升

级，从"公司利润最大化"向"公司市值最大化"转变，真正实现产业与资本的双轮驱动，助推公司战略目标的实现。

"产融互动"简单来说就是将实体产业做好之后，必须嫁接资本的力量助推实体的进一步发展，实体产业的进一步发展，又为下一波的嫁接资本打下基础，产业是根本，金融是工具，二者相生互动，螺旋上升。清晰的战略发展规划、扎实的产业经营基础、合理的组织结构等是公司实施资本运作的前提条件。作为公众公司，需要向资本市场清晰、明确地传递自身的战略定位、发展规划和商业模式，同时扎扎实实地做好供、研、产、销的优化，认真做好产品服务客户，改进管理、提升运营效率、从而改善公司的经营业绩作为最核心的工作。持续地创造公司价值，这样才能获得资本市场的认可，并利用资本运作的工具助推公司战略规划及业务发展目标的实现，实现产融结合。

"产融互动"的理念，和君咨询提得比较早，讲得比较多，做得也比较好，我们也在跟和君学习，并且帮助我们挂牌的企业践行这一理念，和君是"咨询＋投行"，我们目前是"投行＋咨询"，都是从各自的优势出发，但殊途同归，都是通过帮助企业做好"产融互动"，实现健康、稳定发展。

2. 要处理好"4R"关系

公众公司也有个 4R 关系，即跟监管机构的关系、跟券商研究员的关系、跟媒体的关系、跟投资者的关系。跟监管机构，目前只要合法合规经营就可以了，不需要特意经营，这里只说一下其他三个关系。

我们 2017 年 7 月 30 日在青岛举办的"金牌董秘训练营"，专门邀请了《证券时报》资深媒体人赵惠为我们服务的挂牌企业讲授《公众公司媒体关系及舆情管理》。在挂牌企业快速扩容到9000家的背景下，乱花已经迷人眼了，酒香也怕巷子深，我们挂牌企业也必须通过各种媒体来宣传我们自己，应该通过自己主动发声，主动通过举行媒体见面会等形式，与媒体交流，向外界传递企业正面的形象。

我们券商的研究员连上市公司都不能完全覆盖，更不可能去覆盖新三板企业。新财富评选主要还是关注主板，新三板的还没有。但现在比如安信证券、中信证券、包括我们东北证券的研究所，都开始关注新三板，有专门的研究员写关于新三板的研究报告。券商研究报告的价值在于，他知道机构投资者的关注点在哪儿，他们是完全用资本市场的语言来向投资者展示企业的投资价值。这也需要我们自己主动地联系研究员，邀请他们到我们的公司去调研，然后为我们公司出具这种研究报告，这相当于找明星代言。

还有一个非常重要的就是"投资者关系维护"，投资者关系维护在A股市场就是一个笑谈（维护好跟"韭菜"之间的关系），因为企业通过审核主板上市后，相当于有证监会背书，股票发行供小于求，是个卖方市场，不需要寻找投资者，有大量的散户认购，很少有要到公司调研或者考察的。但新三板目前是以机构投资者为主，股票发行供大于求，是个买方市场，要想在1万家企业中脱颖而出，吸引投资者的注意力，那就必须要做好路演推介工作，在资本市场有一个良好的形象展示，才有可能获得资本的认可，先与投资者建立关系，才能够谈与投资者维护关系，这都是一个内外信息相互交流的过程。所以说对新三板挂牌企业的董秘的要求比A股上市公司的董秘的要求高多了，必须整体的混迹于资本市场的圈子，主动的消除企业与资本市场的内外部信息不对称，需要像销售经理开拓产品市场一样，来开拓投资者市场。在 A 股上市公司的董秘，来做新三板的董秘，未必合格。

3. "小步快跑"的融资策略，用定增来为企业定价

做市商的做市价格不能体现企业价值，不应作为企业的定价的依据。那公司价值如何来体现？我认为机构投资者的定向增发的价格可以相对合理地反映企业的价值，因为投资者（目前主要是机构投资者）参与挂牌企业定增，还是会对企业进行较为详细的尽调、分析，对其投资价值做出判断，就投资价格与企业进行多轮的谈判、博弈，在这个基础上形成的价格可以说是相对地体现了公司的价值。

基于上述判断以及市场环境，我们建议挂牌企业要充分利用好新三板小额、快速、灵活的保持一个比较合理的融资节奏，目前阶段建议一年融两次：春天年报出来之后，以头一年的净利润为基础融一次，半年报出来的时候按照预测的当年全年净利润为基础，秋天的时候融一次。只要业绩增长，每次融资都会比上一次融资价格高，机构投资者认可这种以业绩为支撑的定价。这样，不但价格能够反映公司真实的价值，而且可以稳步维持企业的价格上涨趋势，让投资者都能够实现账面浮盈。

4. 维护潜在投资者群体，为股东退出提供流动性

浮盈虽好，关键还是能否变现，在目前三板市场流动性匮乏的情况下，投资者还是面临一个退出的问题。我建议企业主动做一些工作，而不是死等政策。

之前我说过我们挂牌企业的董秘不应该在家里面坐着，做年报、

半年报、做信息披露。你们应该到北上广深这些投资者聚集的城市，像销售你们的产品一样去拜访投资者，推销你们的股票，并且建立起你们的股票销售的目标客户群体，建立起你们自己在投资界的人脉圈。一个两个不够，十个八个也不够，必须要几十个、上百个。我说过新三板是一个投资的市场，只需要 T + 1 年的流动性即可，只要一年之前钱投进来，一年之后他想退出的时候，董事长、董秘的朋友圈，企业的潜在投资者群体因为继续看后企业今后的发展，愿意承接老股东的股份，这样就有了流动性。这个流动性是企业主动为投资者提供的流动性，而不是被动地等待这个市场提供流动性。我们认真地想一想，当年创业的时候交通不便，我们还能背着产品、背着设备一家一家的上门推销，为什么交通这么便利的今天，就不能带着电脑带着 PPT 去北上广深路演？路从来不是等出来的，路都是自己走出来的。

5. 看清形势、认准方向，选择好道路

中国有四千多万中小企业，规模以上企业也有三十多万家，所以我们挂牌企业必须认清形势，对新三板未来的战略走向要有一个清晰的认识，对我们自身的定位要有一个准确的认识，既不妄自菲薄，也不能过度自信。

如果企业董事长年富力强，有着坚定的意志，企业有着良好的管理团队，具有核心竞争力，所处行业有着广阔的发展潜力，那我们建议企业必须朝着进入创新层努力。你们已经通过大半年或者是一年的努力已经挂牌，已经是阶段性的成功，围绕着上创新层，可以做个一年规划，也可以做一个三年规划，你只要做好自己的主业，坚定地朝这个方向走。你今年上不了不要紧，可以明年上，明年上不了也不要紧，你可以后年上。

如果企业只具备技术或者渠道等某一方面的优势，离上创新层还有较大的差距，那么我建议企业认真地做好内外部分析，尽快判断是否应该寻找合适的上市公司或者三板公司做并购重组，通过这种并购重组，发挥各自优势，弥补短板，才有可能在未来激烈的市场竞争中保持不败。如果这些都没有，那就建议尽快主动摘牌。

四、结语

我之前将新三板比作刚出生两三年的孩子，这个市场一天一个样，还在不断地成长完善的过程中。我也想将挂牌新三板的企业，比作是青春期的少年，青春期的少年，一方面身体已经发育，开始有了自我意识的觉醒，心里觉得自己是个大人不是小孩子了，也希望外界能够像对待成人一样对待他们，充满了自信与冲动。但另一方面，青春期的少年，身体和心智其实还远未成熟，如果内外关系处理不好，就会有着较多的叛逆和错误，如果误入歧途，反而会一失足成千古恨。

所以我们希望挂牌企业还是要尽量的稳一稳，不要过高的估量了自己，不要融资后大胆冒进，盲目收购，要知道大部分企业的困境，都是在形势最好的时候盲目扩张造成的。我们希望挂牌企业都能够借助这个市场的帮助，顺利地度过青春期，长大成人，报效祖国。

写于 2016 年 9 月 3 日

新三板：券商的新赛场

一、换个视角说三板

2007～2013 年，我一直在券商从事投行 IPO、并购重组、债券发行承销业务，2013 年以后专注从事新三板的挂牌及融资业务，所以之前所写的文章自然是站在券商的角度，告诉我们的挂牌和拟挂牌的企业家，告诉参与这个市场的机构投资者，要用发展的眼光来看三板，要对三板有信心、有耐心。

在《新三板：一个全新的资本市场》一文中讲：新三板是可以比肩农村联产承包责任制的最伟大的制度变革，我们投资机构要有耐心，"散户以天计算收益，机构以年计算收益，而国家改革要以五年、十年甚至更长的时间来计算收益"。更文艺的说法是："国家发展之钟"至少以五年、十年为刻度，不能将自己的收益追求直接转化为对国家改革的时间要求（这点适用于我国政治、经济、文化、环境等各个领域）。

在《新三板企业：青春期的迷茫与成长》一文中，对新三板企业讲，你们还是青春期的少年，有着青春期的迷茫和冲动，并发自肺腑的提了五条成长建议。我甚至在每篇文章中都不自量力的对股转公司提出建议和期许：要有战略定力，要顶住社会各界的压力，不要盲目出台揠苗助长的措施等，但就是没针对我们自己券商提建议。没提建议，不等于没有建议，恰恰相反，我们对券商应该怎样布局新三板不但一直在思考，并已经提前布局和实践了。

券商在这个三板市场应该怎么做，怎么布局，我们团队从新三板扩容之初就有着自己的认识，这也是为什么在面临公司债大发展的诱惑之下，很多债券同行劝我再做债券业务的时候，我们依然坚持只做又苦又累的新三板业务（我们团队承揽承做承销过的企业债、公司债、私募债规模近百亿元）。我们认为行胜于言，自己能做的事还是自己先做起来，所以在三板的布局我们只做不说。

但在 2016 年 8 月底我们开了半年总结会，总结会的主题就是继续思考我们分公司的战略，以及讨论要不要有使命的问题。这个会之后，我们觉得自己团队的精力有限，能够服务的三板客户有限，要促进这个市场的快速健康发展，还是需要跟更多的人分享我们的观点和做法，大家一起为这个市场贡献力量。所以今天想要跟大家探讨作为新三板市场重要参与主体的券商，应该如何来布局新三板市场，应该有什么样的新三板发展战略。希望抛砖引玉，哪怕引来批评的砖头也是值得的。

二、券商投行业务可能的竞争规律

我是 2007 年入行，对此之前的中国证券市场发展历程都是耳闻，并未亲历，所以不想去重复中国证券公司发展史，大家感兴趣可以自己去查阅。

我当年入职的是一家综合排名20左右的证券公司，彼时公司信心十足，投入大量人力、物力组建投行部，学习行业内先进的投行经验，制定自己的投行发展战略，要打造国内知名的投行团队。我有幸在工作的几年间（2007～2012年）都参与了公司这些相关工作的研讨、战略发展规划的起草等工作，我只简单说一下从那时起国内券商投行业务的发展变迁过程。

2007年投行业内学习的标杆是张桂庆带领下的分部制、小部制的国信模式，因为中小板成就了国信证券。从2010年又开始学习薛荣年带领下的号称"矩阵式投行"的平安模式，因为创业板成就了平安证券。为什么这两家券商的投行业务能够成为当年的霸主，各领风骚三两年？为何国信在中小板有着绝对的领先优势，但在创业板却被平安证券超越？因为这两家券商都是在中小板、创业板正式推出之前，有了明确的发展战略，铁了心深耕布局多时，所以才能够在正式推出之后，业务瞬间爆发，并持续占据领先地位。中泰证券应该说这两年在新三板业务上异军突起，原理是一样的，那就是也在新三板全国扩容前，公司已经投入了大量的人力、物力做了很多项目储备，才有了这两年业务的爆发。

通过这三家券商在三块投行业务上的成功案例我们可以得出一个可能并非很严谨的结论：中国的资本市场，在非经纪业务领域，一项新业务的推出，会使得市场的平衡被打破，在这一单项业务上，市场会产生新的王者，新的座次排名，如果这个新业务的市场空间足够大，那单项业务的突破，也将带动改变整个证券公司综合实力的座次排名。如果证券公司想要实现赶超，不能在已被其他公司占据优势的业务领域与之竞争，在这些领域你的品牌优势、人才优势甚至监管优势都没有，更没有所谓的后发优势。如果想要逆袭，必须选好新的赛道，在新的赛道开跑之前，做好人才储备、项目储备甚至监管储备，这需要券商对行业发展趋势对可能出现的新赛道有非常好的预判力，也要有坚定的执行力。

三、新三板，新赛场

现在社会对券商以及券商自己对新三板业务排名的关注主要集中在挂牌家数，以及做市数量两方面，再细一点的会考虑融资家数和融资金额，以及做市投入金额。很显然，目前国内社会以及券商仅是将三板业务简单类比为中小板、创业板的投行业务，只把它当做一条新的赛道，在这条赛道上你追我赶。

在 2016 年这个人民币加入 SDR（贴别提款权），楼市限购的国庆节，我想郑重其事的再说一遍：新三板对于券商来说，绝不是一条新的赛道，而是一个崭新的赛场；在这个新的赛场上有无数新的赛道，新的赛道有新的比赛规则；而且这个赛场上的选手不再仅仅是券商，而且现在就可以断言，未来在很多赛道上胜出的也绝不会是目前的券商。

新三板，不是一个点，不是一条线，也不是一个面，它是一个立体的场，是完全不同于 A 股市场的一个崭新的市场。这种不同，不仅仅指的是一些具体看得见的规定，而是整个市场方方面面的运行逻辑都不同。我一直呼吁要跳出 A 股思维来看新三板市场，比如彻底反思新三板需要什么样的流动性，彻底反思新三板的投资者结构构成等，都是基于对新三板是新赛场而非老赛场中新赛道的判断。

从这个角度来讲，至今为止我还没有看到或者听说过有哪家券商将新三板当做一个新的赛场来布局，来制定一个整体的战略规划。如果有，欢迎爆料，大家学习。

社会对新三板的误解和轻视，部分来源于"新三板"这个名称被混用（包括我之前文章的用法）。"新三板"目前一般是被指代为新三板主办挂牌业务，同时"新三板"也被用于指代为新三板市场，即全国股转系统。大部分时间提起"新三板"甚至提起"新三板市场"，我们大部分人下意识的反应就是指向了新三板挂牌业务，而忽略了它是一个"市场"，一个跟上交所、深交所齐名的证券交易"场"所。如果将上交所、深交所比作两个体育场的话，"新三板"（全国中小企业股份转让系统）就是第三个体育场。在前两个体育场举行的诸如 IPO、股份质押、公司债券、委托买卖、股权托管、个股期权、优先股等诸多赛事，在"新三板"这个体育场也都会陆续开办，而且比赛的项目未来可能比前两个体育场还多。

四、新三板，需要新的方法论

可以说基本上 A 股可以做的业务，未来在新三板这个市场上都能做，甚至 A 股没有的业务，在新三板市场里都会有。但这些业务的做法，与 A 股市场上同类业务的做法，可能有天壤之别，完全是不同的逻辑，如果证券公司也用发展 A 股市场业务的方法论来发展新三板业务，用现在流行的一个词就是"彻底蒙圈"，比如我们可以看到的券商在做市业务的市场表现，已经有机构用千疮百孔来形容。

再比如：新三板的挂牌业务可以类比投行的 IPO 业务，都是先帮助企业股份制改造，然后到交易所融资。但游戏规则上，一个是实际上的注册制，一个是保荐制；二者收费模式完全不一样，一个只是挂牌，赚可怜的主办挂牌手续费，一个是首次公开发行融资，赚保荐费及按照募资金额抽成；IPO 三年不开张，开张可以吃三年，新三板挂牌每年都开张细水长流，可能还吃不饱。如果券商主办三板业务也像保荐 IPO 业务一样，挂上去就不管了，那就是狗熊掰棒子，长工短工一年到头忙活的热火朝天，热热闹闹挺好看，可到年底结完工钱，地主就会发现自己剩不下几个子儿。

"新三板"真不赚钱吗？当然不是，新三板市场能赚大钱，只不过新三板的运行逻辑和盈利模式与 A 股可能完全不同，新的赛场有新的比赛规则，就需要新的方法论。下面就我所稍微熟悉的新三板经纪业务和研究业务稍作分析，至于新三板的自营业务和资产管理业务留待他人评说吧。

1. 新三板的经纪业务

新三板是一个崭新的市场，我坚定地认为不出意外，新三板未来一定是中国乃至世界上最大的证券交易所，甚至也会是最活跃的证券交易所，而且因为这个市场是以机构投资者和高端个人投资者为主的市场，这个市场的经纪业务是不得不重视、不得不布局的业务。但截至目前，竟然没有发现有券商关心研究这个市场的经纪业务，没有券商去制定一个为这个市场的投资者服务，为这个市场的股东提供财富管理服务的经营策略，留下了一个巨大的市场空白。

（1）没有为挂牌企业及股东服务的意识和机制。

目前券商分条线管理的经营模式下，大部分券商的经纪业务和投行业务都是两张皮，股转业务部（有的券商也叫场外业务部）只负责主办推荐挂牌，而经纪业务部介入新三板的业务基本都是为合格投资者开户，二者的交叉合作往往仅限于营业部承揽挂牌业务，交由股转业务部来承做。因为这种业务合作还需要在两部门之间分成，所以合作过程中并不顺畅和愉快。

至于挂牌企业的股权托管，挂牌企业的现金管理，股东的个人证券投资、财富管理等大量衍生出来的业务，新三板主办团队既不关心，也做不了。公司总部对新增三板股权资产的考核不重视，营业部对于目前看来没有流动性，基本没交易的三板股权托管也看不上，甚至因为相对麻烦，不熟悉规则，营业部前台人员在处理这些业务的时候还有厌烦情绪。

以上这些基本就是新三板经纪业务的现状，很多证券公司没有意识到挂牌企业及其股东和高管未来的潜力，这些人都是以前传统经纪业务很难争取过来的高端客户，需要重点维护和开发。当然也有很多券商或者营业部可能意识到了，但是却没有行之有效的机制去支持这项工作。

（2）没有为合格投资者服务的能力。

据不一定准确的统计，新三板市场中有合格投资者 20 万户左右，虽然有一部分是通过垫资开户，按照规定并不合格，但至少表明这些人也有投资意愿，我们也将其算在内。这些都是金融资产在 500 万元以上的优质客户，他们有极其强烈的投资新三板股票的意愿，但试问有哪家券商的营业部可以为这些人提供专业的咨询建议？

没有。有哪家券商总部专门制定了为这些人提供投资顾问服务的政策安排？没有。这又是一个被券商忽视的市场空白。

营业部是接触这些客户的最前线，但是他们是心有余，力不足。新三板的投资逻辑与A股股票完全不一样，证券市场业已建立起来的包括技术分析在内的各种理论统统没用，因为很多股票没交易，没有K线，有交易的K线也是断断续续毫无逻辑。宏观的财政货币政策面分析更没用，所以也没啥宏观策略分析，基本面分析消息面分析同样没用，三板企业因为基数小，其发展变化看比例的话可能会极快和极高，如果仅通过企业披露的年报和半年报做投资决策，风险极大。

有人还通过企业的股转说明书来认识企业、判断企业，更是不靠谱。新三板的股转说明书和A股IPO的招股书简直是天壤之别，我们说IPO招股书每句话都要有依据，每个数据都要有出处，很多细分行业没有公开数据，那都得找赛迪顾问等专业机构编写一份行业研究报告，再引用。投行部人员至少经过两三年的训练才能有资格写招股书，写出来的招股书还要经过两位保代一遍一遍地审核、修改。一份招股书至少三五百页，基本上是按照"真实""准确""完整"的披露要求，将企业的真实情况做了披露（极少数恶意造假的除外）。可新三板的股转说明书写起来太随意了，最开始的时候一份股转说明书都不足百页，你在股转说明书里读到的企业跟你到企业调研看到的企业，可能差着十万八千里。我们团队新人，我要求的都是去熟读A股招股说明书，我们培训也是照着A股招股说明书来培训，如果谁拿同行业新三板挂牌企业的股转书做参考，会被骂得狗血淋头。

基本上目前新三板公开披露出来的信息，作为简单的了解可以，但绝对不能作为投资依据。当然并不是说三板公司虚假披露信息，而是受制于企业以及辅导券商人员素质的问题，干货有，心里有，但是表达不出来或者表达不准确。

所以说新三板的投资逻辑和投资策略与 A 股完全不同，目前大部分营业部不但没有意识而且也根本没有能力为投资者提供关于新三板市场的投资策略，以及个股的投资顾问服务。

2. 新三板的研究业务

上文讲了营业部对于服务新三板的个人投资者是心有余，力不足。那券商整体有没有能力为他们提供服务呢，我们认为券商整体当然具备这样的服务能力，但是目前国内券商完全没有形成为这些客户服务的机制和流程。

那么券商应该如何为挂牌企业以及合格投资者群体提供他们想要的服务？如何形成为这些客户服务的机制和流程？需要做的工作很多，但我们认为新三板的研究业务是其中关键的一环。因为研究业务，是沟通企业与投资者的桥梁，将企业由钢铁水泥构成的生产能力，全体员工的价值创造能力，以及所在行业的发展空间以及竞争力，用投资者听得懂的话翻译、介绍给他们。

上已叙及，新三板的投资逻辑与 A 股股票完全不一样，证券市场业已建立起来的以及技术分析的各种理论统统没用。所以，新三板的研究业务与投行业务、经纪业务一样，有着与 A 股完全不同的运行逻辑和盈利模式。证券公司对新三板的投研体系建设，就需要券商研究员抛开 A 股思维，从零开始来研究新三板市场的运行逻辑，搭建新三板投资的研究范式，并形成新三板股票的投资逻辑。

A 股市场的券商研究业务，主要靠将研究报告提供给公募基金等机构投资者，获得分仓收入，当然还有可以提升券商知名度，辅助投行业务等贡献。但在新三板市场，公募基金还未入场，私募又是自己做投研一体化，个人合格投资者有需求，但是不会为此付费，所以布娜新说了，新三板研究，这是一个尴尬的存在。

在 2016 年 9 月我主持的一次新三板圆桌论坛上，我请管清友博士介绍了民生证券携手太湖金谷正在着力打造的"传统投研 + 企业咨询"的买方模式，具体来说就是对于创新层企业，市场关注度较高，券商研究业务的盈利模式可以延续佣金分仓模式，而对于基础层企业，拥有从市场获得研究服务的潜在需求，盈利方式可采用为企业提供咨询服务收费。同时管清友在此次论坛上还透露其正在根据新三板企业众多，券商研究人员成本过高的现状，想要用"牌照内（券商研究）+ 牌照外（外部研究机构）"众筹的形式来破局新三板研究的这种尴尬，不失为一种有价值有想象力的创新。

如果我们将新三板当做一个新的赛场，以一个更加开阔的视野来看待新三板研究业务的话，我认为新三板研究业务至少要面向两个方向：一是对内要真正地为券商内部的投行业务、投资业务服务，为公司主办企业挂牌后的再融资、并购重组、做市业务服务，投研一体化，"主办 + 研究"一体化，二是对外要为营业部高端个人客户以及私募机构服务这些投资者服务。

因为股转挂牌企业太多，所以开始券商之研究应标的应该是自己主办之挂牌企业（当然如果自己主板挂牌企业少，另论）。当然研究也要分为基础层与创新层，创新层类似 A 股，信息披露充分，成长性或利润情况较好，可以按照类似 A 股的研究逻辑进行。但基础层企业不能随便出报告，必须结合挂牌主办业务和主办推荐团队一起做研究，推行"主办 + 研究"一体化，单凭研究员按照传统的研究方法，看不准，失误概率会比较高。

五、我们的实践和探索

东北证券山东分公司目前下辖济南、淄博、潍坊、威海、济宁五家营业部，分公司层面有近20人的三板承做团队，已经主办挂牌19家新三板企业，帮助挂牌企业融资近2亿元。

1. 从主办挂牌业务转型到挂牌后以融资为主的综合服务

我们组建了三板项目投资群，汇聚了200多家对新三板感兴趣的私募投资机构，用以推介我们准备融资或者重组的挂牌企业。同时我们也组建了三板项目做市群，汇聚了130多位各家券商做市部门负责人或投资经理、研究员，为有做市需求的企业服务。

在公司总部研究所的支持下，我们邀请研究员对即将进行定增融资的挂牌企业进行调研，为其出具研究报告及跟踪研究报告，用以向我们的投资者推介，向资本市场发声。

除此之外，我们还为办挂牌企业举办为期六天，共计七十多课时的金牌董秘训练营、挂牌企业私董会，除了对必要的法律法规进行培训之外，要邀请上市公司金牌董秘、资深媒体人、税务专家、省政府战略咨询中心主任、泰山管理学院教授为三板企业进行全方位的资本市场及企业管理培训，力图使企业尽快适用资本市场，实现产融互动，快速发展。

2. 以挂牌业务带动布局新三板的经纪业务

山东分公司在 2013 年底设立之初的目的就是要试点"投行 + 经纪"业务模式，用投行业务来带动经纪业务的发展，所以从一开始我们挂牌主办的三板企业股权全部托管在我们下辖的济南、潍坊营业部，所有企业今年的预计净利润总额有 2.53 亿元，即使按照平均 20 倍市盈率计算，托管资产市值将会达到了 50 多亿元（因为部分限售没有解禁，所以没有价格），而且所有的挂牌企业 200 多位股东（含私募基金）都已经成为我们的高端客户（未来还将开发他们的朋友及企业员工）。我们服务企业的银行货币资金合计有近 5 亿元，我们已经开始计划为其对接定制短期的固定收益类理财产品。

我们已经将所辖营业部的三板开户客户以及高端客户组建新三板项目投资交流群，并定期举行交流聚餐活动，为高端个人客户提供与私募机构一起到优质挂牌企业走访调研，参与定增的机会。

六、功成不必在我，功力必不唐捐

一个新的市场制度的建立，最低限度的构件有两个：分别是市场环境和市场主体，二者相互依存，互为对方存在的条件。新三板是中国资本市场中有别于 A 股的新赛场、新领域，证监会、股转公司为我们营造的市场环境尚在建立的过程当中，市场主体中的挂牌企业、合格投资者都还在跟随这个市场同步发育，只有券商作为这个市场上绝对的主角，已经在老的 A 股市场积累了足够多的经验，理应积极主动地为这个新的市场环境建设贡献力量，而不是袖手旁观甚至发牢骚。

　　中国证监会 2015 年 11 月 16 日发布了《中国证监会关于进一步推进全国中小企业股份转让系统发展的若干意见》（以下简称《意见》），在《意见》的第三条：坚持和完善主办券商制度和多元化交易机制。"鼓励证券公司建立适应全国股转系统特点的证券业务体系""支持证券公司设立专业子公司统筹开展全国股转系统相关业务，不受同业竞争的限制"。

　　这个文件再明白不过的为券商的新三板业务发展指明了方向：因为股转系统有不同于 A 股市场的特点，目前券商的业务体系不适用，所以鼓励券商设立子公司统筹展业。关键是后一句"不受同业竞争的限制"，也就是说新成立的子公司，可以完全复制母公司的各类业务，比如经纪业务、比如研究业务、比如直投业务、比如自营业务，这是证监会对券商管理的一个重大突破，在历史上是没有的，这完全是要求证券公司按照赛场而不是赛道来配置资源。国务院让股转系统从 A 股中另起炉灶，证监会也希望承做股转业务的券商也可以另起炉灶，但这一制度红利被所有券商有意无意地忽略了。

　　这两天朋友圈报道说，证监会可能近期还将出文释放政策红利，支持股转系统发展，好事！但强烈建议所有人再读一遍《意见》，2015 年底的《意见》已经为股转系统的发展打开了很好的政策空间，各个市场主体（包含监管机构）能够将《意见》中涉及的落到实处，其实根本就不需要新的文件出台。马歇尔在《经济学原理》中说过，建设市场经济制度类似生物学而非力学过程，因为原因产生结果必须经过时间这个条件。真心希望新三板市场的建设能够是一个市场环境和市场主体相互促进、良性互动的演进过程，而这个过程，时间要素必须得到尊重。

我们在公司领导和股转总部的支持下，在分公司力所能及的范围内，在全国股转系统这个赛场上进行了以客户为中心的全产业链服务的探索，这种探索短期内也不一定有效益，我们只想按照新的比赛规则把新的赛道默默地跑一遍，测试新的比赛模式。这个探索过程也是摸着石头过河，未来也不一定能够成功，但即使没有成功的经验，也可以积累失败的教训。一个优秀的人要有责任感，一个优秀的团队必须要有使命感，我们笃信，功成不必在我，而功力必不唐捐。

在全国股转系统这个生态圈中，券商依然是主角，占据了非常大的牌照优势，在全社会的企业都在学习华为的"以客户为中心"的经营理念的背景下，新三板给了券商一个"以客户为中心"，"重新打造"或"另起炉灶"打造自身服务体系的机会，希望我们资本市场的主角都能够抓住、利用好这次机会，为实体经济服务，为我国资本市场的健康发展和我国经济的转型升级做出自己应该的贡献。

写于 2016 年 10 月

新三板研究：市场灵魂的塑造者

——在全国新三板价值分析大赛总决赛上的讲话

2017 年 6 月 9 日在第三届新三板价值分析大赛全国总决赛做评委，并作为评委代表，应邀对大赛做一个点评。这次大赛确实给了我很多的触动，所以回来之后又根据那天点评的讲话，顺着做了相应的思考，补充完善了自己对新三板研究这个事情的认识和看法，写出来，分享给关心新三板建设的朋友们。

一、新三板研究是个问题

首先，很荣幸能够受到罗党论老师的邀请，作为本届新三板价值分析大赛的评委，来参加这个活动，我也是本着观察、学习的态度过来的。2016 年 9 月 19 日青庐会主办的"问道新三板"论坛上，我与管清友博士针对新三板研究能力不足的问题，讨论过如何破解这种新三板研究困境。2016 年国庆节期间写了《新三板，不是赛道是赛场》一文，也专门拿出篇幅探讨过新三板的研究应该如何做，而且断定在新三板这个赛场的很多赛道上，很多赛道上券商并不一定是主角。布娜新 2016 年也在《新财富》杂志发过一篇文章，叫做《新三板研究——一个尴尬的存在》，对这个问题进行了迄今为止仍是最为深入的思考。

大家都在思考这个问题如何破局，但今天我看到新三板智库已经就新三板的研究方面找到了自己的方法、路径，而且对于人才培养，梯队建设，商业模式的创新都做出了很有价值的工作，这是非常让人振奋的事情。

二、新三板研究是在塑造市场灵魂

1. 新三板是一个杂草丛生，乱花迷眼的市场

新三板是一个崭新的领域，一个新的生态系统，我说过一个新的市场制度的建立，最低限度的构件有两个：分别是市场环境和市场主体，二者相互依存，互为对方存在的条件。新三板是中国资本市场中有别于 A 股的新赛场、新领域，证监会、股转公司为我们营造的市场环境尚在建立的过程当中，我们券商也好，新三板智库也好，作为这个领域的市场主体，也应当发挥自己的主观能动性，结合当下制度环境，为这个市场建设做出自己的贡献。

比如新三板市场目前面临的流动性问题，融资难问题，难道都仅仅是制度供给不足吗？有没有可能是我们这些市场主体缺位造成的呢？我们现在都已经认可新三板上存在着优质企业，但是新三板已经进入了万家时代，进入了杂草丛生，乱花渐欲迷人眼的时代，很多优质企业，都淹没在乱花丛中，投资者看不到、看到了又看不懂，看懂了也不知道如何估值定价，在这个市场上企业有巨大的融

资需求，社会上有巨量的资金，但就是很难成交。造成这种现状的原因，很大程度上是因为在这个市场在价值发现、价值分析、价值传递等诸多环节，都存在缺失，这是新三板市场急需填补的空白，而这个责任就历史的必然地要落在新三板研究机构身上。

2. 研究员应当是翻译官和选美官

研究员就是这个市场的翻译官，就是要将由钢筋、水泥搭建起来的厂房，将各种机器设备组建起来的生产线，各种实验设备仪器所做的研发试验，以及不同层次不同专业的人组建起来的团队，落脚到这个企业生产、研发、销售、管理、财务这些大多数人能够理解的概念，翻译成资本市场持币的投资者能够听懂的能够看懂的研究报告，将企业用通俗的语言介绍给投资者，以便投资者做出选择。

当然研究员不能光是翻译官，新三板的研究员更应该是选美官，因为新三板市场不同于 A 股市场，A 股市场的上市公司是都由证监会发审委，严格把关，有着证监会背书的"好花"，所以一上市就收到各路资金的追捧，连续涨停板。可新三板的门槛低，券商和股转公司对企业质地的好坏，都不做实质性判断，一股脑的推向市场，让市场自己投票，自己去判断谁好谁坏。可市场的投资者都习惯于买经过证监会背书的"好花"，对于未经背书的"乱花"，一时间还未建立起自己的判断能力，这时候就需要我们分析师出场。分析师要将一万多家"乱花"分门别类，通过各种维度的比较分析，从中挑选出各个领域中符合不同私募机构喜欢的"好花"，向市场推荐，让他们率先曝光在市场的镁光灯下，优先获得资本的青睐。

3. 研究员是这个市场灵魂的塑造者

中国有了上交所、深交所之后，之所以还要搞一个新三板市场，我认为最大的原因就是希望为中小企业融资找到通道，也为中国的资本建设一个价值投资的场所。所以从新三板从诞生之初，其灵魂所在就是价值投资，新三板就是为了价值投资而生。新三板在制度设计上都是围绕着价值投资而来，比如投资者门槛的设定，做市制度的设计等。这些机制已经形成，但是价值投资的理念是否已经深入人心？价值投资的运作又该如何操作？可能这个市场里的相关主体并不坚定，左右摇摆，甚至是充满怀疑。

我之前经常说中国的很多投资者都是叶公好龙，一直宣称自己要像股神巴菲特一样做价值投资，但抱怨 A 股是个投机的市场，无法实践价值投资的理念。当一个倡导价值投资的新三板推出的时候，我们这些"叶公"又开始担心害怕所谓的短期流动性问题，抱怨企业质地差，不知如何下手的问题。

那么新三板挂牌企业到底价值几何？应该如何去发现，又该如何去估值？投资机构又应该怎么去做价值投资？

我们都学过：价值需要通过价格来体现，价格会围绕价值上下波动。但是在新三板这个市场，协议价格无法反映企业价值，做市价格也无法代表企业真实价值，不应作为企业的定价依据，并建议三板企业应该通过定增来定价。A 股的投资者（散户）很多也不看企业基本面，不看研究报告，只看 K 线来炒股，交易成本极低。但新三板市场是一个机构市场，机构投资者参与挂牌企业定增，还是会对企业进行较为详细的尽调、分析，对其投资价值做出判断，就投资价格与企业进行多轮的谈判、博弈，在这个基础上形成的价格可以说是相对的能够体现出公司的价值。但毕竟私募机构与企业之间很多时候是一对一的尽调，会浪费诸多的人力、物力，交易成本高、效率低。

如果有新三板分析机构，能够将这个市场价值发现、价值分析、价值传递这些基础工作做好了，展示给市场，为企业出的价值分析报告相当于对企业的信用背书、价值背书，犹如评级机构为企业出具债权市场评级一样，才能够促成价值投资，才会极大地节省这个市场的交易成本，提高市场交易效率，从而改善新三板市场所谓的"流动性"差的问题。

所以说新三板研究机构在这个市场建设之初，必须承担起"价值投资"灵魂塑造者的艰巨任务，去发现、挖掘、分析、传递这个市场上投资价值，促进价值投资的达成，让价值投资的理念扎根于每一个市场参与者的灵魂深处。

所以我建议在监管部门在出台所谓的改善流动性的政策制度的同时，更应该重视新三板市场研究机构的建设工作，出台鼓励扶持新三板研究机构发展的政策，为新三板企业的价值发现、价值分析、价值挖掘、价值传递创造良好的政策环境，监管部门应该和我们市场主体一起来塑造、守卫这个市场的灵魂——"价值投资"。

三、新三板研究报告要形神兼备

这次由新三板智库、东北证券、天风证券联合主办的全国新三板价值分析大赛，可以说是参赛队伍多、覆盖范围广，但是调研时间又比较紧张，留给大家出报告的时间也比较短，而且面临着新三板细分行业多，可以获取的行业资料行业数据少的不利局面。单是从入围决赛的六支队伍来说，都体现出了比较高的分析水平，比如上海交大金融学院研究团队，在华宿电气（430259）的研究报告中在研究结构设计以及使用分析工具方面做得非常恰如其分；中山大学研究团队对蓝氧科技（834068）的分析中，对公司各个业务板块所处不同行业以及不同阶段的特性总结非常到位；广东外语外贸大学研究团队在对晶华光学（832071）的分析中，对公司业务板块的动态分析，以及标题的提炼非常专业。

虽然我不是研究员出身，但从事投行工作多年，在研读使用研究报告方面也有一点心得，在这里跟大家探讨一下。散文讲究"形散而神不散"，散文是通过看似散乱的语言，对不同物象、意境的描写，来调动读者不同的感官体验，最终让读者与作者汇聚成同一种情感共鸣。我们研究报告不能写成散文，更应该是一篇说明文和议论文，是需要对企业作出快速、清晰、明了介绍和论证，让阅读者能够清楚准确地把握住企业的核心，能够心悦诚服地接受我们对企业价值所做出的判断，所以必须要在研究报告相应的位置，提供准确、完整的信息，每一个段落每一句话都应围绕企业的核心商业逻辑，一环扣一环，层层推进，为论证企业的独特价值而服务，而不能让各部分割裂，变成各自争春的状态。

简单说，我觉得一份好的研究报告，应该做到结构完整，逻辑严谨，主题突出，形神兼备。用这个标准来看我们的参赛作品的时候，感觉问题还是有的，主要体现在以下几个方面：

（1）从形式上来说，研究报告结构不完整，研究范式还有待提高。比如大部分的报告对企业风险提示揭示不足，有的报告甚至缺少风险提示部分，有的仅仅列几个标题，好点的也仅是对政策风险、税收优惠变动风险泛泛而谈。有些报告也存在着企业情况介绍、行业介绍以及企业投资亮点分析这三部分不知如何着墨的问题，内容排列不清晰，读起来感觉有些散乱。

（2）从内容上来说，分析的逻辑性不强，归纳总结能力不够。这表现在两个方面：一是缺乏核心商业逻辑：未能对企业给出清晰准确的定位，从而无法确定表现企业核心的商业逻辑和独特价值，这在分析多业务经营的企业中尤为明显。二是归纳总结能力不够：分析企业采购模式、销售模式等各个环节的时候，就采购说采购，就销售讲销售，未能将各个环节的内在逻辑有效串联，视角不够统一，只见树木，不见森林，让我感觉我是在读一份精简版的股转说明书，而非价值分析报告。

此外，有的报告对财务分析不到位，仅对收入、利润、费用等各个科目三年的变化情况进行对比分析，而未能结合所在的行业特点及不同发展阶段，就企业存在的异常财务数据给出合理解释。大家一定要重视财务数据的分析，这两天"浑水"做空"敏华控股"主要就是从财务方面出手。很多企业可能所处的行业很好，公司在行业的卡位也很好，可能团队也很牛，但这都是用来讲故事的，归根到底，真实的财务状况才是检验企业好坏的试金石。

（3）报告未能完全体现出新三板研究与A股研究的不同特色。这里只说一点，上市公司的价值分析报告跟随着A股市场的发展，已经有了成熟的范式或者说套路，对于企业的价值挖掘和分析都应该是非常到位，但只有一点，是需要诟病的，那就是在给出企业估值的时候，很多时候并非按照企业的真实价值给出，而更多的是参考当时当地的A股市场情绪，比如同样一个企业，在行业以及企业经营状况并没有发生重大变化的情况下，当资本市场处于狂热的牛市，就敢给过百倍的市盈率，处于冷淡的熊市，可能只给十几倍的市盈率。因为研究报告对企业估值的定价，必须要得到市场交易价格的验证，所以本该理性的研究报告完全被感性的市场情绪绑架，导致很多报告甚至都是先根据市场情绪预判价格，再收集材料论证给出价格的合理性，完全变成了一个助涨助跌的工具。

我们此次大赛的研究报告中，有的队伍未能注意新三板与主板的差别，有的考虑了，但考虑因素主要是给出了流动性折价，我想说这还远远不够。新三板，新的市场，需要新的方法论。

四、新三板研究需要开创和坚持

新三板的市场参与者（比如企业群体和投资者群体）以及市场规模（过万家）、供需对比（企业多、投资者少）、交易方式（协议、做市、竞价）、运行机制（市场化注册制的供给机制）、监管政策（分层分类监管）与主板都不一样，必须充分考虑到这些差异对企业估值定价的影响，但是我很少在报告中看到对这些因素的照顾，当然不光是我们参赛队伍，其实很多券商的新三板研究报告照样存在这些问题，我想这都是需要根据对这个市场的理解，不断改进和优化的。

希望大家能够创造出有别于 A 股的，独属于新三板的价值研究报告的新范式。让新三板研究成为这个市场的定海神针，在市场狂热的时候依然保持冷静，在市场低迷的时候继续坚持信心，成为平抑市场的工具，而非助涨助跌的工具。

最后，再次祝贺大家能够入围此次全国总决赛，入围已是成功！

也希望主办方能够把这么好的活动继续办下去。我们也会在新三板这个充满希望的市场，继续傻瓜一样的努力和坚持，为这个市场的发展做我们自己的贡献。希望等到你们毕业的时候，新三板市场已经能够对人才形成足够的吸引力，让你们投身新三板市场而不是主板市场，和我们一起坚持，一起努力，一起开创！

　　谢谢大家！

写于 2017 年 6 月

新三板：国有创投不容缺席

一、资本，应当如何配置

1. 改革开放后中国经济快速增长的秘密

中国靠什么屹立于世界民族之林？有人说靠勤劳、靠智慧，没错。有人说靠科技、靠互联网，也对，科技是第一生产力，互联网也是生产力之范畴。还有人说靠制度、法治，也对，这是生产关系范畴的答案。人类社会活动，无非是围绕着个人以及人类社会的需求本身，利用一定的组织方式，将资金、原材料、技术、劳动力（人）这些资源、要素进行排列组合，然后发生反应的过程。

人类社会发展的历史都可以归结为人类欲望（追求）被满足的历史，也都是资金、原材料、技术以及劳动力各种排列组合的历史。近代社会取得的快速发展，一方面是因为技术革命导致了生产力（劳动效率）的快速提高，另一方面是因为资本、技术、劳动力这些要素可以更加快速的自由流动，排列组合，也就是社会资源可以更加优化的配置。能够促进这些要素快速自由组合的制度、适应以及保护这些要素可以自由组合的制度就是好制度，就是有利于人类社会发展的好制度。

中国改革开放之后初步建立起社会主义市场经济体系，取消了商品市场的计划管制，让原材料和商品可以自由流动，设立了《劳动合同法》，偏重保护劳动者的权益，让劳动力可以自由的流动，加入WTO进入了全球劳动分工体系，让商品、劳动力可以在全球自由贸易，这些都是在促进要素的自由流动、组合，中国经济就是在这些要素不断投入市场，不断通过市场进行优化配置的过程中实现了快速增长。

2. 金融资本未能实现市场化配置

一个国家最重要的市场不是产品市场，也不是人力市场，而是调配资本的市场。我国目前最大的资源是新中国成立后积累起来的财富、资本，有了资本就可以获得其他几类资源，所以一个社会最重要的资源——资本的配置方式是否有效率，决定了这个社会的其他资源配置是否有效率，决定了社会的整体生产效率，而恰恰我国在这个领域的配置方式是有问题的。

新中国成立之后我们对资本的配置方式上发生过几次改变。新中国成立伊始，我们一穷二白，虽然资源和劳动力丰富，但是面临着资本短缺，所以国家需要汇集有限的资金来集中力量办大事，所以更多的是强调金融体系的收储、融资功能。在计划经济时代当然也是计划的方式配置资金，由财政直接划拨给个项目以及各经营主体（国有企业）。后来成立国有银行，由银行给国有企业贷款，由于银行和企业都是国家所有，并未真正建立起有效的信贷约束机制，银行出现大量呆坏账，技术上已经破产。1998年财政部对国有银行注资，设立四大资产管理公司，推行五级分类制度，引入战略投资者，并改制上市，对四大国有银行进行了彻底的商业化改革，让其成为独立的经营主体。但自此以后我国银行体系被过渡商业化，以前的政策性银行业、城市和农村信用社、邮政储汇局也都跟随进行了商业化改革，导致银行体系竞争同质化，经营简单化，且被内部人控制，已经形成了过度膨胀的具有自身利益的"金融资本"，实体经济沦落为金融资本的宿主。银行信贷资金主要配置在政府和国有部门，而创新性和成长性良好的民营企业却缺乏金融支持，这加剧了产能过剩，阻碍了产业结构升级，所以银行的信贷市场对于整个社会来说是一个低效和扭曲错配的市场。

2013年《中共中央关于全面深化改革若干重大问题的决定》中指出要让市场在资源配置中发挥决定性作用和更好的发挥政府作用。我想除了让市场在配置商品和劳动力的时候发挥决定性作用之外，也应该通过改革金融体系，让金融资本的配置由"计划"配置转向"市场"配置，让市场在配置资本的过程中发挥决定性作用。

二、我国资本市场的探索进化之路

如何让市场在资本的配置中发挥决定性的作用呢？当然是大力发展资本市场。A股就是改革开放之后，国家向西方社会借鉴学习，创新投融资体制的大胆尝试，希望股市能够发挥汇聚民间资本的作用，为国有企业提供脱困资金。这段历史被人们戏称为"吃完财政吃银行，吃完银行吃股民"。

1. 上市牌照化，投资散户化是 A 股的最大问题

中国资本市场在发展的过程中出现了异化，企业上市由监管部门审批，企业上市后发行分派筹码，大量民众拿到筹码，在股市里玩麻将，把股市当做一个可以快速发财致富的地方。股市供给明显小于社会需求，造成了股价飞涨，全民炒股的狂热。可是即使股民在股市赔钱，也依然对炒股乐此不疲，原因是投资渠道太狭窄，银行存款跑不赢通货膨胀，但一个奥巴马当选，"澳柯玛"都能涨停的主要由散户构成的市场，极其不理性也不稳定，有很多负面效应。

证监会虽然从入口把控企业质量，但无奈在供小于求的情况下，市盈率太高，上市公司坐拥大量廉价筹码，不断地在高位套现离场，所以中国股市虽然部分上起到了投融资的功能，比如成立近三十年来，为3000多家企业解决了融资问题，但是更多的时候，仅仅是在做着居民财富再分配的事情。

2. 资本市场去散户化之探索

为了解决股市散户化的问题，国家中途推出了公募基金，但公募基金在中国股市的发展也不尽如人意。原因很多，但非常重要的原因是公募基金的代理人问题，公募基金靠收管理费，而非依靠基金的绝对收益获利，基金经理只关注基金规模和相对排名，所以公募基金在中国的股市上只能是与散户的非理性博弈，很多操作手法也只能是价格投机而非价值投资。要想彻底解决 A 股的问题，我前面讲过了就必须"去牌照化"和"去散户化"双管齐下，但改革难度和成本较大。

所以本应是市场化配置资金的资本市场，在中国却基本处于计划经济时代，不但其融资规模在整体社会融资规模中比重很小，且

资本配置功能同样效率低下。银行的信贷市场依然是我国资本配置的主要方式。

所以国家才开始另起炉灶发展"新三板"市场。新三板市场在设立之初，就是逆 A 股而行之，力求避免挂牌主体的牌照化运营和投资者的散户化倾向。但这样一来新三板面临的最现实问题也正好跟 A 股相反，那就是股票供给过多，而合格投资者太少，要想这个市场健康稳定发展，就必须从头培育，大力发展股权投资机构。

三、国有创投理应成为新三板市场的重要推动者

1. 民营创投——尺有所短

中国的资本市场虽然发展了近 30 年，但在股权分置改革之前，法人股不能流通，所以私募股权投资没有生长的土壤，股权分置改革后才真正产生了国内的私募股权投资机构。因为 IPO 后原始股权升值巨大，审批制存在设租寻租的空间，让我国的私募股权投资变成了一个简单粗暴的 PRE－IPO 投资。私募机构投资的唯一标准就是企业能否 IPO，而企业选择投资机构的最重要标准就是投资机构能否帮助自己顺利 IPO，所有参与方都以实现 IPO 这惊险的一跃为目标，并不关心所谓的价值投资，这客观上限制了私募股权基金在我国的发展。

另外，中国的 LP（有限合伙人）不成熟，也阻碍了民营创投的发展。私募股权投资基金，其主要的资金来源即 LP（有限合伙人）大部分是富裕起来的个人投资者，而这些 LP 对股权投资对资本市场的认识基本停留在购买拟 IPO 企业的原始股，资金期限普遍偏短，

且对基金回报期望较高，极其愿意干涉 GP（管理合伙人）的投资决策，这都导致了目前私募股权投资机构运营的短期化和逐利化倾向。

所以虽然中国民营股权投资机构这几年得到了蓬勃的发展，但同质化严重，就目前来讲私募股权投资基金的现状和特性决定了，其并不能完全与国家倡导的价值投资，扶持种子期和初创期的中小企业的发展完全匹配。

2. 国有创投——寸有所长

在整个"创业、创新 + 创投"市场都需要培育扶持的背景下，国家应当从三个方面大力发展国有创投机构。第一，转变政府财政资金的使用方式，设立创业投资引导基金，并确立政府出资适当让利社会出资等方式，发挥政府资金在引导民间投资、扩大直接融资、弥补市场失灵等方面的作用。第二，要积极鼓励和支持有条件的国有企业按照市场化方式设立或者参股创投企业和创投母基金，强化国有创业投资企业对种子期、初创期企业的支持，鼓励国有创投公司追求长期投资收益，同时也要有宽容投资失败的政策环境。第三，要尽快推动银行投贷联动政策的落地，发挥银行在客户资源以及资金储备方面的优势，在市场上形成一支银行系的创投公司。

国有创投的成立和运营的逻辑与做大做强国有企业的逻辑是一样的，在能源、航运、电信、金融、军工等关系国民经济命脉的行业，国有企业必须占主导地位，这对于提升国家能力保证社会利益最大化具有重要意义。同时必须要明确国有创投的设立绝不能是以自身盈利为主要目的，绝不能是与民营创投机构争利，而是要从促进战略型新兴产业的发展，支持创新创业为出发点，应该具有更多的外部性，部分国有创投可能就是应该做成政策性的创投机构。尺有所短、寸有所长，虽然国有创投与民营创投相比，成立的时间晚，也可能会存在着激励方面的弱点，但就是要相对明确的规定国有创投的投资领域和投资范围，让国有创投机构在种子期、初创期等一些民营私募股权投资不敢投，投不好的领域，发挥国有创投机构的先遣作用和引领作用，国家也应该探索在某些方面成为创新创业型企业的天使投资人。

3. 国有创投应该成为新三板市场积极的参与者和推动者

新三板市场有着巨大的包容性，净利润过亿元的企业超过 150 家，过 3000 万元的企业也有 1000 多家，这些成熟型企业是民营股权投资机构青睐的对象，但也存在一些规模偏小的创新创业型企业，虽然这些企业目前盈利能力较弱，但是治理已经规范，有资本市场运作意识，还有很多有着核心技术或知识产权，对于这类的企业，国有创投应该发挥出自身的作用。现阶段新三板市场交投不活跃，很大程度上也是由于国有创投缺位造成的。

当然国有创投也必然会面临与国有企业同样的效率问题，对于这个问题，一方面，国家必须建立符合创投行业特点和发展规律的国有创业投资管理体制，完善国有创业投资企业的监督考核、激励约束机制。另一方面，阳光是最好的杀毒剂，由于新三板市场都是公开透明的市场，企业的财务报告等相关信息以及重大事项都必须及时向社会公告，有无数的专业机构专业人士会根据这些公开信息，对国有创投的投资、推出进行监督、质疑。国有资金投资于新三板市场的创投企业，总比财政补贴的过程以及银行信贷的过程要公开透明，所以这会从制度上杜绝寻租和腐败现象的产生。

股转公司一直在致力推动投资者结构的多元化，如果国有创投能够尽快参与进来，形成国有创投投资基础层的不确定性较高的创新创业型企业，民营股权投资机构投资于创新层的确定性较高的成长期企业，保险以及社保、养老基金等投资收益稳定安全性较高的"精选层"企业，这样整个新三板市场才会形成良性互动的投融资生态体系，才能促进金融资本的优化、高效配置，从而助推我国经济结构转型升级。

当然这一目标的实现也需要一系列的配套改革措施。比如：允许央企、地方国企、保险公司、社保基金、大学基金等机构投资者作为 LP 投资私募股权投资基金，为私募股权投资的提供长期稳定的资金来源；比如给予股权创投基金以区别的、优惠的税收政策；比如鼓励一些优质的国有企业挂牌新三板，为新三板市场为社会资金提供优质投资标的等。

写于 2017 年 9 月 7 日

第五章

中国经济发展的理论之辩

　　这个阶段，技术已经呈几何级数在飞速演进，实践者靠经验摸索，大踏步地前进，而我国所谓的经济学家已经明显落后于技术和社会实践的发展，大多仍停留在冷战时期的非此即彼、非黑即白的对立，对计划经济依然标签化、意识形态化，严防死守，忙于批评，短于建设……

资本市场的鹅城之争

有阵子没有写东西了，感觉是没啥好说的，没写的冲动。好不容易想谈一下IPO提速的事，原本想讲的是IPO提速对新三板的影响，但这两天，感觉IPO提速对新三板的影响，远没有对A股的影响大。因为三板市场没有人因IPO提速骂刘主席，骂他的基本都是A股二级市场的人，让我觉得不吐不快，索性改了题目。

一、不谈书了谈电影

这次不说读过的书了，说说看过的电影。这些年看过的最伟大的两部电影，一部是李安的《少年派的奇幻漂流》，一部是姜文的《让子弹飞》，我认为这都是两位导演的巅峰之作，即使他们本人也无法超越。《少年派》对"人"的追问，史上无人能及，而《让子弹飞》对"人群"、对社会、对革命的思考，极其深刻。

《让子弹飞》讲的是民国初年，表面身份是土匪王麻子的张牧之，假装县长去鹅城上任，与鹅城当地的实际控制人，盘踞鹅城做鸦片贩毒生意的黄四郎斗智斗勇的故事。姜文饰演张牧之，周润发饰演黄四郎，葛优饰演师爷，刘嘉玲饰演夫人。

县长上任，其他乡绅大户都出城迎接，只有黄四郎送了个"礼帽"，代表他去迎接县长，看似礼貌，实则是给县长一个下马威。县长初来乍到，意气风发，认为有枪有权，就可以除暴安良，所以打了黄四郎团练教头的屁股，实际是打了黄四郎的脸。然后对众人宣称来鹅城只做三件事，公平、公平、还是公平！黄四郎的反击则是无中生有，发动群众、发动舆论造谣栽赃新任县长身边的人。真相重要吗？真相不重要，传播谣言才是最重要的，只要起到了污蔑的效果就行，这一招就是让县长丧失正当性、丧失民心。

各自出招、互探虚实之后，两人开始了正面交锋、谈判。黄四郎用"请客、斩首、手下当狗"的手段摆平了五任县长。对于新县长，依然是先摆下鸿门宴，准备择机行事。汤师爷作为中间人，介绍两人合流，赚大户的钱之后"三七分成"，这是一直以来的规矩，而县长显然对此不屑一顾，要重立规则，一幅不配合的态度。黄四郎发现县长"够硬"，没法收下当狗之后，当晚指派人到县衙"斩首""杀鸡取卵"，两人至此已经变成了你死我活的斗争。

县长带人扮成麻匪，劫富济贫，给鹅城百姓发钱，黄四郎也让人扮成麻匪从穷人手里抢钱、强奸，混淆视听。一时之间，鹅城百姓不知道谁是谁非。当最后县长中了埋伏，只带四个人回城跟黄四郎决战，给鹅城百姓发钱发枪，希望发动他们一起攻打黄四郎，可鹅城百姓在家打麻将，没有一个人站出来。听到激烈的枪声，大户说的是总得死一个吧。最后时刻县长明白，原来这些人是谁赢就帮谁，所以当众斩了黄四郎的替身，鹅城百姓洪水一般冲进黄四郎的碉楼……

这个电影第一遍我真的就是看热闹，直到读了别人写的影评，才明白。有人说映射广电总局，有人说影射政治、革命，其实要我说这部电影可以影射人群、人类社会的各个领域。上面费劲介绍了半天的剧情，就想让资本市场这个领域的各方对号入座，用这部电影照照镜子。

如果我们把鹅城看成是中国的资本市场，那么是不是证监会主席就是新上任的县长，黄四郎就是长期盘踞在这个市场里的大鳄，中小股民就是光着上身的鹅城百姓。鹅城一直以来就不是县长的鹅城，也不是民国政府的鹅城，更不是鹅城百姓的鹅城，鹅城是黄四郎的鹅城。铁打的鹅城，流水的县长，永远的黄四郎。

A股不是国家为民造福的A股，而是黄四郎强取豪夺的A股。当中央在党的十八大提出希望多渠道增加居民财产性收入的时候，当希望股市的健康稳定发展可以为人们谋利的时候，黄四郎这些大鳄在里面兴风作浪继续收割，当所有证券公司都掏钱救市的时候，如同黄四郎们主动掏钱同时骗大户掏钱剿匪。

葛优饰演的师爷，是那个体制的掮客，勾兑权力和资本，懂得二者的运作逻辑，权力的冠冕堂皇和利益的暗中勾结，都是通过这种人来实现，两面三刀、八面玲珑的小人。

刘嘉玲饰演的县长夫人像极了攀附权力的资本，通过不正当手段赚钱，拿钱贿赂官员，依附权力，不管马邦德是县长还是王麻子是县长，她只想当县长夫人，只要是权力她都不拒绝，结果不得善终。

鹅城里的大户们犹如这个市场里的中介机构，他们没有黄四郎们的权势，但经常充当黄四郎们的帮凶，一起鱼肉鹅城的百姓。历任县长上任，都会拿欺负百姓的大户开刀。

鹅城的百姓，就是 A 股的股民，不分好歹，只想挣钱，期盼公平却又畏惧黄四郎，多年的教训让他们不再相信有所谓的"三公"原则，不信证监会，不做价值投资，不做基本面分析，都想打听内幕消息，都想跟庄。现在刘主席改革，股市暂时下跌，鹅城百姓自然不答应，跟着黄四郎的人骂几声，是再正常不过的事情了。

王麻子还有一群兄弟陪他一起闯鹅城，我们的刘主席临危受命、单刀赴会，只身上任，为了不被身边的师爷坑害，自己把《证券法》读了好多遍。此届证监会、银监会、保监会主席注定无法再像以前一样做太平官，我在《新三板：中国资本市场的双轨制改革》里说过，此次习总书记主导的深化改革，其改革的主要对象就是低效的金融体系，改革的目标就是要打造能够支持实体经济发展，富有效率和国际影响力的金融体系，改革的主战场就是金融领域。2017 年 4 月 25 日下午中央政治局集体学习讨论的就是维护国家金融安全问题，习近平在讲话中指出金融主管部门要承担责任、勇于担当，对少数兴风作浪的"大鳄""内鬼"要依法进行惩处，不能让他们随心所欲、呼风唤雨。

所以刘士余只身上任，郭树清再次进京，都是重任在肩，是要来打硬仗的。2017 年 2 月 26 日在公众号首发的《2000 字读懂刘士余讲话和郭树清进京》，也讲了大人物是时代选择的，大人物的使命也是时代赋予的，一行三会在未来五年将持续唱主角，此次金融领域的改革，只能成功不许失败，因为这是对过去三十年的资本逻辑唱主角的纠偏，中国很多问题的存在都是因为这个社会过于强调资本逻辑，相关论述可以参见公众号文章《资本和权力——一场相爱相杀的博弈》，这里不展开论述了。

二、刘士余挨骂，改革的必然结果

IPO 的审核发行速度是史上最快的，2017 年可能会超过 500 家，融资金额超过 3000 亿元。做一级市场的投行人员为 IPO 提速叫好，但带来的后果就是 A 股存量股票市盈率下降，大盘下跌，创业板的市盈率跌幅尤为明显，因为传言要到 30～35 倍。所以刘主席听取骂声一片，有网上发布公开举报信的，也有用盘面语言诅咒的，我的研究生同学，刚刚获得金牛奖的公募基金经理，不仅在朋友圈不断转发骂刘士余的文章，而且还自己编了一个很形象的段子说："现在股市让刘主席搞的 IPO 像拉稀，源源不断，再融资像便秘，两年拉不出来，都是融资，为啥厚此薄彼！"即使是金牛基金经理，面对 IPO 提速，大盘下跌，仍然会站在自己利益的角度来看问题，更不用说那些上市公司股东和赔了钱的中小散户了。

应该怎么看待 IPO 提速、再融资缓行这些改革措施？我是这么看的：有哪家上市公司真的缺钱，银行的贷款除了给政府给国企给地产，就是给上市公司，抢着送上门，大股东还能用股权质押融资，发行可转债可交换债，设立并购基金等一堆的融资工具可以用。在这种情况下上市公司依然通过定增圈钱，圈了钱不是买楼就是理财，造成了社会资金的闲置浪费。但未上市公司呢，普遍对资金饥渴难耐。IPO 提速，再融资缓行明明就是可以提高资金使用效率的正确举措，为什么那么多人骂呢，因为触动了黄四郎们的利益。我之前说过 A 股是个相对封闭的权贵俱乐部，只有有限的人在这个市场里割韭菜，现在 IPO 提速就是要把门敞开，让更多的人进来割韭菜，而韭菜是有限的，进来的企业越多，分到的韭菜就越少。真的要搞注册制，那就是要把俱乐部搞成大排档，超额利润就都没了。所以 IPO 提速、再融资缓行最先冲击的就是上市公司的股东们，尤其是大股东们的利益，当然小股东的利益看似也被冲击。

中国的中小股民，俗称韭菜，就是割了一茬又长一茬。A 股对于民营企业来说是个有门槛的俱乐部，但对于中小散户呢，没有任何门槛，只要有身份证，哪怕一分钱没有，都能开户（很多券商还会垫开户费）。他们是韭菜，是大鳄们在俱乐部吃的鱼肉。证券公司的营业部就是负责给这个市场源源不断地提供韭菜，他们去寻找韭菜、培养韭菜，他们就是往赌场里拉人的一批人。

改革难吗？改革的方向、手段、措施没什么难的，难的是改革会触动既得利益者的利益，势必受到阻挠，破坏。翻看中国历史上的诸多改革，改革者哪个不是背负着当时的骂名。

三、IPO 提速，增量倒逼存量的结果

我在《新三板：中国资本市场的双轨制改革》一文中说过，我们在 20 世纪 90 年代建立起了资本市场直接融资渠道，但这个资本市场是个权贵俱乐部，道很窄、门槛很高，无法解决中小企业融资难的问题。经过近三十年的发展，已经形成了庞大的二级市场，隐藏了大量权贵的利益，绑架了众多的中小散户，各种利益纠葛，积重难返，各种所谓的发行体制改革基本是换汤不换药。A 股市场现阶段已经是进退维谷：如果放开 IPO，实行市场化的注册制，则担心

二级市场崩盘，引发社会性问题；如果控制 IPO 的节奏，又被批评其最主要的融资功能没有发挥，没有存在的必要。A 股市场的改革，已然不可能两头讨好，貌似成为死结。

本届政府采取的比较明智的办法，那就是存量难改，那就做增量改革。就跟做国企改革一样，国企改革改不了改不好，我们先发展乡镇经济，再发展民营经济，大力发展乡镇经济民营经济就是在大力发展中国经济，当他们发展起来的时候，中国经济也就发展起来了，再反过头倒逼国企的存量改革，代价、难度都会小很多。所以我们看到了新三板从 2012 年扩容了 3 家国家级高新区试点，到 2013 年底直接推向全国，到现在的 11111 家，也就是说在 2013 年到 2017 年这 5 年间，李克强总理的这届政府极其明显的是在做资本市场的增量改革，新三板是中国资本市场改革的突破口，扛起了中国资本市场改革的大旗。反观 A 股在这 5 年间，除了股灾，除了再融资、定增继续圈钱，没有能够让人记住的像样的改革，沪深两个市场是否依然像是吃喝嫖赌、胡作非为的浪荡公子。

当然事情也在悄然起变化，新三板的迅猛发展，给 A 股带来了足够多的压力，上交所急不可待的妄图推出战略新兴板，深交所继续高喊要深化创业板改革，为的都是对新三板这个小老弟进行围追堵截、抄他后路。股灾之后，证监会、交易所系统大换血，战略新兴板被叫停，创业板被国务院点名批评。国务院再次召开会议，李克强总理为新三板的发展站台，迫使证监会也在 2015 年 11 月 16 日发布了《中国证监会关于进一步推进全国中小企业股份转让系统发展的若干意见》（建议大家重新再读这个《意见》），这个意见出台之后，我就一直在讲新三板的政策空间已经打开，新三板在 2016 年也迎来了快速增长，挂牌数量过万家。

当然改革必须把握顺序以及节点，增量改革的其中一个目标就是要对存量施加压力，为存量改革创造条件。很显然新三板5年的增量改革卓有成效，让大家看到了原来郭主席上任证监会时候的那句惊天一问"IPO可不可以不审"，有了答案。所有延迟阻挠A股市场真正改革的理由，都不成为理由。

2015年股灾之后，面对资本市场一地鸡毛的局面，十二届全国人民代表大会常务委员会第十八次会议决定：授权国务院对拟在上海证券交易所、深圳证券交易所上市交易的股票的公开发行，调整适用《中华人民共和国证券法》关于股票公开发行核准制度的有关规定，实行注册制度，具体实施方案由国务院作出规定，报全国人民代表大会常务委员会备案。

本决定的实施期限为二年。国务院要加强对股票发行注册制改革工作的组织领导，并就本决定实施情况向全国人民代表大会常务委员会作出中期报告。国务院证券监督管理机构要会同有关部门加强事中事后监管，防范和化解风险，切实保护投资者合法权益。

本决定自2016年3月1日起施行。

这个决议就是全国人大表明态度，资本市场改革是大事，为了实施注册制，授权国务院可以突破现行的《证券法》，言外之意，不要拿着《证券法》作为不改革的挡箭牌。同时又给国务院下了任务，实施期限为两年。注册制改革将是A股的重大制度变革，影响巨大、深远，社会各方都极为关注，很显然这个任务将会落到新任的证监会主席刘士余身上。刘士余上任之后的首秀，就被追问关于A股注册制会不会推出，以及如何施行的这一棘手问题。刘主席用"逗号论"对十八届三中全会的《决定》做了解读，他说："《决定》提出健全多层次资本市场体系（逗号），推进注册制改革（逗号），多渠道推动股权融资等。逗号与逗号之间的这些内容是相互递进的关系。也就是说，把多层次资本市场搞好了，可以为注册制改革创造极为有利的条件。同时，注册制改革需要一个相当完善的法制环境。也就是说配套的规章制度，研究论证需要相当长的一个过程。在这个过程中，必须充分沟通，达成共识，凝聚合力，配套的改革需要相当的过程、相当长的时间。注册制是不可以单兵突进的。"

人大决定是 2015 年 12 月 27 日通过的，刘主席是 2016 年 2 月临危上任，很显然，刘主席深知注册制改革的难度和利害关系，所以刘主席非常智慧的用"逗号论"来解读党的十八届三中全会的《决定》，实则是将《决议》作为自己施政的尚方宝剑或者说是免死金牌，为注册制的改革留出了时间和空间，化解 2 年内（2016 年 3 月 1 日～2018 年 3 月 1 日）实施注册制的压力。这无疑是非常正确的施政策略，多层次资本市场的发展（新三板的增量改革），会为注册制的推出（A 股市场的彻底改革）创造条件。A 股市场体系存在 20 多年了，已经有了大量的相关的配套制度，保证其这些年的运转，这种体制类的存量改革，不可能毕其功于一役，也必须是一个系统工程，"必须充分沟通，达成共识，凝聚合力，配套的改革需要相当的过程、相当长的时间。注册制是不可以单兵突进的。"

但是 A 股注册制改革毕竟不能一拖再拖，人大决议也规定了国务院要将本决定实施情况向全国人民代表大会常务委员会作出中期报告。实施期两年，从 2016 年 3 月 1 日算起的话，两年的中期就在 2017 年 3 月，所以注册制改革在 2017 年必然被提上日程。所以我们看到了现阶段 IPO 提速，再融资缓行这些 A 股市场上的改革。这是不以证监会主席的意志为转移的，是增量（新三板）倒逼了存量（A 股）的必然结果，也是整个资本市场改革进程的必然要求。

只不过想提醒一句，IPO 提速、再融资缓行这些存量改进是好事，但是仍然不能忘了增量的继续推进。从最近的观察来看，证监会仍然陷于三个孩子的利益纠葛，券商等市场主体仍然作为有限，股转公司空有报国志，无奈客京华，就连创新层的制度红利都迟迟无法得到审批、放行。当然这个节奏由施政者具体把握，说不定很快新三板增量改革的红利就会释放，A 股存量改革的步子又要缓一缓了，存量改进和增量改革需要交替前进，螺旋上升。

四、让刘士余的子弹再飞一会

其实还有本书跟《让子弹飞》这部电影表达的是同一个主题，那就是奥威尔的《动物庄园》，这本书成于 1945 年，是用来讽刺苏联用社会主义替代资本主义，并没有比之前更好。可现在再来看重新回到资本主义的俄罗斯，是不是更加讽刺？同样，《让子弹飞》这部电影，有人讲这是用来隐喻我国当今社会，可我拿美国对号入座，感觉更加准确。

铁打的白宫，流水的总统，永远的华尔街，不管是黑人奥巴马还是女性希拉里还是商人特朗普，他们都是有任期的鹅城县长，任期之内都需要听从华尔街的安排，维护华尔街的利益，否则最多干满一届，如果不听话还极有可能像林肯、肯尼迪一样被暗杀（美国44 位总统，9 位总统遭暗杀，4 位殒命）。

横冲直撞进入白宫的特朗普，总统就职演讲时宣称要把权力从华盛顿的权贵手中还给人民，从一开始的意气风发，见谁怼谁，到现在没几个月已经被治得服服帖帖。先是造谣他私通普京，老婆是俄国间谍，导致他的首席战略顾问班农下台，再是特朗普的入境限制令被法官强行叫停，后其要推翻奥巴马医保至今不被议会通过，等等这一切，都是在让他明白，美国不是美国人民的美国，更不是美国总统的美国，美国永远是华尔街的美国。最近特朗普又推出了石破天惊的减税计划，赢得了中国国内公知的一片叫好，特朗普真的是要为鹅城百姓谋福利？一个已经超过税务上限借钱都借不到的政府，还吹牛要减税？此项计划能否成功，关键在于能否让华尔街得利，能否配合华尔街的剪羊毛政策，让美元回流，继续支持股市上涨。

最后，让特朗普的牛再吹一会，牛皮吹得再响，结果也只能是要么滚蛋，要么继续当黄四郎的"走狗"。我们也让刘士余的子弹再飞一会，我相信肯定能革了黄四郎的碉楼。

写于 2017 年 5 月

新经济、新时代需要新理论[①]

一、缘起马云

马云 2016 年 11 月在浙商大会提出未来"计划经济将会越来越大",他认为未来三十年,市场经济和计划经济将会被重新定义。很快吴敬琏、刘胜军(中欧陆家嘴国际金融研究院执行副院长)、陈志武(耶鲁大学金融学院教授)、钱颖一(清华大学经济管理学院院长)、张维迎(北大光华管理学院前院长)等重量级经济学家都没有点名的对马云的这一言论予以反驳。2017 年 5 月马云在贵州参加中国国际大数据产业博览会的发言中再次解释道,他指的计划经济不是那时候苏联的计划经济,也不是中国刚开始的计划经济。在大数据时代,特别是万物互联的时代,人类获得数据的能力远远超过大家想象,人类取得对数据进行重新处理以及处理的速度的能力也远远超过大家的想象,大数据让市场变得更聪明,由于大数据,让

[①] 此文获中国信息经济学会理事长杨培芳连续两天微博推荐。

集合和预判成为可能。

二、首发在我

马云是名人，所以在公开场合提计划经济，引起了所谓的主流经济学家的反驳，其实我早在 2015 年 2 月 13 日晚上就在一本书上写下了这么一段话："计划经济是否在互联网时代可以实现了？如果说互联网改变了一个两个企业或者一个两个行业，那为什么不能改变人类的组织行为方式？当人们的行为需求可以被低成本的汇集、整理、分析，C2B，可以由消费者来改变前端的生产环节，推而广之，马克思的计划经济时代就有了技术支撑！人类可以步入计划时代，如果整个社会的经济模式都被改变，及经济基础改变，那上层建筑，人类社会的组织行为方式也必须要随之改变！马克思的社会主义可能随之迎来了人口、基础——那就是社会物质生产极大丰富，我们的特色社会主义也就是张近东说的线上线下完美结合的 O2O 模式！"

2015 年 2 月 20 日我把读书札记拍照发了一条朋友圈，说道："都在讲互联网思维，互联网改变企业，颠覆行业，有没有讲互联网可能彻底的改变社会制度，为计划经济的卷土重来提供了技术支持，计划经济和市场经济本来就不是非此即彼的关系，就如线上跟线下应该完美结合！以后的提法不应该是处理好政府与市场的关系，而是处理好计划与市场的关系，因为计划不一定是政府来做。我党的理论工作者，是不是该为马克思再次正名？"

从这两段话可以看出，在 2015 年初我不但已经开始思考互联网对整个经济运行方式可能带来的颠覆，也开始思考其对人类社会组织运行方式可能带来的改变，跳不出先入为主的思维定式，我也把互联网对社会经济运行方式和社会运行方式可能带来的改变，自然而然的联想到了马克思以及他所描述共产主义社会。

三、继而小年

2014 年开始互联网思维的提法大规模兴起，也引发了一些争论，比如许小年 2015 年 6 月 8 日在中欧国际工商学院 2015 班委会上就讲"互联网思维没有什么新东西，甚至是有错误的。"对此携程旅行网的创始人和 CEO，斯坦福大学经济学博士北大光华管理学院的经济系教授梁建章就在 2015 年 6 月 14 日在《财新》杂志发文回应说：互联网带来的最根本变化，就是人力资本和金融资本的力量对比发生了变化。用一句话来形容"互联网思维"，那就是"人力资本主义"。

读完两人的文章，我将两篇文章转发朋友圈然后评论道：

都不对。什么叫资本主义？什么人力资本跟金融资本，其实还是个劳资关系，是资本雇佣劳动还是劳动雇佣资本的事。互联网思维，在我看来更像是爱因斯坦发现了相对论之后，对牛顿传统力学的颠覆以及补充。互联网大规模应用后，对当今社会传统的经济思想，管理思想，运营模式盈利模式等等等等一切的一切产生了颠覆式的影响。所谓的互联网思维就像在某些领域必须用相对论来解释而非用牛顿力学来解释是一个道理，大大扩展了人们对社会经济运行规律的认知领域和范围。还在讲什么资本主义，其实根本不是什么主义，而是什么方式。互联网在我看来，恰恰解决了我们人类所谓的"致命的自负"——计划经济所需要的技术支持。有了互联网技术的大规模应用，使得人类社会在微观领域可以自然而然地进入计划经济时代。互联网经济的出现恰恰证明了马克思思想的前瞻和伟大。高度发达的资本主义是社会主义的入口（是这么说的吧？）所谓的资本主义，哈耶克的定义是人类合作的扩展秩序。哈耶克如果活到现在，估计会变成社会主义最忠实的鼓吹者。

虽然是在 2015 年 6 月 14 日发的朋友圈，但是之前我不止一次的跟同事说过这个比喻，互联网思维之于传统经济学思维，就像是相对论对于牛顿传统力学的颠覆以及补充。迄今为止，我仍然认为这是对于理解互联网思维最恰当的比喻。也再次强调了互联网技术的广泛使用，为进入计划经济提供了技术支持。当然那会没有开通公众号（张可亮的三板会），只能用手机打字发在朋友圈，没能展开论述。

四、进入正题——计划与市场之争

最近既然马云挑起话题，以及诸多重量级经济学家也开始回应这个话题了，我想我应该拿点时间出来跟大家分享一下我对这个事情的认识，毕竟新三板上有很多互联网企业，他们都在做着与马云类似的事情，用技术改变我们的生活体验。

1. 厘清概念

要讨论今天的话题，必须先从概念上搞清楚什么是市场经济什么是计划经济？不要以为我们耳熟能详的两个词，我们就真的懂他们的含义。不是学术论文所以我在此不想深究计划经济和市场经济的严格定义，只简单借助百度百科的定义，也能说明问题：

市场经济（Market Economy）又称为自由市场经济，是一种经济体系，在这种体系下产品和服务的生产及销售完全由自由市场的自由价格机制所引导，而不是像计划经济一般由国家所引导。

计划经济（Command Economy），或计划经济体制，又称指令型经济，是一种经济体系，而这种体系下，国家在生产、资源分配以及产品消费各方面，都是由政府或财团事先进行计划。由于几乎所有计划经济体制都依赖政府的指令性计划，因此计划经济也被称为"指令性经济"。

分清楚市场经济和计划经济的概念之后，还应该区分"市场"与"市场经济"，"计划"与"计划经济"，不能混同，这对下面的论述很有必要。计划和市场是资源配置的两种基本手段，而"市场经济"和"计划经济"是指两种社会经济体系。

在理论上设定的所谓的"市场经济体系"里没有一个中央协调的体制来指引其运作，但是在理论上，市场将会透过产品和服务的供给和需求产生复杂的相互作用（看不见的手，看不懂的手），进而达成自我组织的效果。在"计划经济体系"，国家在生产、资源分配以及产品消费各方面，都是由政府或财团事先进行计划。由于几乎所有计划经济体制都依赖政府的指令性计划。但在现实中"市场经济体系"中也会运用计划的手段，"计划经济体系"中也会运用市场的手段，只不过领域、范围、程度不同罢了。

2. 貌似鸡同鸭讲

当我们厘清了计划、计划经济体系，市场和市场经济体系之后，我们就会清楚，经济学家对马云提出的计划经济之批评，以及马云自己之论述都没有说到点子上。因为马云是从自己的实践出发，讲的是大数据以及云计算的应用可以使得微观经济主体的计划性更强，更有针对性的满足市场主体的需求，当大数据和云计算在更多的行业和领域应用的时候，整个社会的计划成分确实会越来越大。但是经济学家们是从自己的理论出发，批判的是计划经济作为一种国家的经济制度不可行。所以马云在贵州大数据博览会上又辩解说自己讲的计划经济不是指苏联那个时候的计划经济，也不是中国刚开始的计划经济。也就是说马云讲的是在未来经济中，计划作为资源配置的手段会越来越多，而不是主张要重新建立计划经济体制。所以马云同学比较委屈，认为经济学家们误会他了。可经济学家们怎么可能那样肤浅呢，理论的力量就在于预见，他们也看到了马云所说的微观主体的计划性越来越强以已经开始预见到未来社会可能产生的变化，而这种变化是他们所要极力反对和避免的。

3. 两种体系的缺陷

很显然，人类的这两种经济运行体系都存在着巨大的缺陷，计划经济体系的缺陷在于在一个人口众多的社会，没有一个中枢机构可以准确地获知体系中的每个人每个行为主体（事业单位、企业单位）随时变化的各种精神和物质需求，并按照需求安排生产、分配，个体的需求必然会被压抑，不会被及时满足，票凭经济就是一个很好的体现。

市场经济体系的巨大缺陷是身处这个经济体的个人或行为主体虽然可以按照自己当时当地的需求去从市场上根据供求不平衡的关系购买或者提供产品或者服务，但是个人的需求无法通过市场机制汇聚成整体的需求，并被供给方掌握，提供相应供给，作为社会整体，供求必然出现极大偏差，导致资源浪费。比如今年猪肉市场价格上涨，大家都开始养猪，明年猪肉供过于求，猪肉价格又开始下跌，如此循环往复。

这两种经济体系存在的巨大缺陷，其实是人的缺陷，也是人类群体的缺陷，人类的大脑无法站在上帝视角，及时发现、掌握、分析、处理所有信息，并相应作出判断、决定。

但当有了智能化的电脑，有了移动互联，有了大数据有了云计算有了电脑系统的深度学习能力之后，是否可以弥补人脑的缺陷呢？当然可以。新技术的运用会极大地提高我们的计算分析能力，从而提高人类社会的运行效率。如果云计算可弥补人脑的缺陷，那我们是否应该重新思考我们人类的经济体制和社会组织方式呢？会不会有区别于计划经济体系也区别于市场经济体系的新的经济体系产生呢？我认为这将是历史的必然！

五、超越"计划"和"市场"

生产力决定生产关系，这是马克思的至理名言，但因为意识形态的原因被弃之不用，后又被科斯借其一点，改头换面成制度经济学里的科技决定制度，科技进步引发制度变迁。不管是马克思的生产力决定生产关系，还是科斯的技术决定制度，都在告诉我们互联网技术的发展就决定了必须有新的制度新的生产关系来适用和促进这个社会的发展，而这种新的变化，体现在哪些方面呢？

1. 从"看不见、看不懂的手"说起

马云对于"未来计划经济会越来越大"的这个论断是从实践中来，亲手缔造的淘宝、天猫、支付宝，让他看到了互联网的巨大威力，看到了人类对于获取数据以及处理数据的巨大能力。对此，他

一直用超乎大家想象来形容。当然也很可能超乎这些重量级的经济学家的想象。

但毕竟马云同学是外语专业而不是马列专业，所以他在论述互联网技术可能会对经济运行方式带来巨大改变的时候，只会用"看得见的手"和"看不见的手"说事。他说："计划经济和市场经济最大的差异是，市场经济有一只无形的手，我想问大家，如果这只无形的手你愿意（能够）摸到，你愿意做计划吗？"他这句话说得太含糊，有点跳跃，我给他翻译一下，他的意思应该是互联网大数据技术的广泛使用，可以让你看到"市场"这只"看不见的手"是如何起作用的，如果你能够看到这只无形的手是如何起作用的，你会不会顺应这只无形的手的指示，去做相应的计划（研发、生产、销售）？马云问得很好！

我们经常讲"市场"经济、"市场"开发、占领"市场"，我们也讲"市场"瞬息万变，商业社会一切由"市场"说了算，不找"市长"找"市场"，我们还讲"市场"是一只"看不见的手"，那么这个神秘莫测、神通广大的"市场"到底是什么？

其实市场就是需求，进一步说市场就是市场参与者随时变化的需求，归根结底市场就是人类的"欲望"，市场经济就是欲望经济，满足市场需求就是满足消费者需求。以"市场"作为资源配置的主要手段，就是说整个社会应该围绕着社会成员的需求（欲望）来配置资源。但之前不管是计划经济还是市场经济，社会生产都无法准确地掌握分散的客户需求，因为需求随时在变，收集、分析成本极高（几乎不可能），只能根据局部信息，进行模糊预判，然后组织生产，投放市场，通过市场检验，试错成本极高，资源浪费巨大。

2. 互联网将"市场"拉下神坛

21 世纪最大的技术发展应用就是互联网技术，互联网技术主要体现在三个层面：一是智能化、智慧化的技术，让移动终端智能化；二是链接的技术，可以实现万物互联，高效互联；三是云计算技术，也即是"智能化""互联化""云端化"。互联网的本质就是数据化的技术，智能化是数据采集的入口，互联化是数据传输，云端化是数据计算和挖掘，所以核心都是数据化的技术。将小数据、分散割裂的数据汇聚互联成统一的大数据，未来商业本质就是数据。

互联网时代直接将大众的模糊的市场还原为精确的用户需求，也就是"以客户为中心"，通过智能化的数据采集，我们的衣食住行的所有信息，甚至我们心跳、步数、睡眠都可以被几乎无成本的真实、准确、快速、连续的收集、记录、传递，然后根据这些信息这些需求，来驱动整个生态系统协调生产、服务，以满足客户个性化甚至是一揽子的多元化的需求。

"市场"这个虚无缥缈，变幻莫测的"神"，在互联网时代已经被拉下神坛，用马云的话讲就是他已经可以看见可以摸到"市场"这只"看不见的手"了，可以看到"市场"的底牌，他已经可以通过淘宝的后台，看到中国不同地方的人群，在什么时间什么地点爱吃什么爱穿什么爱玩什么爱用什么，知道哪个省女人的胸最大，哪个省女人的胸最小，一切都不在神秘，一切变化都在随时反馈，随时被掌握，随时被满足。

3. 技术进步引发各种制度变革

（1）商业模式被颠覆——由 B2C 变为 C2B。

小米公司就是一个典型案例，传统产业是典型的 B2C 模式，企业研发一款产品，然后组织上游原材料采购，自己工厂生产，再由分销商零售商分销零售，最终到达消费者眼前，等待市场（消费者）购买。但是如果市场不认可，这一批产品都将积压，成为毫无价值的废物。或者只有一部分认可，那么剩下的就将毫无价值，造成了社会资源的巨大浪费。

但在互联网时代是怎么做的呢，先根据市场需求设计出一款产品，并通过互联网精准推送到可能喜欢这款手机的消费者，然后在网上接受客户预定，拿到汇集起来的订单，再根据订单数量去有计划地组织原材料采购、流水线生产，然后通过现代化的物流送到消费者手中。这还没完，接下来会再通过用户的实时反馈，不断的迭代更新自己的产品，形成下一个循环。中间没有经销商，没有任何的库存，也没有产品浪费。这就是典型的 C2B 的商业模式。

（2）企业组织方式的变化——公司制变为平台制。

在互联网技术的支持下，企业内外部的互动更加直接，企业与市场的边界开始模糊，无论在内部还是生态成员之间，协同变得越来越频繁和高效。企业组织不再是一个个封闭的机器，而成了开放的体系。

商业模式的变化，经营方式的变化也必然对组织架构提出新的要求，这个时代优秀的公司已经演变成平台（S），成为大的供应链平台或者说后台，通过对上游供应链的整合，实现对下游小企业（B）提供增值服务赋能服务，实现线上协同，共同服务客户（C）。

比如韩都衣舍初步建立起 7 个大平台，用以支撑 300 个左右的前端三人小组，为终端客户设计提供各种不同款式的服装。海尔的人单合一以及创投平台转型，可以为平台上小微企业的创新、互联提供支撑，再由这些小微企业去创新为客户提供个性化、定制化的服务。

这种 S2B2C 的平台体系，已经演变成了一个以平台为中心，通过互联网线上链接，一层一层将服务向外延伸同时将信息向内反馈的生态系统。

（3）社会组织方式演进到"生态经济"。

经济基础决定上层建筑，资本主义的生产方式（以市场作为配置资源的主要方式）决定资本主义的社会制度，社会主义的生产方式（以计划作为配置资源的主要方式）决定社会主义的社会制度。我们目前中国走的已经是有中国特色的社会主义道路，那就是"处理好政府和市场的关系，使市场在资源配置中起决定性作用和更好发挥政府作用"。

当我们进入万物互联时代，社会资源的配置方式都变成了"用户中心"，"数据驱动"的时候，我们人类的组织方式会是什么样子？请允许我这个理想主义者跳过中间过程，在此做一个终极畅想：

当人类社会的各个行业都被融为社会整体生态中的一部分的时候，人类对自然资源的获取也将遵循自然规律，可以循环发展。我们人类社会的经济活动，终于开始自然而然的提到了"生态协同"，虽然科学技术早已经开始了"仿生"，但人类社会的整体运转方式也开始提到"仿生"的概念，是一个巨大的进步。人类社会经过几万年的发展终于找到了正确的存在方式，人类将学会尊重自然，而不是改造自然，按照自然环境存在的方式，来运行人类社会的组织方式，人类将终于明白中国的那句古话——"道法自然"。人类社会的"道"，终将取法"自然"，人类作为整体社会层面与自然，天人合一。社会生活与自然环境融为一体，与这个地球的一草一木融为一体，和谐统一。社会生活被数据化，归于 0 和 1，和于自然界的阴和阳，万事万物的变化规律又可以重新归于六十四卦，三百八十六爻，中华文明又重新回到起点，荣归万经之首《周易》所描绘的世界之道。

这个新的制度，不是计划经济也不是市场经济，我为她起个名字叫做"生态经济"。

六、美好的理想，始于现实的努力

美好的理想，从来都是需要脚踏实地的努力才能实现。这需要我们的传统企业尽快转型升级，我们的互联网企业不断开拓创新，我们的国家继续加大互联网方面的基础设施服务，比如普及发展 5G 技术，同时也需要经济学的理论界进行前沿理论创新，而不是继续活在市场批判计划的窠臼。

1. 新技术、新制度，需要发展新的理论体系指导

为什么大家爱谈论互联网，谈论互联网思维，很大程度上是因为互联网时代没有对应的互联网经济理论。未来已来，而我们还没做好准备。我在 2016 年主持的一场创投峰会的论坛上提出：传统经济，我们有了马克思主义政治经济学、西方经济学等来指导，这两年互联网经济的发展让我们感觉传统西方经济学开始失灵。互联网时代的网络社会人，对西方经济学的理性人假设提出了挑战；分享经济打破了资源禀赋假说；西方经济学讲边际成本递减，现在互联网边际成本是 0。所有这些变化，对人们思想上造成冲击，还没有新

的理论来指导我们互联网经济，互联网创业。这个阶段，技术已经呈几何级数在飞速演进，实践者靠经验摸索，大踏步地前进，而我国所谓的经济学家已经明显落后于技术和社会实践的发展，大多仍停留在冷战时期的非此即彼、非黑即白的对立，对计划经济依然标签化、意识形态化，严防死守，忙于批评，短于建设。

2. 新技术、新组织，需要发展新的金融体系支撑

实体经济是从计划转型到市场，可互联网又会让我们从市场演进到生态，谁是谁非，都对，时不同也。互联网从技术层面和思维层面颠覆了传统的服务业，零售业和消费习惯，同时我们国家、社会也对其改造制造业，寄以期望，提出"产业互联网"的发展方向，但企业的发展，不光靠技术，还要靠资源，靠管理，靠人才等等等等，而这些主要来自于资本的投入。我们能否为这些创新创业的互联网企业提供资本支持，供给新鲜血液，决定了这个行业能否持续蓬勃的向前发展。很显然传统企业有土地厂房机器设备可以在银行抵押贷款，可互联网企业大多为轻资产公司，他们拥有的最大资产就是人以及核心数据，这些目前都无法在银行抵押，所以必须找到与这些企业发展相配套的融资途径，这就是新三板。

新三板通过股份制改造配以股权激励，可以迅速改变企业的内外部生态以及企业中人的行为方式，可以让企业脱胎换骨，洗心革面，以崭新的形象面对资本市场。同时新三板也为风险投资战略从全国的范围内筛选出了投资标的，极大地提高了投资效率和投资的安全性。互联网讲究去中心化，同样新三板也讲究去审批化，互联网是为人民服务，为80%服务，新三板同样也是为中小微企业服务，为80%服务。所以新三板所代表的资本市场金融市场，将会是与互联网经济相配套的制度安排。中国的发展不仅靠淘宝和淘宝带动服务的数以万计的电商以及背后数以亿计的个人消费者，更需要靠新三板和新三板带动服务的数以万计的企业以及数以亿计的劳动者。

"互联网技术＋新三板制度"一起支持实体经济，是中国经济发展的"一体两翼"，互联网和新三板的发展建设必然是国家级大战略，让我们期待互联网技术继续快速发展，新三板制度不断完善，让中国的实体经济插上互联网和资本的翅膀，强大国力，造福苍生。

写于 2017 年 6 月

深化改革的话语权之争

一、年高不忘忧国，位卑权当胡说

"经济学家圈"公众号在 2017 年 8 月 12 日刊发了晏智杰教授的一篇最新文章《应当警惕计划经济思维的回潮》，文章思路清晰，指出了现象，搬出了理论，开出了药方，截至目前获得了近 9 万的阅读量。据介绍晏教授师从陈岱孙先生，20 世纪 90 年代是北京大学经济学院院长，桃李遍天下，从总理到部长到校长都有他的学生，确属于德高望重的老先生。老先生年高不忘忧国，78 岁高龄，仍然对经济学界的发展保持着敏锐的观察力，在大是大非问题上出来发声，批判目前存在的计划经济回潮现象，其拳拳之心令人敬佩。

本人不才，也是这么想的，这些年因为从事投行工作，一直保持着对于时政的观察和理论的学习，写过中国能否超越计划和市场的文章，看了晏教授的文章后，还想再表达一下对这个问题的看法。"位卑而言高，罪也"，权当我是胡说吧。

二、经济正在换挡，争论日趋白热

理论的争论还是源于社会现实的发展，中国改革开放三十多年的主要目标以及成绩就是建立起了富有中国特色的社会主义市场经济体系，在这个过程中我们是从计划经济向市场经济转变，很自然的，在理论指导上开始采纳借鉴西方自由主义经济思想，尤其是中后期，由于各种原因，自由主义经济思想虽未能"登堂入室"，但却在高校、市场和媒体舆论当中占据了主导地位，成为主流，没有人敢去质疑，或者说即使有质疑，也无法形成影响力。

那为什么现在开始有争论了？而且争论有愈演愈烈之势呢？我想有以下几方面的原因：

第一，争论的国内背景是改革开放取得了巨大的成功，大部分人依靠自己的辛勤劳动满足温饱，安居乐业，但也积累了很多的矛盾，比如房地产恶性发展，环境恶化，贫富差距过大等，人们在脱贫之后，开始注重平等，经济上的不平等导致对社会各方对经济政策产生质疑，开始反思。

第二，国际背景是金融危机以来西方社会持续衰落，民粹主义盛行，逆全球化趋势抬头，而中国在不断崛起，民族主义情绪高涨，提出"一带一路"倡议，以更加积极的姿态融入全球化，甚至是开始引导全球化的走向。两相对比，"华盛顿共识"遭受广泛的失败和质疑，"北京共识"在国际上越来越有吸引力。我党在改革开放的实践中建立起来了的"四个自信"，要想让"四个自信"真正成为全党全国人民的自信，需要一场关于"真理"问题的大讨论，谁是谁非，已然到了需要理清的时候了。

第三，互联网在中国迅猛发展，在很多领域已经取得全球领先优势，使得很多传统经济学理论在互联网领域失效。实践在创新，技术在进步，理论和制度也应当创新，这是制度经济学中技术突破导致制度变迁，或者说马克思主义政治经济学中的生产力发展要求有新的生产关系相适应的基本原理。新经济需要新的经济理论来指导，需要新的经济制度来适应。

当然最直接的原因是，中国经济发展进入换挡期，需要寻找新动能，寻找新的发展模式，也可以说中国经济发展方向走到了新的十字路口，需要正确的理论来指导和引领。

在这个风口浪尖，马云同志不失时宜抛出了"计划经济"的火苗，把暗流涌动的经济学界直接点燃。就像晏教授讲的"在中国经济理论界，一贯坚持计划经济观点，从不认可市场经济改革者，大有人在，这不足为奇。但是，如果发出此类高论者是市场经济弄潮儿甚至是最大获益者，就不免令人大感意外了。"从中可以看出马克思主义政治经济学在中国经济学界已经被压制，被边缘化，他们的观点在主流经济学家们的眼里"不足为奇（不足为患）"，市场、媒体早已经臣服在"市场派"的石榴裙下，他们牢牢地把控了话语权。但此次在经济实践领域取得巨大成功的代表人物马云也开始重提"计划"，他们不敢掉以轻心，因为马云的社会影响力太大了，所以从吴敬琏到刘胜军到陈志武到钱颖一到张维迎，再到晏教授，轮番上阵，对马云进行批判，真是给足了马云面子。

但马云是成就卓著的企业家，经济学家们对马云做理论批评，犹如攻击水中月雾中花，就是秀才在一本正经地跟大兵讲道理，我们的经济学家们不懂这个道理吗？他们当然明白。他们早就觉察到了他们所倡导的"新自由主义"在中国逐渐式微，失去了对现实的解释力和影响力，觉察到了中央对"新自由主义"的态度开始转变，马克思主义政治经济学被正名，被重新启用，但又不好直接批评党中央政策，同时他们又找不到一位马克思主义政治经济学的学者来批判（因为压制太久），所以只能拿马云说事。以"新自由主义"为宗的主流经济学家们看似在批评马云，实则是在"隔空喊话"，在捍卫自己二三十年以来打下的江山，捍卫"新自由主义"经济学在中国经济学理论界的统治地位，以及对中国经济发展方向的话语权。

三、有理不在年高，重在兼容并蓄

1. 对"三去一降一补"实施过程中出现问题的批评

很多学者针对当前实施"三去一降一补"过程中出现的一些错误的做法，比如去产能变成了去产量，又如债转股变成了拉郎配，再如批评产业引导基金忽视产业和市场规律，等等。这些确实是能够看到的现象，透过这些现象，经济学家们主要是想批评一些部门（国家部委）以及地方政府未能按照市场化原则转变政府职能，反而在用一些违背市场规律的行政手段来干预经济运行。

2015 年 12 月中央经济工作会议针对我国经济存在的产能过剩、楼市库存大、债务高企这三方面问题，提出 2016 年经济社会发展主要是抓好去产能、去库存、去杠杆、降成本、补短板五大任务。应该说中央提出"三去一降一补"的五大任务是值得肯定的，并且对于每一项任务目标应当如何实施都提出了明确的指导意见和要求，比如在去产能方面，中央要求"要按照企业主体、政府推动、市场引导、依法处置的办法，研究制定全面配套的政策体系，因地制宜、分类有序处置，妥善处理保持社会稳定和推进结构性改革的关系。"在降杠杆方面，在设立产业基金方面中央都有明确要求，核心要求就是要根据市场化原则推进。

当然地方政府在执行的过程中出现的某些偏差，急躁冒进，滥用行政手段等等，我们不否认，这是需要批评，需要引起重视，并力求克服和解决的，如果经济学家们是在提醒执行过程中存在的这些问题，我们欢迎，但很多人显然志不在此，我们接着往下看。

2. 对做大做强国企，对党领导经济的批评

自由派经济学家们进一步讲"计划经济思维回潮，还有更值得注意也更令人担心的各种表现。"比如对于国企改革的不同声音，又如党对经济工作的领导在不断加强，再如计划经济思维在经济理论界有所抬头。很显然，这是在步步深入，从批评政策执行过程中出现的错误，上升到对整个政策的批判和否定，进而对出台政策背后的理论进行彻底批判和清算，不留任何余地。因为只要理论不倒，即使这个政策作废，也还会有下一个政策出台，所以自由派经济学家们是要批到点子上。

（1）对理直气壮做大做强国企的批评，是继续为私有化铺路。

自由派批评说"大型垄断性国企的市场化改制还未见实质性推进来，说至今仍然有人将国企实施股份制和公司制改革等同于私有化"，这显然是在罔顾事实，混淆视听。中石油中石化中移动等我们能够想到的这些大型央企，不但早已经实施了股份制和公司制改革，大部分都已经成为上市公司，与民营企业一样接受交易所的监管，信息公开披露，何谈市场化改制未见实质性推进？另外明明是"新自由主义"经济学家们一直在鼓吹国企私有化，为何又否认他们推动国企改制的真实目的就是想要推动国企私有化？百度一下"张维迎国企私有化"有31200条结果，百度"陈志武　国企私有化"有12600条结果。

国企改革的问题，我之前就在《新三板：中国资本市场的双轨制改革》中论述过，"国有企业不仅仅是经济问题而更是政治问题，自汉代的《盐铁论》以来，我们对国企的重要功能已经形成了共识，这也是中华文明能够一直传承至今的一个非常重要的经济制度安排。当然毋庸讳言，目前我国的国企经营内部存在很多弊端，占有大量的矿产资源、人力资源以及资金资源，但是运转效率却不高。同时也存在挤压、侵占民营企业生存空间的情况，在很多诸如钢铁、水泥等非垄断性领域，与民争利。为什么会有那么多过剩产能，国企大规模的存在于竞争性行业，生产效率不如民企，不断亏损，却又很难淘汰，这是导致行业产能过剩的重要原因。"我们应当坚定地推进国企改革，但是改革的方向绝不是私有化。

（2）对党加强经济工作的领导的批评，是故意曲解政策。

很多自由派经济学家对于党加强对经济工作的领导，也提出了质疑，认为党对经济工作的领导就是强化了计划经济，会导致政企不分。这显然是对党加强对经济发展领导作用的肤浅、片面和错误的认识，党加强对经济工作的领导主要是在希望晏教授能够认真学习一下中央文件，不要曲解政策，不要误导读者。关于这方面的表述大家可以读一下《栗战书：加强党对经济发展领导须坚持党总揽全局》①。

3. 对马克思主义政治经济学的批评，完全是门派之争

有自由派经济学家竟然讲"近来学界出现了全盘否定市场经济，进而全盘否定西方经济学的声音；与此同时，在创建中国经济学的名义下，又出现了不加分析地、盲目地全盘肯定马克思主义经济学的说法……在这个问题上，我认为要继续防止右，但主要是防止'左'。"

这真是"只许州官放火，不许百姓点灯"，中国近一二十年的现状明明是已经全面否定马克思主义政治经济学，全盘接受西方政治经济学。高校教学里西方经济学与马克思主义政治经济学的排课比例严重失衡，绝大多数经济学博士点和硕士点的招生考试中，"西方经济学"所占考分比例超过一半以上，有的达到三分之二甚至五分之四。在职称评定，论文发表方面，西方经济学专业的更是比马克思主义政治经济学有压倒性优势，国内一些经济学专业"核心期刊"以西方"主流经济学"的研究范式作为主要选文标准，少数期刊甚至规定无模型或计量分析的论文不予刊登。

现阶段，出现反思自由主义西方经济学，发展创新有中国特色的政治经济学的势头，都不被允许，并冠以"左"的帽子，犹如恶人告状，颠倒黑白。

自由派学者说"有人认为经济发展顺利时，应主要由市场配置资源，以求取得更高效率，但在经济下行或者经济困难时，则应加强政府作用，以保持大局稳定。我以为这是一种机会主义说法，它

---

① 载于《人民日报》2015 年 11 月 18 日第 6 版。

完全无视这样一条教训：长期来说，是效率决定一切，而不是稳定决定一切，没有效率，何来稳定？"

"长期来说，效率决定一切"，没错。凯恩斯说："In the long run, we will all die"。从他们对效率与稳定之关系的表述，显示出了其不懂政治的局限性，在西方经济学的乌托邦里待得太久了，完全不看一眼现实世界。

新中国成立后通过抗美援朝，对印战争，对越自卫反击战，才换来了30年和平发展的国内国际环境，这期间也并不太平，大使馆被炸，钓鱼岛争端，朝核危机，南海危机，三独势力猖獗，我们只能"韬光养晦""忍辱负重""不出头"，全靠我党用各种方式化解、硬撑。哪有教授一句"长期来说"那么轻巧，哪有那么多的理所应当。目前中国正处于崛起前夜，国际政治、军事环境错综复杂，贸易战、汇率战此起彼伏，时间虽然站在我们这边，但是时间真的不多了。

4. 对供给侧改革的批评

自由主义经济学家们列举了两种观点"一种观点认为，结构性问题和弊端的根源在于经济体制改革尚不到位，当前中国经济的基本矛盾仍然在于两种体制的矛盾，因此应当着力于推进和深化市场化体制改革，同时，在解决上述去产能等任务时，应当主要依靠市场化手段和途径；另一种观点则认为主要矛盾是结构性的，而对体制性问题则尽量予以淡化或弱化，与此相应，则主张主要依靠政府行政手段去解决产能过剩之类问题。"

他们当然是持第一种观点，然后假设了第二种观点，作为靶子来批判，让读者误以为有人用供给侧改革来替代体制改革，甚至是反对体制改革。但是支持供给侧改革的人或者说马克思经济学的人或者说中央是这样做的吗？我不认为。

全面深化体制改革是党的十八届三中全会（五年一次）做出的重要决议，供给侧改革是 2015 年底中央全国工作会议（每年一次）上针对中国经济的最新情况，做出的阶段性任务部署。深化体制改革和供给侧改革是一个总体与局部的关系，是一个长期坚持的目标与阶段性任务的关系，一个治本一个治标的关系，不应当简单对立。自由派们所提到的体制改革，都可以在《决议》里找到安排部署，并且并没有停滞。所以希望自由派经济学家们不要揪着改革执行过程中出现的错误偏差，从而全面否定供给侧改革，也不要误会国家会用供给侧改革这个阶段性的改革目标来替换全面的深化体制改革。当然我们也必须对晏教授讲到的执行过程中出现的这些问题给予充分的重视，不能让好的政策因为执行不到位，而走到了它的反面。

全面深化改革三年来，"四梁八柱"主体框架基本确立。2014 年，中央深改组确定的 80 个重点改革任务基本完成，各方面共出台 370 个改革方案。2015 年，中央深改组确定的 101 个重点改革任务基本完成，各方面共出台 415 个改革方案。2016 年，中央深改组确定的 97 个重点改革任务基本完成，各方面共出台 419 个改革方案。2017 年上半年，中央深改组已审议 60 多个重点改革文件。在推动全面深化改革的伟大实践中，习总书记已亲自主持召开了 36 次中央深改领导小组会议，共审议、通过重点改革文件 340 多个[①]。

---

① 《中国这 5 年：坚定不移全面深化改革》，载于《人民日报海外版》2017 年 8 月 7 日。

四、上帝和恺撒归位，市场与政府言和

自从资本主义产生之后，资产阶级将"市场"封神，市场与政府的关系，犹如上帝和恺撒的战争，上帝的敌人是恺撒，市场的敌人就是国家主权就是各国政府。资本主义自诞生以来，在全球扩展市场的过程，犹如推行一场宗教战争，硝烟弥漫，旷日持久。新自由主义的经济学家们，俨然是上帝的子民，接受"上帝的旨意"，向自己的国家开战，为西方的市场铺路。妖魔化政府，妖魔化国企，将政府与市场对立，将国企与民企对立，这是老套路，毫无新意。

所谓批判就是要澄清前提、划清界限，我们要批判市场和政府，就首先要澄清市场到底是什么？市场是不是神，是不是万能的上帝？如果是神，那么原教旨主义者是信奉一神论还是多神论？是只能有一种西方设定的市场形态还是允许有多种不同的市场形态？如果市场不是神，不是万能的，那么市场应不应该有边界？边界又应该在哪里？这些边界需不需要随着时间的推移，社会的发展而发生变化？关于这些，"市场神"的子民反问过么？哦，当然，上帝的子民只需要信仰，不允许反问。

扯远了，我们说人话。

我认为，首先市场和政府并非水火不容，需要相互依存，相互肯定，握手言和。我们认为我党通过新中国成立后的伟大探索和实践，已经建立起来的四个自信，不光是在计划经济时代能够勇敢地接受市场，而且目前已经超越了"市场"和"计划"的非黑即白、非此即彼之争，要想实现中国梦，就要处理好市场和政府的关系，市场和政府需要握手言和，各自归位，携手前行。经济学家要做的

是找出二者的边界，划定各自的辖区，并且根据实践的不断发展，来研究要不要重新调整二者的边界。也就是说如果要争鸣，也应该在就是否承认二者都有存在的必要？是否应当设定二者的边界？以及如果设，边界应该设在哪的问题进行争鸣。

其次，我们要承认我们人类社会的组织方式到目前为止都不完美，历史并未终结。我国目前的市场和政府两者也不完美，存在很多缺陷，都需要通过深化改革去建设、去完善。一方面要深化经济体制改革，让市场的归市场，这其中最重要的并非是国企改革，而是金融体系改革。另一方面要深化政治体制改革，让政府的归政府，这其中最关键的就是要推进国家治理体系和治理能力的现代化，加强政府的执政能力建设。

为什么说市场化改革最重要的并不是国企改革而是金融体系改革，我在之前的文章里已经做过多次论述，这里就不再赘言。在此，简单说一下让政府的归政府，为什么最关键的是推进国家治理体系和治理能力的现代化。

一个国家的经济现代化不能大跃进，同样一个国家的政治现代化也不能大跃进，1949年新中国成立以来，在基本政治制度方面取得了巨大的进步，在国家治理体系和治理能力方面仍然存在不足，需要积极完善。反腐只是治标，提高各级政府官员的执政能力才是治本。只有各级官员的执政能力提高了，在执行中央政策的过程中才不会走样，才不会出现大家所批评的将中央要求通过市场化淘汰落后产能的政策，执行成用行政力量简单粗暴的去产量。

写于2017年8月20日

文化政治经济学：一个新的理论框架

一、何为中国特色社会主义政治经济学？

1. 命题的提出

习近平总书记在 2015 年提出了"中国特色社会主义政治经济学"这一命题，理论界掀起了一场讨论热潮，三年来，大家对这一命题的认识和理解在不断加深，也结出了诸多丰硕的理论成果。大家基本都认同研究中国特色社会主义政治经济学，应当以马克思主义政治经济学的基本原理、立场和方法论为指导，总结和提炼我国改革开放和社会主义现代化建设的伟大实践经验，形成基于中国特色、中国风格、中国气派的政治经济学。

2. 命题的一般解析

很多人也都注意到了对"中国特色社会主义政治经济学"可以有两种不同的解读，一种是"中国特色的社会主义政治经济学"，另一种是"中国特色社会主义的政治经济学"。在前一种解读中，强调的是社会主义政治经济学的"中国特色"；在后一种解读中，"中国特色社会主义"被理解或界定为政治经济学的研究对象。我读过的文献当中基本都是认同第一种界定，即"中国特色"的社会主义政治经济学，比如张宇《努力探索和完善中国特色社会主义政治经济学的理论体系》，以及孔丹、邱海平《中国特色社会主义政治经济学的两种解读及其分析》，我也认同这种说法。但是对于何为"中国特色"，我却与大部分专家学者的观点不同，抛砖引玉，供大家批评。

3. 我的回答

中国特色社会主义政治经济学应当分为三个层次来理解：

第一层：它是政治经济学，不是单纯只讨论经济不讨论政治的经济学，这个就不多讲了。

第二层：它是社会主义政治经济学不是资本主义的政治经济学，也就是说它是研究社会主义制度（国家）的政治经济学，不是研究资本主义制度（国家）的政治经济学。这当中又存在一个普遍性与特殊性的关系，马克思主要是以英国为例，研究了资本主义的政治经济学。马克思在《资本论》第一卷序言中明确指出："我要在本书研究的，是资本主义生产方式以及和它相适应的生产关系和交换关系。"但脱离开一定国家的具体经济过程就可以认识"资本主义生产方式以及和它相适应的生产关系和交换关系"吗？显然不能。事实上，马克思在前引那句话的后面紧接着指出："到现在为止，这种生产方式的典型地点是英国。因此，我在理论阐述上主要用英国作为例证。"在《资本论》第一卷英文版序言中恩格斯指出："这个人的全部理论是他毕生研究英国的经济史和经济状况的结果。"马克思和恩格斯的论述表明，《资本论》关于资本主义生产方式的一般理论，主要来源于马克思对于英国经济现状及经济史的研究。

社会主义政治经济学也应当是研究社会主义生产方式以及和它相适应的生产关系和交换关系，目前阶段社会主义制度只有中国发展比较成功，我们研究的时候应当以中国为例证，来研究与资本主义相对的社会主义政治经济学的普遍规律，研究出来的这个普遍规律应当是可以指导其他社会主义国家经济社会发展建设的有用的规律。比如目前很多人指出的应当研究社会主义社会如何处理政府和市场的关系，国有经济和民营经济的关系，生产、消费和分配之间的关系，本国经济和全球化的关系，等等。

第三层：它是"中国特色"的社会主义政治经济学，而不是越南特色或者古巴特色或者朝鲜特色的政治经济学，也就是说需要在普遍的社会主义政治经济学的基础上，再着重研究"中国特色"。那何为"中国特色"？我想这里的"中国"并不是仅指改革开放后的中国，也不仅是指1949年新中国成立以后的新中国，而应当是涵盖了上下五千年的中华文明，一直薪火传承的中国。中国特色的社会主义政治经济学应当是指能够体现中华文明，与中国传统文化相融合的社会主义政治经济学。

习近平总书记提出的"研究有中国特色社会主义政治经济学"这一命题，实则是要求将"民族文化"的维度加入政治经济学的研究当中去，沿着这个思路，可以开创出具有普遍规律的"文化政治经济学"。将中国传统文化套嵌进去就是"中国特色政治经济学"，将英国历史文化套嵌进去就是"英国特色政治经济学"，将美国特色文化套嵌进去就可以形成"美国特色政治经济学"。

二、文化之于社会的作用

1. 文化的概念

文化是一个宽泛的概念。一直以来，人们很难对其作出统一的精确的概括。从广义上看，文化是指人类在社会实践中所形成的物质生产和精神生产成果的综合，包括物质、制度、行为和精神等各个层面。梁漱溟认为"文化不过是一个民族生活的种种方面，概括起来包括精神生活、社会生活和物质生活。"

狭义的文化是指人类的精神活动及其产品，是经济和政治的反映，归根到底是人类物质生活的反映。同时文化还可以反作用于政治和经济，并以其功能整合其他组成部分从而维系社会生活形成整体秩序。此文中我们所说的"文化"除非特指，否则主要是指狭义的文化概念。

2. 文化的作用

文化领域并非国家综合实力的直接体现，也并不直接就是物质利益和权利，但它关系到一个民族的道德理想、价值观念以及意识形态，构成了一个国家的"信仰体系"，并为人们的社会行动提供合法性依据。文化对于整合人们的思想观念，形成群体的统一意志，确立集体目标、实施全民动员和达成整体目标起着重要的构建作用。

文化在不同群体和共同体内还体现为特定的习惯、习俗、礼法、规约，经过历代薪火承传，久而久之成为传统。传统是一个民族长期历史发展的心理积淀和历代薪火传承的精华，是民族性格、"民族魂"形成的内在依据，关系到整个民族的历史发展路向和每个成员的思维方式和行为方式。精神文化是一个民族区别于其他民族的精神特质和标志。习近平总书记在中国共产党成立 95 周年大会上指出："在五千多年文明发展中孕育出的中华优秀传统文化，在党和人民伟大斗争中孕育的革命文化和社会主义先进文化，积淀着中华民族最深层次的精神追求，代表着中华民族最独特的精神标识。"

同时习近平总书记 2014 年在纪念孔子诞辰 2565 周年国际学术研讨会上的讲话中指出："从历史的角度看，包括儒家思想在内的中国传统思想文化中的优秀成分，对中华文明形成并延续发展几千年而从未中断，对形成和维护中国团结统一的政治局面，对形成和巩固中国多民族和合一体的大家庭，对形成和丰富中华民族精神，对激励中华儿女维护民族独立、反抗外来侵略，对推动中国社会发展进步、促进中国社会利益和社会关系平衡，都发挥了十分重要的作用。"

3. 文化与政治、经济的关系

政治和经济总是结构性的结合着，而文化问题又是政治和经济的一个深层次结构。政治、经济、文化三位一体，构成一个完整的社会结构。政治、经济、文化三方形成互动结构，这种互动可以是相互促进，也可以是相互解构，或者是复合性质的互动，他们其中的某个问题必定同时是另外两个问题，它们几乎不可能分开来思考。

不同的文化传统是各个民族相区别的最主要标志，而这种不同的文化传统会深刻的影响一个民族（国家）在政治、经济方面的选择，分析一个民族国家的政治和经济，不能不考虑其本民族文化传统在这个过程中所发挥的作用。我们可以以中华文明（儒家文化）、伊斯兰文明和基督教文明简单替代各民族的不同文化，就会更容易理解，文化在政治、经济以及社会生活的各个方面所发挥的巨大作用。亨廷顿在《文明的冲突与世界秩序的重建》当中，将文化引入了国际政治关系分析，认为未来的国际社会的冲突将主要会是文明的冲突，国际社会的和平或者暴力将由文明决定，向我们揭示了文化（文明）在人类社会发展中的重要作用。

资本主义在西方之发展也是个案，并不具有普遍性。回顾资本主义在西方的产生、发展史，也离不开其与西方基督教文化传统的创造性结合，这可以参见马克斯·韦伯的《新教伦理与资本主义精神》。他认为资本主义兴起基本上是一种植根于宗教信仰的文化现象。因为西方通过宗教改革而形成的新教文化，孕育了一种"资本主义精神"，而这种精神对于近代资本主义的产生和发展起到了巨大的推动作用。

马克思主义政治经济学可以说是放之四海而皆准的普遍原理，但是这个普遍性必须要跟不同国家的特殊性相结合才能发挥作用。而这个特殊性，不仅是一国政治上的特殊性和经济的特殊性，更多的是指这个国家所固有的独特的文化传统，并从该国文化传统的角度去理解由该项传统所决定的政治和经济上的特殊性。

政治经济学的未来发展应该有两个重要方向，第一个方向是以中国为例，研究社会主义政治经济学的基本规律，这类似于当年马克思以英国为例，研究资本主义政治经济学的基本规律。第二个方向是加入"文化"的维度，将政治经济学拓展、建设成为"文化政治经济学"，同样也可以先以中国为例，创建"有中国特色的社会主义政治经济学"。如果要想用政治经济学去指导伊斯兰国家的经济发展建设，就必须将政治经济学的普遍原理与伊斯兰国家传统宗教文化相结合，才可能行之有效。

三、从文化价值体系的角度来构建"文化政治经济学"

文化是一个价值体系，它由最高层次的理念价值，中间层次的规范价值和最低层次的实用价值三个层次组成，这三种价值分别对应于文化中的道德理想、典章制度、器物行为三个面向。

理念价值亦即道德理想，是一个民族的性格、特征的集中体现，统括真、善、美各个领域，是一个民族崇尚什么反对什么的根本标准；规范价值是隐蔽在典章制度中的意义，并在具体法律条文、政治制度、乡规民约、风俗习惯中得以体现。规范价值作为理念价值与实用价值之间的中介，其内容必然既要受到理念价值的限定，又要对实用价值提供指导，为此必然带有形而上和经验的双重性。实用价值则纯属于一种目的—手段合理性，也称为工具合理性。它是人们在日常生活世界中的行动逻辑，在行动目标确定的前提下，它只专注达成目标的手段的效率问题。其基准就是功利，是有用，表现为对行动方案做利弊权衡后的理性选择。

在常态下，价值的三个组成部分之间保持着一种上下层级的隶属关系：上层统领、支配下层，下层归属、服从上层；上层发布给下层的是信息或指令，下层提供给上层的是资源或能量，中间层次则是连接上下两层的中介。三者呈现为一种环环相扣相辅相成的互动关系，本质上是一种既相适应，又有一定张力的动态调适关系。三者合在一起构成统一的价值体系，通过诱发人们行为的动机、指引并规范着人们的行动，从而使人们的行动从基于意志自由的个体层面上的冲突无序，转变到集体层面上的和谐有序，进而使社会生活保持"秩序"状态和稳定局面（治）。反之，当三者关系由张力变为对立冲突，价值体系出现混乱错位，人民行动就会失范，社会就会出现动荡和无序（乱），社会秩序就会由治变乱。

文化价值体系的这三个层次，正好是可以与"文化政治经济学"进行对应：最低一层的实用价值，指导的是经济活动，一个社会经济的各种发展方式，用马克思主义政治经济学的语言就是对应着"经济基础"层面的问题；中间一层的规范价值，指导的是政治层面，一个社会国家、政治组织方式、法律规章制度，对应的就是"上层建筑"层面；而最上一层的理念价值，对应的就是整个民族的"价值追求"和"理想信仰"，对应的就是马克思主义的共产主义信仰。

在社会生活中，经济的变化最为频繁，政治的变化较为缓慢，而长期形成的民族文化传统则很难改变。对应在文化价值体系中的表现就是，实用价值是变化最为频繁、形态最不稳定、持续时间最短暂的。社会生产力的不断发展，会带动生产关系的变化发展，与之相对应的实用价值理念也会随着客观条件的变化不断修正自己的取向，不断变化发展。规范价值即典章制度的变化相对来说比较稳固，在人类历史上大的规范价值的变化可以简单列举从原始社会、奴隶社会、封建社会到资本主义社会和社会主义社会这几种形态的变化。理念价值是对于某种既定理想的主观确认和承诺，是存在于超验的形而上领域或内在的心灵习性之中。故理念价值形态最为稳定、变化最为缓慢、持续过程最为长久。比如，我国的生产力取得了巨大的发展，但是中华文明的根脉依然延续，中国人对仁义礼智信的追求，对天下大同理想的追求一直没有变。基督教文化、伊斯兰文化自产生之后，基本没有发生过重大的变化。

正常情况下，一个社会的政治经济文化呈现为良性互动的关系，价值体系就会表现为秩序状态，社会就会稳定地发展。在社会出现急剧变迁时，比如发生经济危机进而爆发革命导致政治危机，作为实用价值的经济政策之类可能发生重大变化，但即使改朝换代，但是作为规范制度的政治制度却不会轻易改变，出现滞后，而作为理念价值的文化却很难改变，如果不能及时纠正三者的关系，社会秩序将会严重破坏，必然出现社会动荡。

人类历史上，思维方式和行为方式在不同社会和不同代际的人们之间都会有所变化，这就是文化的变迁。现在社会进入信息时代和全球化时代，改革开放使得中国面临着古今中外文化的碰撞和冲突，急剧的社会变革使得传统与现代之间的对峙，体现了文明内的冲突，全面的对外开放带来中外文化的冲突，这是文明间的冲突，同时不同文化之间的扩散和互相融合也在加速，这是我们这一代人要面临的新情况。

四、文化政治经济学的解析范式

下面我们就以中国为例，尝试用"文化政治经济学"这个框架来分析中国古代、近代以及现代社会的社会构成及变迁。

1. 文化政治经济学对农业社会的解释——中华文明体系的长期稳定阶段

从理念价值层面来看，中华文明是多民族互相交融和长期历史发展的产物，自上古绵延至今，薪火不断，先秦诸子百家争鸣，两汉经学兴盛，魏晋南北朝玄学流行，隋唐佛教融入，儒释道并立，再到宋明发展成为理学，但在理念价值层面也基本保持了儒家思想为主导的大传统，包括"格物、致知、诚意、正心、修身、齐家、治国、平天下"的人生理想，"不患寡而患不均"分配思想，"杀身成仁、舍生取义"重道义，轻功利的义利思想，"天下大同""和谐社会"的社会理想，这些也一直是中华民族历代典章制度的精神依托并深刻地规范着中国人的思维方式和行为方式。

从规范价值层面来看，中华文明在政治上非常早熟，自周朝以后，周天子分封建制的封建制度瓦解，由秦始皇统一中国，以"郡县制"替代"分封制"，车同轨、书同文，使得当时的秦王朝成为全球最早一个现代意义上的国家，确立了后来中国在 1000 多年的历史长河中对西方发展的遥遥领先。从汉代开始就"罢黜百家、独尊儒术"，将儒家思想作为整个社会的正统思想，从汉代的三公九卿再到唐朝的尚书六部，治理能力与治理体系远远超越西方。唐代下有科举制度，从民间为政府公开选拔人才，上有尚书省，管理全国行政事务，这两项制度，奠定了中国传统政治后一千年的稳固基础。《唐六典》更是中国传统政治里留下的最大最有价值的行政法典，从世界历史论来看，也是如此。中国的这套政治制度，即使元、清少数民族统治，也未有大的变动。

在实用价值层面，中国属于农耕文明，在秦汉年间就订立了二十四节气，掌握了农时，并且发展出了领先世界的种植技术，农业是当时全球最先进的生产力，是我国经济的核心，农业的发展才是国富民强的基础。所以土地也就是最大的资源和财富，中国历史一直存在历史周期律就是在土地兼并和平均地权之间循环往复，政府的任务就是限制土地兼并，维持小农经济，自给自足的小农经济是国家的经济基础。自战国的《管子》一书，就将社会分为士、农、工、商四流品，国家一直奉行"重农抑商"政策，汉代开始，盐铁官营，提供民间日常普遍的必需消费品。中国有着繁荣的城市，都是发达的工商业中心，工商业可以自由发展，但是只许其有限度的私家谋利，而剥夺其通过科举考试参政的权力（从规范价值层面），从而将民间工商业的发展限制在一定程度内，无法产生出资本主义。可见中国自古至今都在提防资本与权力的结盟。

中华民族的这套价值体系从秦开始到清结束，三种价值（文化、政治、经济）一直呈现为良性互动的关系，儒家思想比如"不患寡而患不均"，基本是小农经济在思想和政治上的反映，政府的任务就是限制土地兼并，维持小农经济，重农抑商政策以及耕读文化都是保证这个社会稳定发展的价值理念，彼此之间相互支撑，互为依据，只要不发生大的灾荒，整个社会都会处于稳定的平衡发展状态。

但三者也并非一成不变，各个层面都随着社会的发展变化而有所演进，比如理念价值从孔孟到儒释道结合，再发展到宋明理学王阳明心学，政治制度（规范价值）也在不断演化从汉朝的三公九卿十三曹，再到唐朝的尚书六部等等，经济上（实用价值）上也是日益发展，唐代用布帛做货币，宋代已经用钞票，但基本保持了自给自足的小农经济和耕读传家之传统。

2. 文化政治经济学对近代转型社会的解释——中华文明体系的剧烈动荡阶段

中国在政治经济文化上的这种三者平衡持续了上千年，直到清末被西方的坚船利炮所打破。工业革命和对外殖民使得他们的物质生产得到了极大的提升，西方进入了蒸汽机时代，并迅速超越了中国。

从鸦片战争开始，面对西方的船坚炮利，随着西学东渐，庙堂上下也发起了"师夷强技以自强""中学为体西学为用"的洋务运动，认为必须学习西方的先进技术，但很难认同西方的价值观，即可以在"技"的层面学习，但是要在"道"的层面坚持传统。资产阶级改良派进而掀起的戊戌变法，不但要求在经济实务上变法，还要求从政体上进行改变，但随着甲午战争的失败以及八国联军侵华和辛亥革命的爆发，彻底瓦解了清王朝的统治，也标志着中国延续上千年的规范价值被打破。

重温这段历史就会发现，这首先是由于中国见识了西方工业革命的强大，对原先的经济政策（实用价值）产生了巨大的冲击（要师夷强技以自强），依然不成功之后，开始要求政治层面（规范价值）也必须做出调整改变，比如"百日维新"，从而引发的一场全面变革。辛亥革命推翻清王朝之后，到底是学习英日的君主立宪还是学习美国的议会共和，都是当时政治上（规范价值）的可能选项。但为何君主立宪和议会共和都未能在中国走通，有着偶然性也有着历史的必然性。所谓的历史必然性就是这两种形式很难和最高层的理念价值保持一致。

马克思主义被"十月革命"的一声炮响送到中国，中国人发现马克思主义的价值观与儒家类似，同时还能让国家成功（苏联例子），所以既获得了知识分子的认同也获得了广大工人农民的认同。毛泽东依靠传统儒家观念和共产主义理想，借鉴旧式农民起义的方法，通过"打土豪、分田地"的口号，创造性地使用马克思列宁的政党理论和创新的组织方式，取得了知识分子和广大农民的支持，建立了新中国。

3. 文化政治经济学对新中国工业社会的解释——中华文明体系的重新调适阶段

（1）毛泽东时代的文化政治经济学解释。

毛主席带领共产党人在国家政府组织层面重构了中国的规范价值，实现了人民的当家做主，至今我们依然在沿用这套政府组织构架，在实用价值层面，面临一穷二白的局面，采用了苏联的计划经济体制，但也不完全照搬苏联，毛主席强调要向地方分权，中国在计划经济最高度的时候，中央政府也只控制不到 600 种产品的生产和分配，而苏联则高达 5500 种①。中国改革前夕，只有 3% 的中国国营企业是直接归中央政府调控，其余的企业都为各级地方政府管理，其利润也多归地方政府。

同时毛主席树立"大寨精神"和"雷锋精神"，以期重塑中国人的灵魂，也凭借着个人权威发动了"文化大革命"，"批孔斗私"，为全国人民确立赶超英美，实现共产主义的奋斗目标，希望从文化层面（理念价值）进行改造，使之与新建立的规范价值（政治制度）和实用价值（经济基础）相适应。毛主席的这些做法都是有着当时深刻的历史和现实背景，不能简单评价，但其打造的政治制度以及追求平等正义的理念已经成为我们宝贵的传统。

（2）邓小平时代的文化政治经济学解释。

邓小平在继承毛主席所打造的政治制度（规范价值）的基础上

---

① 甘阳：《中国道路：三十年与六十年》，载于《读书》2017 年第六期。

（坚持四项基本原则），实行改革开放，在实用价值层面对计划经济体制实行市场化改革，解放和发展了生产力，实现了中国经济的高速增长。

市场经济能够顺利推进，与清末开始的中学为体，西学为用的思考和实践，五四运动等一系列的思想解放运动分不开，也与毛主席发动的文化大革命，打倒孔家店分不开，这些思想运动改变了人们深层次的传统思想意识，暂时摆脱了儒家安贫乐道思想的束缚，为全体国民树立了一个共同、集体的追求目标，要打破旧社会，建设新中国。而邓小平又将人从集体主义、国家主义中解放出来，让个人通过对私有财产的占有，来改善个人和家庭生活，这成为改革开放和经济发展的原动力。毛主席打倒了孔家店，但是为国民树立了集体主义和共产主义精神。而在市场经济条件下，不仅被毛泽东所否定掉的传统信仰没有恢复，毛泽东建立起来的共产主义信仰也随之坍塌瓦解，取而代之的是人们对私有财产的无限欲望。

改革开放近40年，我们一直强调以经济建设为中心，整个社会的关注点都在经济建设，从实用价值层面分析，我们所采用的市场经济体系，资本逻辑是其内在要求，每个人的行为都是以自我利益最大化为目标，个人主义、功利主义是必然趋势，资本逻辑已经渗透到人们生活的各个领域。其发展的后果便是要求对应规范价值层面的资本主义国家制度，所以目前很多声音就会要求全盘西化的政治改革，而这种要求显然是不容于中国目前最高层的理念价值，所以他们会进而攻击中国历史文化传统，攻击马克思主义，这极不利于凝聚社会共识，也会阻碍我们的国家向前发展。

也就是说目前我们所面临的价值体系当中，最低一层的实用价值主要是市场经济、资本逻辑，中间的规范价值是我国目前的社会主义政治制度，最高一层的理念价值在官方是马克思主义，在民间则存在很多杂音，但主要还是以儒家传统文化为主。

五、中国特色社会主义政治经济学——重构中华文明体系

要研究中国特色社会主义政治经济学，就应当综合考虑整个中华文明的价值体系当中，经济政治文化每个价值层面的创新发展，以及三个层面之间的互动关系。理念价值关系到整个民族的历史发展路向和每个成员的思维方式和行为方式。没有统一的理念价值的统领，规范价值和实用价值层面都将无所适从。目前社会上很多不同思潮的出现，都与价值体系当中三个层面的价值未能实现统一和逻辑自洽有关。

从这个角度来看，习近平总书记提出的研究中国特色社会主义政治经济学，实则是要理顺和重构整个中华文明体系，使中国社会的政治、经济、文化三者形成有机、良性的互动关系，从而促进社会的和谐稳定发展。这是一个庞杂的工作，限于篇幅，下文只列举部分重点题目，无法展开论述。

1. 统一理念价值，彻底实现马克思主义的中国化

（1）马克思主义中国化的内涵。

在马克思主义中国化方面，中国通过将马克思主义基本原理和中国国情相结合，赢得了革命战争的伟大胜利，使马克思主义在中国具体化；通过将马克思主义基本原理与中国实践相结合，取得了社会主义建设的伟大成就，使马克思主义在中国系统化。未来还应

当将马克思主义基本原理和中国文化相结合，实现马克思主义的民族化。只有实现了马克思主义的民族化，才可以说马克思主义与中国实现了历史的和现实的融合，才是彻底实现了马克思主义的中国化。

中华民族的传统文化，是上千年的历史积淀，蕴含在全体人民的血脉之中，幻化在全体人民的日常生活当中，很难被别的文化所替代。毛主席领导共产党带领全国人民建立了新中国，实现了民族独立，可以凭借其无与伦比的个人魅力在那一代人们当中重建信仰，但是时间太短暂，随着其去世，以及后来的实用价值层面的改变，这种信仰也随之坍塌，很难恢复。在目前阶段切实可行的方法就是将马克思主义和中华民族绵延五千多年的传统文化相融合，将官方意识形态和民众的精神世界相融合，彻底实现马克思主义的中国化，在理念价值层面解决中国人民的精神信仰问题。

马克思主义的民族化，并不是要用马克思主义完全取代中国传统文化，那就变成了中国的马克思主义化，而是要将马克思主义这一外来文化吸收、融合、同化到中国传统文化的大树上来，变成我们中国传统文化的一部分，成为中国传统文化的新发展。

（2）马克思主义民族化的可行性。

将马克思主义吸收、融合、同化到中国传统文化的大树上来，变成我们中国传统文化的一部分，这并不是天方夜谭，中国人民之所以能够在20世纪初历史的必然的选择了马克思主义，就因为只有马克思主义和我们的传统文化是最接近、最吻合的。马克思主义的共产主义理想和我们中国传统的天下大同理想，马克思主义对人的自由全面发展与我们对于"成仁成圣"的追求都是极其接近的。我党提出的"以人为本"，建设"小康社会"、"和谐社会"都是取自于中国传统文化，包括在全球化的时代背景下，习总书记提出的建设人类命运共同体的理论，也体现了"天下为公，大同世界"的古老思想。

习近平总书记反复强调的文化自信，其实正是要在理念层面重塑中国人的精神价值追求，而其来源有三个，正是其在庆祝我党成立95周年大会上的讲话中指出："文化自信，是更基础、更广泛、更深厚的自信，在五千多年文明发展中孕育的中华优秀传统文化，在党和人民伟大斗争中孕育的革命文化和社会主义先进文化，积淀着中华民族最深层次的精神追求，代表着中华民族独特的精神标识。"

习主席2014年在纪念孔子诞辰2565周年国际学术研讨会上的讲话中指出："优秀传统文化是一个国家、一个民族传承和发展的根本，如果丢掉了，就割断了精神命脉。我们要善于把弘扬优秀传统文化和发展现实文化有机统一起来，紧密结合起来，在继承中发展，在发展中继承。"

"中国共产党人不是历史虚无主义者，也不是文化虚无主义者……在带领中国人民进行革命、建设、改革的长期历史实践中，中国共产党人始终是中国优秀传统文化的忠实继承者和弘扬者，从孔夫子到孙中山，我们都注意汲取其中积极的养分。中国人民正在为实现'两个一百年'奋斗目标而努力，其中全面建成小康社会中的'小康'这个概念，就出自《礼记·礼运》，是中华民族自古以来追求的理想社会状态。使用'小康'这个概念来确立中国的发展目标，既符合中国发展实际，也容易得到最广大人民理解和支持。"

可见习近平讲的文化自信当中，中国传统文化是其重要的组成部分。现在的问题是我们要用社会主义价值观来统领传统文化、革命文化和建设文化，还是说将革命文化、建设文化内化于中国传统文化，使之成为中国传统文化的新发展，成为延续中国传统文化的新血脉？

但是不论哪种形式，将马克思主义以及中国的革命传统、社会主义建设文化和中国传统文化相结合，将马克思主义的共产主义理想与中华民族追求天下大同的理想，统一到"中国梦"，统一到中华民族的伟大复兴中来，重塑中华文明体系的理念价值，重建我们的文化自信，是一种科学可行的态度和方案。

2. 在统一的理念价值指导下，完善我国的政治制度

理念价值和规范价值的关系或者说文化和政治的关系问题，可以用习近平总书记提出来的"四个自信"来理解。习近平在 2014 年"两会"期间指出："一个国家综合实力最核心的还是文化软实力，这事关精气神的凝聚，我们要坚定理论自信、道路自信、制度自信，最根本的还要加上一个文化自信。"2015 年习近平讲："我们提出了中国梦，它的最大公约数就是中华民族伟大复兴。中国有坚定的道路自信、理论自信、制度自信，其本质是建立在五千多年文明传承基础上的文化自信。"

由此可见，文化自信是"三个自信"的基础，这种基础性一方面体现在道路、理论、制度的形成发展都离不开文化，都不可避免地要受文化的影响，道路、理论、制度外化与形，而文化则内化于心，没有文化自信，道路自信、理论自信、制度自信就会丧失精神、智慧和道义的支撑。另一方面还体现在文化认同是人们政治认同的前提和基础，道路自信、理论自信、制度自信都属于政治认同，在这些认同中文化认同是最基础、最深层次的认同，其意义在于"中国人"的身份认同，产生"中国人"这种身份认同的关键因素是中华儿女的血脉中流淌着的民族文化血液，民族文化是我们的共同基因。

道路自信、理论自信、制度自信都属于政治自信的范畴，即都属于规范价值层面的内容，而文化自信则属于理念价值的范畴。理念价值统领、支配规范价值，如果在最高理念价值层面，将马克思主义和传统文化相融合后，我们就会发现很多传统文化指导下的规范价值也可以或者说应当被现阶段的社会政治制度所借鉴。

（1）完善法治，重视与礼治相结合。

钱穆和费孝通等都认为中国传统社会不是"人治"社会，而是"礼治"社会。礼治和法治不同的地方是其维持规范的力量不同，法律是靠国家的权力来推行，是从外限制人，违法所受惩罚也是由国家权力机关加之于个人。礼并不是靠外在的权力来推行的，而是靠社会传统，是从教化中养成了个人的敬畏之感，人服礼是主动的，孔子曰："克己复礼为仁"。在中国古代传统社会中，皇权不下县，广大基础社会主要靠儒家传统所规范的乡约民俗治理，由这套价值观来提供秩序。"礼治"是与小农经济为基础的乡土社会、熟人社会相匹配的一套规范价值。

中国现在的状况与传统的农业社会有了极大的变化，随着交通工具、通信手段、支付手段的发展，让中国从一个乡土社会、熟人社会变成了一个极具流动性的工商业社会、陌生人社会甚至进化到了信息社会。在现代化条件下，必须要靠法治来为全社会提供统一的秩序，维持社会运转。但即使法律再多，也不可能将社会生活的方方面面都规定清楚，而且纸面上的法律，如何变成人民生活中的法律，变成人民的自觉遵从，也是一个问题。中国太大，是百国之国，现在我们用法律、由法院来处理矛盾纠纷，已经不堪其重。所以如何创新我国的司法体系，让全国范围的"法治"与地区范围的乡约民俗的"礼治"相结合，在"法治"和"礼治"中寻得平衡，是我们未来应该思考的方向。

（2）加强吏治，重塑公务员队伍。

所有的法律制度，还是要由人来执行，所以钱穆讲"制度和人事，二者不可偏废"，在加强法治建设的同时，也必须注重对执"法"者队伍的建设。

不可否认，在中国"学而优则仕"传统的影响下，中国最优秀的一批人员都进了公务员队伍，并且为社会发展做出了突出贡献，但其中也出现了很多腐败现象，原因主要有两方面，一方面是公务员制度建设还不完善，另一方面是我国的理念价值层面未统一，诸多官员在商品大潮的冲击下被资本腐蚀，迷失了方向，既丧失了共产主义信仰，也丧失了中国传统的道德追求。

①加强监察制度建设。

现代化国家赋予了官员很多的权力，要保证权力不乱用，必须一方面用法规约束，另一方面也必须有外部的监察制度，保证权为民所用、情为民所系、利为民所谋。

中国历朝历代都有对官员的监察制度，汉代为御史丞，唐代有御史台，及至明代有都察院，这都是特设的独立机关。中共中央办公厅印发《关于在北京市、山西省、浙江省开展国家监察体制改革试点方案》，部署在 3 省市设立各级监察委员会，标志着我国启动了国家监察体制改革，这也是汲取了我国传统政治设计中的合理成分，补充运用到社会主义政治体制中的一个案例。

②加强公务员内在修养的提升。

中国古代严格上讲属于"士人政府"，士人政府在汉武帝之后就正式确立，政府官员都是取自民间。士人阶层是一群有着特殊教育与特殊理想的群体，中国旧传统所谓士，乃是不从事生产事业的，所谓"士谋于道而不谋于食"，所以国家不允许公务员经商，习近平讲"当官不发财，发财不当官"。

大多数出问题的官员都是在工作过程中只注重能力提升（外王），而忽视了道德水平的提升（内圣），所以在公务员队伍的培养上，应当继续借鉴传统政治中的优秀做法，注重内圣外王，继续选贤任能。继续打造以"修身、齐家、治国、平天下"为共同理想，秉承"为天地立心，为生民立命，为往圣继绝学，为万世开太平"作为终极追求的官员队伍，也是政治制度建设的重中之重。

3. 用理念价值和规范价值来要求、指导实用价值

实现中华民族伟大复兴的"中国梦"，这是我们全体中华儿女的共同理想，有无数的仁人志士，革命先贤为此抛头颅洒热血，进行了艰苦卓绝的斗争和探索，最终我们党通过将马克思主义和中国革命实践相结合，带领全国各族人民取得了民族独立，建立了新中国。新中国成立后，我们选择了走社会主义道路，经过前后各三十年的探索，我们的社会主义建设取得了举世瞩目的伟大成就。在这些伟大实践的基础上，我党总结出了制度自信、理论自信、道路自信和文化自信，我们确实不得不自信，世界上没有任何一个国家任何一个政党取得过我们这样的成就，我们没有任何理由来怀疑、动摇甚至否定我们所坚持的制度、理论、道路和文化。

同时我们经济的发展也是得益于采取了市场经济的改革，国内外的实践也证明了市场经济在资源配置、提高劳动效率，调动劳动者积极性方面的重要作用，可以创造巨大的物质财富。但市场经济奉行的是资本逻辑，资本逻辑与我们目前的社会主义制度以及自古以来共同富裕的中国梦，还是存在着内在的逻辑冲突，不断扩大的贫富差距，以及日益严重的环境破坏都是资本逻辑的必然结果。

如何理顺资本逻辑与社会主义政治制度以及整个民族文化传统这三者之间的关系，是中国特色社会主义政治经济学的核心命题，也是重构中华文明体系的核心问题。

（1）用理念价值来规范人的实用价值（资本逻辑），将企业家和大众统战到中华民族的伟大复兴中来。

面对西方国家的船坚炮利和血腥侵略，很多商人开始学习西方的先进科技和公司制度，创办和发展了中国的近代工商业，而且还通过承继中国儒家伦理逐渐形成了以"强国"为核心理念的儒商伦理。近代儒商伦理秉承"穷则独善其身，达则兼济天下"的世界观，以仁、义、礼、智、信等儒家道德规范为其内核，以"实业救国"、"实业强国"为追求，将经营工商业视同治家、治国的大事，并不强调金钱利益至上和个人主义的原则，是"商才士魂"的典范。

受意识形态以及阶级斗争观念的影响，新中国之后对民族工商业实行了社会主义改造。改革开放之后，政府又开始鼓励发展民营工商业。如果说西方的市场经济一方面有资本主义的各项制度保驾护航，另一方面还有基督教的宗教传统进行软约束的话，中国的市场经济可以说是"无法无天","无法"是指我们的市场机制和法律制度并不健全，在很多方面无法可依；"无天"是指受资本逻辑和西方价值观的影响，很多企业家唯利是图、偷税漏税、破坏环境、为富不仁，腐化权力，同时在消费领域出现了追逐、炫耀消费的畸形大众消费文化，整个市场经济没有"天理"、道德的约束。

在"无法无天"的情况下，即既无"法治"又无"礼治"的情况下，国家只能暂时依靠行政力量（权力）来提供秩序，对市场主体进行保护和约束，而行政力量介入市场到底是保护还是腐败，是约束还是侵害，有时很难说清，所以一些公知经常会片面地将其污蔑为"权力之手在市场乱摸"。

虽然我们用三个代表理论解决了企业家入党问题，我国已经从规范价值层面肯定了企业家的地位和作用。但在意识形态领域仍未解决对企业家的偏见，也大量存在行政权力侵犯企业家权益的事情发生，加之在资本原始积累方面的不规范问题，使得民营企业家还存在普遍的焦虑和不安全感。如何对待企业家的问题看似是一个小问题，实则涉及了前面所述的理念价值层面的统一问题（马克思主义与中国优秀传统文化的统一），规范价值层面的改进问题（政府和市场的关系，权力与资本的关系）和实践价值层面的操作问题。

"制度和人事，二者不可偏废"，所以一方面要从法律和制度层面对市场主体的权力义务从外部进行界定，加强市场经济的法治建设，加强对私有产权的保护，让市场主体市场行为有法可依，减少权力对市场的介入。另一方面事还是由人来做，法也是靠人来定，所以要重视对市场主体的价值引导。在重建理念价值之后，用中华民族伟大复兴的中国梦，统战企业家、大众以及海外同胞，倡导

"商才士魂"，引导中国企业家以"儒商"为追求，建立正确的义利观，自觉履行社会责任，培养企业家国家使命感和民族自豪感，让企业家们在慈善、扶贫、环保等各项公益事业中发挥作用，把个人理想融入民族复兴的伟大实践。党中央国务院在 2017 年 9 月 8 日出台了《关于营造企业家健康成长环境弘扬优秀企业家精神更好发挥企业家作用的意见》，就是在这方面的一个积极举措。

（2）用政治来界定社会经济，国家通过控制金融的方式来驾驭资本。

①金融才是政治经济学研究的核心问题。

20 世纪中期以后资本主义已经建立起了全球的政治经济秩序，掌握了绝大多数的资源和贸易，他们对刚刚建立的社会主义国家采取了封锁和敌对的态度，并且随时可能发动军事侵略，国际社会依然是一个弱肉强食的霍布斯丛林。面对这种情况，我们要富国强军，就不得不接受资本逻辑，发展市场经济，融入国际体系。

马克思曾经说过：像东方国家这些尚处在前资本主义阶段的社会，有可能跨越"资本主义制度的卡夫丁峡谷"，而"吸取资本主义制度所取得的一切肯定成果"，则是实现这种跨越的绝对前提，而市场经济是资本主义最值得借鉴的"肯定成果"，所以不管是从新中国成立后求生存的角度来讲，还是从目前要实现中华民族伟大复兴的历史任务来说，发展市场经济都是一条必经之路。

市场经济只是商品生产的社会化组织方式，资本主义可以用，社会主义也可以用，同样都能够为社会创造巨大的物质财富。根据韩毓海对马克思《资本论》的解读，他认为《资本论》第一卷讲资本的生产，主要研究商品，第二卷讲资本的流通，主要研究货币，

第三卷讲信用与虚拟经济，主要研究金融。资本生产的场所是工厂，资本流通的场所是市场，信用发生的场所是金融机构。"信用与虚拟经济"支配着资本的生产与流通，金融才是整个资本主义经济的"神经中枢"和"大脑"，马克思认为这构成了资本主义经济的真正基础。所以社会主义政治经济学研究的核心不应是关于商品生产的市场经济，而应当是支配着资本的生产和流通的金融体制。

②国家必须驾驭资本。

市场经济的蓬勃发展靠的是资本逻辑下的优胜劣汰。资本无所谓道德，它就是一头天生可以自我繁衍追求自我增值的怪兽，资本逻辑就是要求自身增值，必须无限扩张。资本逻辑主导下的社会生产不再是为生产使用价值，而是为了获得资本增值，生产完全是在为资本增值服务。而当产业资本演化成金融资本之后，资本已经不再进入生产环节，而是直接追求资本增值。金融资本是资本运动的最纯粹、最充分和最高级的形式，它集中体现了资本的灵魂和奥妙，即摆脱一切时间和空间、物质和精神、生产和流通和限制，用钱来生钱（马克思讲的货币循环 G—G′）。当前金融资本主义已经取代了制造业（工业）资本主义，成为当代资本主义最主要的形式。同时资本也天然的要求集中，资本增值的过程也是一个大资本吞并小资本，是一个财富不断集中的过程。

资本的这些特性显然与我们社会主义国家以人民为中心，社会生产是为满足人民对美好生活的需要是不相符的。首先人民的美好生活是需要使用价值而非价值来满足，所以社会主义国家的资本应当是创造更多更好的使用价值，而非仅仅是价值增值，也就是说资本必须要进入实体经济，创造就业，创造使用价值，而不能是钱炒钱的空转，资本必须是产业资本而不能是金融资本，不能脱实向虚。其次，社会主义国家需要最广大人民群众共同享有发展成果，而不能是资本集中后的少数人享有发展成果。

资本逻辑与社会主义制度之间这个矛盾的解决办法就是，必须由国家来驾驭资本，由国家来给资本套上缰绳，驾驭资本这头怪兽。社会主义国家要驾驭资本而不是消灭资本，驾驭资本也不是要求资本的所有权都归国家所有，并不是要消灭私有制。相反，在市场经济体制下，资本依然可以按照其本性发挥作用，只不过必须由国家代表人民来控制，确保其形成、分配以及使用都是为全体人民的整体利益服务，而不是为少数私人服务，要让资本如臂使指，如水灌田，如血润身，服务好社会的每一个领域，促进整个社会经济的协调、健康发展。

③国家通过控制"金融"来驾驭资本。

资本不会一直以"资本"的形式存在，它大多数时间是以零散资金的形式存在于每个家庭和企事业单位，是每个家庭和企事业单位的私人财富，是私人产权。分散的居民财富只有通过一定方式聚集起来形成一定规模，足够进行价值增值活动并投入到价值增殖活动中去的时候才叫"资本"。这就像国家的军队，实质是由各个家庭里的适龄青年构成，这些人平时是散落在各地的普通家庭成员、社会成员，当国家要征兵打仗的时候，众多平民身份的"个人"才被组织起来变成大规模的具有战斗力的军队，可以征战沙场。

征兵的权力只能由国家掌握，才能确保军队为国家利益服务，同样汇聚资本的权力也只能由国家掌握，才能确保资本是为国家服务。征兵靠的是国家行政权力，而资本的汇聚形成依靠的则是"金融"。金融的本质就是用各种方式将分散小额的资金归集起来，变成大额资金（资本）进行社会投资。金融是与社会化大生产相配合的制度安排，在小农经济、小手工业经济的条件下，是不需要金融的，但在社会化大生产的条件下，在资本有机构成越来越高的情况下，金融将是一国最重要的制度安排，也是一国最核心的经济权力。

资本主义制度下，金融机构主要是由私人掌握，所以汇聚起来的巨额资本也主要由私人决定其使用，当然巨额资本所带来的巨额收益也由私人享有。社会主义制度下，金融机构应当由国家代表全体人民所有，汇聚起来的巨额资本也应当为人民使用和服务，带来的收益也理应为全体人民所共享。当然在社会主义初级阶段，可以允许民营金融机构存在，作为国有金融机构的有益补充，但是必须要将其置于国家的严格监管之下，切不可存在监管盲区，美国金融危机就是在金融自由化的思潮下放松金融监管带来的恶果。

可以说金融由谁控制、汇聚起来的资本由谁掌握和使用，带来的收益由谁分享，这才是目前阶段决定社会制度性质的最根本判断标准。社会主义阶段国家不仅不应该消灭私有制而且还要保护私有制，但是国家却必须像牢牢抓住对军队的控制权一样牢牢抓住对金融的主导权和控制权，确保军队是人们的军队，金融是人民的金融。只有这样才能保证一国的现有财富是为全体人民服务而不是为少数私人服务。国家拥有强大、高效的金融体系，就像拥有一只强大、高效的部队一样，对内可以保证人民安居乐业，对外可以抵御金融风险，防止国际资本的经济侵略，打赢"货币战争"。

只要牢牢把握住国家通过控制"金融"进而驾驭、利用资本这一关键，我们社会主义市场经济就可以尽情地让资本发挥作用，资本发挥作用越充分，对我们的国家建设越有利，对人民生活水平的提高越有利。古代是国家通过控制工商业来保证农业的顺利生产，以此保证经济基础不被瓦解，社会秩序不被冲击。现阶段国家要通过控制金融来保证其为实体经济服务，以此保证社会经济的稳定健康发展。只要国家代表人民用好了金融，就可以理顺市场经济与我们的中国特色的社会主义道路，以及实现中华民族伟大复兴的中国梦之间的关系，就可以重构我们的中华文明体系。

4. 重新构建我国的金融体系

由上面的论述可见，要理顺市场经济与我们的中国特色的社会主义道路，以及实现中华民族伟大复兴的中国梦之间的关系，重构我们的中华文明体系，关键的关键在金融。前期我们国家经济建设中存在的诸多问题的根本原因是一直误将市场和政府的关系作为核心问题进行研究，忽视了金融才是问题的关键，放松了国家对金融的控制，使得金融体系过度商业化过度自由化，形成了独立于国家和人民利益的金融资本，让资本犹如脱缰怪兽，先是榨干实体经济，而后脱实入虚，制造资本泡沫，严重阻碍了中国经济的健康发展，并埋下了巨大的金融隐患。所以解决中国经济发展问题的关键，就在于改革中国之前过度商业化的金融体系，重申国家控制金融，由党领导金融的原则，重新构建能够为实体经济服务，能够促进我国经济发展的金融体系。

那么国家应当如何控制金融，如何组建强大高效的金融体系，又如何将组建起来的这支资本部队的兵力用好、用巧？如何才能保证战则必胜，以最小的代价取得最大的胜利，是我们社会主义政治经济学必须要认真研究的。下面我们就来分析研究金融体系的构建以及资本这支部队如何调兵遣将如何高效使用的问题。

（1）金融的三种形态。

金融一般来说有两种基本的组织形式，一种是通过银行体系，吸收居民和企事业单位的存款，将分散在居民手中的财富汇聚，再通过信贷制度分配给资金需求方进行使用。还有一种就是通过"资本"市场，进行资本的归集和分配，资金需求方在资本市场发布资金需求，资金所有方发布投资需求，二者直接进行交易。

除此之外金融还有第三种形式，那就是国家财政，国家通过对居民和企事业单位进行征税，将小金额的税收汇集成大额资金，然后通过财政划拨的形式，进行公共基础设施建设，为社会提供公共服务。传统财政资金的使用，一般是通过行政划拨的方式，进行分配。一国的金融体系一般是由这三种基本形态共同组成。

金融的这三种形态，对应的金融服务实体的最基本的形式也有三种，一种是银行体系下的放贷，即不管贷款方经营情况如何，放贷方都收取事先约定的固定利息。即不管战争胜负，都必须索要本金以及战利品。另一种是资本市场的投资，即通过向产业投资共担投资风险，共享收益分成，即一起打仗，胜利了共同分配战利品，失败了，一起承担损失。第三种就是财政支出，通过政府投资或者补贴的方式来建设提供社会公共服务，不要求增值回报，取之于民用之于民。相当于是为了整个战局的胜利，充当工兵、炊事员的后勤保障部队，不需要他们去冲锋杀敌，不需要他们去抢夺战利品。

（2）我国金融体系存在的问题。

我国目前是实行以银行体系为主，资本市场为辅的金融体系，目前这个金融体系存在着明显的两个问题，一是整体配置效率不高，二是贷款的形式多，投资的形式少，企业杠杆率高，利息负担较重。

首先，由于前些年银行业过度的商业化改革，使得我国的银行业已经形成了独立于政府和实体经济的金融资本，只关心自身利益，而不再关心社会效益，信贷异化成为银行赚钱的手段，而非服务实体经济的手段，所以近些年银行资金脱实入虚情况严重，我们从这几年银行业的发展就可以看出端倪。国家强调要加大对中小企业的贷款力度，但是中小企业永远也得不到银行贷款，国家强调要控制向房地产贷款，但是大量银行资金仍然是流向这个领域，国家历来都要严防信贷资金流入股市，但是仍有大量银行资金通过各种形式进入股市，这几年甚至已经允许银行资金通过配资入市。这已经严重干扰货币政策的效率，从而影响了国家宏观调控的能力和效果，成为制约我国经济发展的主要障碍。

资本就是军队，而企业家就是带兵（资本）打仗的军官。在银行体系下，因为有国家信用担保，保本保息，相当于以国家的名义征兵，所以资本可以快速有效的形成，但是却无法有效配置、使用。出现这种情况的原因是银行在资本的使用上，其实是内部人控制，银行的信贷审批文件不会向社会公开，对贷款主体资本的使用情况也缺乏有效监管，设租寻租情况严重，资本的配置和使用效率不高。就像在筛选军官并为之分配兵力的时候，因为内部人控制，并不公开透明，所以很多能征善战的军官得不到兵力，投机取巧纸上谈兵的可能获得大量兵力。

其次，中国的资本市场虽然存在了近三十年，但是一直属于非市场化的运作状态，法制化建设滞后且执行不到位，企业发行股票融资基本还是由权力来进行配置，注册制改革迟迟未能推进，大部分中小企业都没有踏入资本市场的机会。资本在这个市场上无法大规模的有效形成，也无法有效配置和使用。就像是哪些军官可以根据自己的战绩自由到市场上征兵，还是由权力来决定，能够获得该项权力的军官非常少，虽然这些军官都被证明是战绩彪炳的常胜将军，经得起市场检验，很少有假冒伪劣，但因为在整个部队构成里微乎其微，所以对战争胜败发挥的作用有限。另外这些军官只要获得自由征兵的权力，其所得兵力都会大大超出其指挥的能力范围，所以兵力配置也不合理。

此外，国家财政资金除去各类政府日常支出和公共服务投资之外，还有很大一部分是给予各类企业以各种形式的补贴，但此类资金的分配也是靠行政手段，且缺乏足够的监督，配置、使用效率也不高。即虽然工兵、炊事员不冲锋陷阵，但是他们的配置使用没有效率，也会影响整个战斗的进程。

由此可见，我国目前的三种金融形式都无法实现对资本的有效配置和使用，长此以往，将无法支持我国实体经济的持续健康稳定发展，无法保证我们夺取现代化建设的伟大胜利，必须要进行彻底改革。改革的主要方向就是实现资本的优化配置，增加股权融资比重，提高服务实体经济的能力。

（3）我国金融体系改革的方向和步骤。

资本的组织权在国家，使用权在企业，整体收益权应该归全体人民。为了充分地利用资本，提高资本的配置效率，必须建立强大高效的金融体系。直接融资（资本市场）和间接融资（银行体系）各有优劣，不能彼此否定，二者在总融资结构中的比重应当由一国实体经济的发展状况和发展阶段所决定。我国的直接融资比重一直偏低，且当前正处于转方式调结构的关键时期，战略性新兴产业刚刚起步，缺少稳定盈利，更加需要通过直接融资的股权投资进行支持，所以大力发展资本市场，大力发展风险投资、创业投资符合我国现阶段的国情。

所以我国金融体系改革的第一步，应当是首先对资本市场进行改革，扩大在资本分配中市场化配置的份额，即大力发展资本市场，增加直接融资比重。而 A 股市场因为面临着二级市场估值的压力，很难短时间内有所突破，所以这个重任就历史的必然的要落在新三板身上，新三板是中国金融体系改革的突破口。

新三板通过完善一系列的制度安排，挂牌企业由中介机构负责审计、督导，监管部门负责监管，企业的信息遵循真实、准确、完整的原则向社会充分披露，将所有的运作都曝光，而不再像银行信贷那样都是"黑箱"操作（针对社会来讲），也不像财政资金那样缺少社会的监督，这都是为了保证劳动对资本负责。在这种情况下，可以允许能征善战的军官们在资本市场上直接募资征兵，市场根据其以往战绩和未来所要进行的战役决定为其分配多少兵力，并且未来兵力的使用情况都在社会的监督之下，即由市场来判断企业家有无生产组织能力，是否会有效率，由市场来决定谁能够获得资本，并由全社会监督资本的使用，而不是由权力决定也不是由银行的内部人决定，这种方式会极大的提高资金的使用效率。

大力发展资本市场，推动企业直接挂牌融资的同时，应当积极培育这个市场的另一类主体，那就是创业投资机构。在资本主义国家创投机构也主要是由私人所有，而在我国应当积极发展以国有创投为主体的多元化投资机构，以确保金融服务实体经济的原则。《国

化的国家在向现代化转型过程中可能会存在的不同道路选择，以及可能会遇到的文化理念方面的阻力和影响。比如中华文明以及伊斯兰文明为主的前现代国家，能否向现代化转型？在转型过程中传统文化对政治经济有何影响？是否需要将政治经济学中国化或者伊斯兰化？

时代是思想之源，实践是理论之母，时代发展到今天，已经为我们提供了诸多的观察样板，苏联在资本主义世界最薄弱的环节建立了社会主义国家，并带领一批东欧国家实行社会主义制度，然后却在 20 世纪 90 年代遭遇失败。中国通过前后三十年的探索，成功实现了从前现代国家向现代国家的转型，正在跨越马克思晚年所说的"卡夫丁"峡谷。研究总结中国成功的实践经验，我们发现其中最重要的一条就是中国共产党始终能够坚持解放思想，实事求是，将马克思主义与中国传统文化相结合，与中国的具体实践相结合，这是我们能够取得社会主义建设胜利的最根本经验，并在此基础上形成了制度自信、理论自信、道路自信和文化自信。

本文所提出的文化政治经济学分析框架，就是在习近平提出的"研究中国特色社会主义政治经济学"命题的指引下，在深入分析文化自信与其他三个自信之间关系的基础上提炼总结出来的。在马克思主义政治经济学的基础上，加入了文化的维度，即在研究生产力与生产关系，经济基础和上层建筑关系的基础上，再加入经济基础和上层建筑共同构成的社会实践与社会文化之间的相互关系分析。文化政治经济学依然遵循马克思辩证唯物主义的思想，认为新的社会实践可以改造和补充社会传统文化，同时传统文化对新的社会实践有着巨大的影响作用。

　　传统具有很强的历史惯性，任何一个国家向现代化转型的过程中，经济、政治政策的选择，都在不同程度上受到当时当地社会文化价值观的约束，这些经济或者政治政策只有在符合整个群体价值观的时候，才能够顺利推进，否则，将会遇到极大的阻力，有些可能不得不半途而废。同时，新的社会实践一旦推进，就必然会形成与其适应的新文化，将会对传统文化造成一定的冲击和改变，使传统文化得以演变和更新。所以在制定一国的政治经济改革政策的时候，必须加入对该国传统文化的分析，重视传统、研究传统，从整个文明体系的框架内，将一国传统文化与该国政治经济创造性地结合，将理念价值、规范价值和实用价值整合成和谐统一、逻辑自洽的新的文化价值体系，才能够算是改革真正成功。

　　此外，本文也重点论述了马克思主义政治经济学研究的核心命题应该是金融，而不是市场，社会主义必须通过国家控制金融的手段来驾驭资本，国家控制金融的手段一方面是金融机构的主体必须是国家所有，另一方是必须加强国家对金融行业的严格监管，金融必须以服务实体经济为使命。把握好了国家通过控制金融来驾驭资本这一关键环节，就可以理顺社会主义制度与市场经济的逻辑关系，就可以解释和回答各种社会现象，就可以更好地指导我们的政治经济建设，从而就可以理顺和构建新的中华文明体系。

　　在马克思主义政治经济学中加入文化的维度，可以让马克思主义政治经济学更加全面和综合，在指导各国社会实践转型方面更有针对性也更具指导性。当然，将文化维度加入政治经济学，使得政治经济学的研究领域从二维变成三维，且文化自身又面临着传统文化与现代文化，国内文化与外来文化的区分、冲突以及融合，这些因素再与政治、经济相结合，无疑将会构成一个庞杂的理论体系。限于篇幅，在此只能是将最基本与最核心的问题进行阐述，错误和遗漏在所难免，整个理论体系的构建需要在今后不断地完善和发展，也请大家批评指正。

另外，社会实践在不断地发展变化，马克思主义文化政治经济学也应当不断地发展创新，才能更好地解释社会解释现实。比如当前社会已经演进到了信息社会，互联网技术带来的互联网经济日益崛起，如何用中国特色的社会主义政治经济学来解释和指导互联网经济甚至互联网社会的发展，也应该是马克思主义学者急需思考的命题。

写于 2017 年 10 月

附 录

新三板——我们的理想国

　　一群怀有理想主义的实践者，将新三板作为自己的"理想国"，在新三板寻找中国资本市场另一种可能的存在。

新三板的理想与现实、坚持与妥协

——新三板文学社2017年大理夏季沙龙发言

张可亮

因一篇文章，入了新三板文学社的"坑"，因文学社的共同理想，我们来到了大理，就我们所关心的新三板市场建设发声。感谢文学社给我主题发言的机会，让我可以表达自己对新三板这个市场的认识和感情。

本着"我手写我心"的态度，近一年来我将自己对新三板的"理想和坚持"都写进了"张可亮的三板会"公众号，我也用实际行动实践着自己的"理想主义情怀"。同时，我也在不断寻求自我否定，防止过于理想化，新三板是我的"理想国"，我会在此为自己的"理想"而坚持。

一、从市场中来，到大理国去

遵照主办方的安排，来到这儿，跟大家分享命题作文——新三板是去是留？在讲这个问题之前，我还是要先讲讲跟文学社的缘分，因为一篇文章，被我们的布社长相中，把我拉到文学社的群里，说是新三板文学社，但其实是一个挂羊头卖狗肉的地方，大家言语戏谑，但态度真诚，在嬉笑怒骂间关心着新三板市场的建设。

我属猴，是80猴，不是68猴，虽说是80后，虽然说也爱思考，但融入社会已经学会了隐锋藏芒，不再标新立异，逐渐也变成了沉默的大多数。喜欢玩笑和自嘲，不再一本正经严肃认真的说话，不再谈论理想，不再言说诗和远方。

但是加入文学社之后，我发现这是一个可以谈理想，但不被嘲笑的地方，这是一个可以谈情怀，并能够获得掌声的地方（大家掌声……）。所以今天在大理，在新三板文学社的夏季沙龙，我想跟大家谈我的理想，我对新三板的理想。

所以临时把今天跟大家交流的题目改为《新三板的理想与现实、坚持与妥协》。理想是需要去坚持的，但现实是需要去妥协的。理想与现实之间，坚持与妥协之间，怎么把握平衡是需要我们每个三板人思索的事情。我南开的一位大师兄说我是一个具有理想主义情怀的实践者，我觉得我们新三板文学社也是这样一群人，怀抱理想，又能够认清现实，在现实的基础上去实践理想，这就必然而然的需要与现实妥协。

我们的夏季沙龙定在大理，挖贝网雪峰总来之前的寄语是"从市场中来，到大理国去"，我很喜欢，并改编成"从市场的欲望中来，到大理的宁静中去"，发在朋友圈，觉得特别励志，可以自勉！

金融市场、资本市场是现代经济的核心，同时也是各类问题、矛盾积聚的核心，这里的利益特别大、诱惑特别多。身处其中，我们金融从业者可能头脑很难一直保持冷静，一直保持清醒，我们的理想主义情怀，很可能会被腐蚀。但是现在有这么一个文学社，又一起来到大理国，我想不但要冷静的思考新三板这个市场，更重要的是我们每个人也要回归冷静，反思自身。

二、新三板，我的理想国

我 1999 年上大学，本科研究生读的都是金融系。2006 年毕业进了银行，2007 年转到证券公司投行部，从事 A 股 IPO 的保荐承销工作，2009 年通过保荐代表人考试，做过 IPO、城投债、公司债。这期间看到了 A 股市场的很多问题，也一直在反思、追问，觉得这个市场不符合我的理想。但基于我并不是一个纯粹的理想主义者，我还能够向现实妥协，所以依然在做着投行的工作，在这个体制里讨饭吃。直到 2012 年新三板开始扩容，我觉得可能一个理想中的资本市场就要到来了（我在 2011 年的时候就宣称创业板失败了，中国资本市场的未来在新三板），随即在 2013 年就与团队共同把几乎所有的精力都投入到新三板市场。

从 A 股的市场中来，到三板的大理国去，新三板成为了我现实生活中的"理想国"，因为它是崭新的，可以按照自己的理想去规划和实践。

我之前写了很多三板的文章，这些文章，其实全都是在描绘我理想中的新三板或者说资本市场应该是什么样子，应该怎么去构建，怎么样去成长。文章中，我一直说新三板是两三岁或者现在三四岁的小孩，这个小孩不能再像他的两个哥哥上交所、深交所那样，长成纨绔子弟（吧啦吧啦，一堆对 A 股市场的吐槽……）。正是因为国家看到了两个交易所存在的问题，以及深知改革的难度，所以才另起炉灶，培养新三板这第三个孩子。如果是复制两个交易所的老路，新三板完全没有出生的必要。

新三板从生下来跟 A 股就是完全不一样的，走的另一条路。具体是什么样的道路，我们不知道，估计国家也不一定想清楚，但这注定是一条充满未知的探索之路。道路未知，但是方向和目标很明确，十年、二十年后，它应该发展成为一个像我这样的有为青年是不是？（笑……）既有理想主义情怀，又有现实的操作经验，是一个对人民、对社会有益的交易所。

2016 年 6 月 17 日，自己做了公众号"张可亮的三板会"，并首发了第一篇文章《新三板：中国近三十年最伟大的制度变革》（在本书改名为《新三板：一个全新的资本市场》），将新三板的历史地位与 30 年前的农村联产承包责任制相比肩，估计这个市场里的人大都应该读过这篇文章。其实这个观点是我在 2013 年底跟一帮朋友聊天的时候，聊出来的，之后在我就一直在跟周围的人讲这个观点。这个看法来源于我一直在为中小企业的融资做服务的实践，虽然之前一直做 IPO，但是因为我工作的券商在 IPO 领域并不是特别知名，我们基本上都是服务中小型民营企业客户，深知他们融资难的痛处。另一方面来自于我读书得来的理论，自从 2009 年通过保代考试之后，我就放下司法考试教材、注会教材，开始重新捡起那些所谓的无用的书，哲学书、历史书及政治理论的书，培养了自己的宏观视角和历史思维。所以这个观点来自于理论，也来自于实践，应该是经得起时间的检验。

我对三板的看法可能相对来说，更加宏观一点，也就更加没用

一点。总有人说：扯什么 30 年，先讲讲三类股东的事儿，这事别说
30 年就是 3 个月都不能等，对吧？（笑……）但是集邮的事儿、个
股的事儿，这些现实的事，其实我都不关心，我一直在规划勾画自
己心中新三板应该有的样子。监管层当然不会按照我的想法来建设
这个市场，他们面对更多的现实，所以也就必定会有更多的妥协。
但是对我来说无所谓，反正我手写我心，把我想的说出来就好了，
当然我也时刻保持着自我否定的态度，也在寻求着自我否定，也会
根据时局的变化来修正完善自己的一些观点。所以这个题目叫"理
想与现实、坚持与妥协"。

三、新三板的理想和坚持

农村联产承包责任制打响了中国经济体制改革的第一枪，是一
个突破口，新三板也是本届政府此轮深化改革的一个突破口，它的
效应可能需要 10 年、20 年的时间回头看，才能看得清楚。所以我一
直讲，不要急，不要慌，散户以天计算收益，机构以年计算收益，
国家的改革要以五年为一个刻度，五年、十年来计算收益。

虽然市场上有很多不同的声音，要求降低门槛、要求提高流动
性等等，但我们可以看到这四年来新三板仍然保持战略定力，仍在
坚持市场化的审核，仍坚持不降门槛，仍坚持法制化的惩处，因为
新三板的理想是要打造一个价值投资的市场，一个为创新创业型民
营企业融资的市场，这就要求必须是一个以机构为主的市场，而非
散户化的市场。

那新三板通往理想的演进路径应该是什么呢？我的所有思考都

会去下意识的跟当年的改革开放相比较，在 2015 年 11 月 2 日写了一篇《新三板：中国资本市场的双轨制改革》，认为新三板的发展就是资本市场的一个双轨制改革，将现在资本市场的改革与当年的双轨制改革来类比，这个说法也越来越多的被市场人士接受和认可，可现在我发现政策制定者可能并非按这个路子走。

四、新三板的现实与妥协

按照双轨制改革的理论，应该是要保住存量、扩大增量，稳住体制内、发展体制外。比如当年的产权改革，一定是国有企业的数量首先不能再增长了，但也不能让它破产，把它稳住，让它继续按部就班的发展，容忍它存在的一些问题。然后努力的尽快做大体制外，做大乡镇企业、民营经济，支撑整体经济向前发展，为国企改革争取时间，创造条件，这才是一个正确的策略。

但我们看到中国的资本市场现在不是按照这个套路做，比如说，IPO 的提速，不是稳住体制内，而是在做大体制内。在 A 股市场的问题没解决之前，不断增加新股发行，让体制内的数量越来越多，体量越来越大，社会影响也会越来越大，这会让问题更加严重，这个市场更加没法改，出台政策更是会投鼠忌器。虽然 A 股 IPO 提速本身也是解决二级市场估值虚高的一个手段，是体制内改革的正确方法，我也理解。

但是双轨制改革的逻辑一定是体制内要稳，不能再出利好政策鼓励大家继续往体制内钻，要让它处于一个问题中平衡、平稳的状态，底线是别出问题，体制外要尽快地不断地通过政策支持、制度建设，市场主体培育来推进。

比如当年的双轨制改革，你会发现，国有企业机制不灵活，国家又鼓励扶持民营企业发展，所以很多的国有企业厂长、副厂长、车间主任开始从国有企业里边出来了，自己创办民营企业，开了公司。这就在政策的支持下，资源开始从体制内流入到体制外，体制外的市场参与主体会越来越多，体制外越来越大，越来越好。但我们看新三板是什么状况呢？

之前因为 IPO 放缓，证监会对排队企业财务大核查，在 IPO 排队的企业都退下来挂三板，准备申报 IPO 的也都开始挂三板，很多主板投行团队也开始承接新三板业务，体制内的资源都在向体制外流动，这就是正确的路子。但是现在新三板并没有预期的政策出台，IPO 反而提速，导致：一、不但没挂牌的企业选择直接 IPO，很多挂牌企业也开始停牌开始去申报 IPO；二、券商的三板从业人员也吵着嚷着要去 IPO 团队，券商领导也开始重新重视 IPO，裁撤新三板团队；三、投资机构本来是投三板的，现在说三板不能投了，唯一的策略就是"集邮股"，还要投那些要做 IPO 的。体制外为数不多的资源又开始往体制内钻，这改革策略就完全倒过来了！本应该是体制外做大之后，为体制内的问题解决，创造条件，以时间换空间。但现在我们看不到支持体制外发展的相关政策优势，改革出现了暂时的倒退。

对于挂牌企业来讲，到三板挂牌，它是有时间成本、税收成本、规范成本的。你让大家到这个体制外，到你新三板上来，但是你就把我们晾着，晾一年，晾两年、三年，一直没有说法的话，那大家一看体制外还是不行，自己搞的小公司没法干了，那算了，我关门，我继续到体制内到国有企业里边去，这是一个必然现象。

我当然继续对三板抱有信心，但这个时候我再去继续为三板唱多，继续呼吁大家留在新三板，让大家保持信心，可能真的是站着说话不腰疼。是走是留，每个企业家自己做判断自己做决定吧。

我想三板新的政策暂时无法出台，可能也是政策制定者对利益相关方的一个妥协，我的态度，也算是一个妥协。

五、新三板最大的问题是市场主体发育不够

但是再反过来讲，我上面讲的是不是错了？有新三板企业要去申报 IPO 就能因此否定新三板吗？就能够认为新三板出现了危机吗？就应该对新三板失去信心吗？其实不尽然。为什么呢？今天上午郑培敏郑总、莫同总、胡杭总，都从不同角度对三板做了一个深入的分析，他们没有一概而论，都给三板的企业、投资机构甚至中介机构做了分层分类分析，因为三板的包容性太强，不应该大而化之的谈论三板，要谈论三板必须要讲清楚说的是三板的那个层次。比如三板企业中净利润一个亿以上的有 145 家，3000 万以上的有 1000 多家，这都是三板里边的一个层次。

去 IPO 的这些企业可能一开始就不属于三板，它们本就不是三板的主体，新三板的未来也不取决于他们。只不过现在三板市场被一些强势的机构，强势的企业所主导了，我们能看见的，我们能听到的是这些机构这些企业发出的声音，就误以为他们就是三板的全部。其实大量的处于创新创业型的企业，他们可能没有发出声音，因为缺少关注，没有代言人。

除了用分层的视角看待企业，也用该用分层的视角看待投资机构。三板这个市场包容性比较强，它会容纳各个层次的企业，企业有大有小，有好有坏，投资机构也是有好有坏，有大有小。好企业愿意引进知名的私募机构，但是差的小的投资机构，也想投好企业，凭什么呢？这意味着资源是没法去匹配的，就像找对象，所有男人都想找高圆圆、林志玲这样的当老婆，不现实。现阶段新三板上创新创业型的企业很多，但是投创新创业层企业的机构没有多少，所有机构都是在投 2000 万以上净利润的，投拟 IPO 项目，创新创业型企业融不到资金，投资机构又抱怨说投不到好项目。我想投资机构必须根据自身情况做好自己的策略和定位，而不是只会跟风。就跟鱼塘里边，上层的鱼吃什么，中层的鱼吃什么，下层的鱼吃什么，一定要分层，才是一个健康的、可循环的一个生态系统。

新三板的发展除了政策之外，最大的短板是人才。不管是券商还是挂牌企业还是投资机构的人才短缺，是这个市场的短板，应该在这一两年里尽快提高。证监会或者股转公司应该加大对这些机构的培养、培训力度，而不是一味地要政策的时候就给政策，只有市场主体发育成熟了，这个市场才会好。

六、我会坚持理想，同时做好妥协准备

我个人仍然坚定的看好新三板的未来，坚持自己对新三板抱有的理想，在新三板寻找中国资本市场另一种可能的存在。上午莫同总的发言，让我发现其实我已经对新三板的一些事情妥协了，比如流动性的问题，比如降门槛的问题。这些政策我本来的态度是明年

不出，后年出也行，后年不出，大后年出也行，这是我的一个想法，太过理想化，可能就没有可操作性。

基于市场参与主体少，且发育不成熟，而且市场对流动性问题形成了一边倒的看法，已经基本成为市场共识，在这种情况下我也认为今年年底出一个改善流动性（推出精选层）的征求意见稿，给市场一点信心和一些准备。2018 年 4 月年报披露完以后，5 月正式实施，是一个不错的选择，认同出这样一个政策，这就是我对现实、对市场的一个妥协。

至于投资者门槛，我本来也认为 500 万元的门槛不要降得太低，可以先降到 300 万元，有一个趋势，过两年再降到 100 万元，以后甚至就不用降了，但是听说可能会降得比较低，比如直接降到 100 万元。不管怎样，我都不会去批评这个政策，因为可能这也是政策制定者对市场的摸索或者妥协，没有成熟经验的摸索，不得已而为之的妥协。

我一直不怎么批评政府，因为我认为中国政府出政策，基本上不是两利相权取其重，大部分都是两害相权取其轻，都是没办法中的办法，中国是一个百国之国，跟欧洲的小国完全不一样，情况太复杂。在这种情况下，其实出什么政策都会有"一刀切"的弊病，都会有人受益，有人受损，怎么出都是错。所以挨骂呢，这也是政府必须要承受的。新三板未来的政策也会是这个样子的，没有万全之策，只能勇于担当，必须勇敢面对。

这就是我今天想跟大家交流的，谢谢大家！

2017 年 6 月 17 日于大理

新三板：互联网之后的下一波浪潮

周雪峰①

互联网的故事，始于美国，兴于中华。1998年，靠着一份懵懂的兴趣爱好，我辞掉了国企的工作，进入当时IT圈无人不晓的《电脑商情报》当编辑，并在之后的岁月里，先后在新浪、TOM、酷6网等多家互联网公司担任科技频道编辑或主编。这个人生中的职业抉择，让我见证了中国PC和互联网产业的兴衰更替。

1998年和1999年，仿佛是偶然中孕育的必然，新浪、搜狐、京东、腾讯、百度、阿里巴巴，一系列耳熟能详的名字，陆续在中国大地中扎根发芽。十多年后的今天，它们早已成长为全球最具影响力的互联网企业。

那个年代，注定在互联网史上留下浓墨重彩的一笔。在互联网浪潮的冲击下，全球IT产业发生了根本性变革，IBM、微软作为PC时代的王者危机四伏，旧时代正在落幕，新领袖加速崛起。

然而这种变革和交替，一定会有资本的推波助澜。2000年，新

① 周雪峰，国内最大的新三板原创内容生产商、发行商挖贝网总经理。

浪、网易和搜狐这三大门户网站，先后在美国纳斯达克上市，中国的互联网经济刚刚进入无比炫目的黄金时代，就因美国互联网泡沫的破灭而跌入谷底。美国纳斯达克综合指数触顶后一路下滑，大量互联网股票被抛售，亏损、破产、退市企业不计其数。现在，美国仅有亚马逊和 Priceline（目前美国最大的在线旅游公司，成立于1998 年）成为那次互联网泡沫破灭后的幸存者。

从起步到泡沫到谷底再到平稳发展的波浪形曲线，是在描绘新兴技术的起落，演绎企业的兴衰更迭。IT 咨询公司 Gartner 每年都公布新兴技术成熟度曲线（或者叫炒作周期）。2017 年可以说是 AI 年，处于曲线顶端的是 13 大 AI 技术，互联网巨头们都纷纷在 AI 领域施展拳脚；然而如果时光回到 2009 年，当时最热门的技术是云计算、电子书、微博和无线充电，这种热度的变化真是令人目不暇接。

十九年，弹指一挥间。如今，互联网对中国的改变，对中国的影响已经无处不在，互联网已成为当今社会的基础设施，成为整个社会不可或缺的组成部分。不经意中，我成为了中国互联网发展浪潮的见证者。接下来，我相信，我将继续见证中国的下一波浪潮，而这波浪潮将是由新三板带来的资本浪潮，新三板将会像互联网改变中国一样，继续改变中国。

为什么新三板会成为改变中国的下一波浪潮，可亮在本书中其实已经系统地给出了答案。他从中国深化改革的实践需求出发，站在全球化的高度，用历史的视角和政治经济学的理论来审视和分析新三板，界定了新三板在我国深化改革中的地位，预言了新三板将会起到的历史作用。他的分析，将会帮助一大批在新三板或者即将进入新三板的企业坚定信心。

新三板作为资本市场重大的制度改革，其发展也注定不可能一帆风顺。自新三板扩容以来，在很短的几年内，就经历了从2014年的起步到2015年的狂热再到2016年的迷茫和2017年的失望，这与当年互联网在中国的发展过程何其相似，依然符合新事物在中国的发展规律。只有经历这些波动，社会才会形成正确认识，达成某种共识。我相信，接下来新三板的制度将不断完善，市场将回归理性。因此，现在很多企业和投资人站在新三板市场门口徘徊的时候，我却毅然推门而进，全力以赴。

优秀的企业必然将自身脉搏与时代同步，而个人成就梦想的最佳途径就是加入一家与时代同步的公司。基于对互联网对新三板的认识，基于对下一波浪潮的判断，我再一次怀着年轻时的执着，加入了挖贝，迎接这新一波改变中国的浪潮。

挖贝创立于2007年，在互联网和创投圈拥有很高的知名度。2008年，挖贝开始进行三板报道，当时全国总共才31家挂牌企业，刚刚筹划要从中关村扩容到其他高科技园区，现如今，新三板快速聚集了大量的中小企业，挂牌企业已经超过1.1万家，汇聚成了新三板浩瀚的海洋，然而问题随之而来。作为以中小企业为主的资本市场，新三板上中介机构的服务能力远远滞后于挂牌企业的需求。在研究领域，券商研究员们不愿意来，研究能力极度欠缺；在投融资领域，一方面企业缺乏基本的资本运作能力和市场推广，另一方面，因为信息不对称，投资机构担心踩雷，也不敢放开手脚。

针对这些市场痛点，从2015年9月起，挖贝开始全力聚焦新三板领域，定位于为企业和投资人打造一个高效的金融信息服务平台，希望通过最新的技术手段，帮助企业更好地呈现自己，帮助投资人挖出宝贝。为此，挖贝新三板研究院编制了挖贝指数，定期发布行业报告、选题报告、年报业绩解读，并发布推出新三板最具成长性TOP100 年度榜单。

现在，挖贝已经成为国内最大的新三板原创内容生产商、发行商，国内最大的新三板金融信息提供商。2017 年至今，挖贝网共计发布原创文章 3 万篇，平均每天原创 110 篇，内容全面覆盖一万多家挂牌企业，无一遗漏，并对优质企业，进行了持续跟踪报道。挖贝生产的内容，被主流门户网站、主流财经网站和自媒体平台转载。经过 2 年多的快速发展，挖贝已经成为新三板企业、投资者和中介机构不可或缺的信息获取渠道。

挖贝致力于成为新三板生态链上的连接器，用最适用的技术，服务整个新三板生态圈。秉持信念需要巨大的勇气，一如当年泡沫破灭后的互联网行业。然后，一旦认清了方向，坚定耕耘，市场必然会提供更大的回报。看过波澜壮阔，才能怀着淡定之心接受"延迟享受"！

过去未去，未来已来。新三板必将孕育伟大的企业，新三板必将成为改变中国的新一波浪潮，我愿意和挖贝一起，与诸位见证。

写于 2017 年 10 月

"挖贝网"公众号

《鑫周刊》：一本属于新三板人自己的杂志

郑培敏[①]

1. 为何逆风而行？

在我们这个时代，人人皆记者，人人皆评论员，人人皆媒体，自媒体无疑是互联网时代的宠儿。

当大家都在办自媒体的时候，连《新财富》也在向互联网转型的时候，我却偏偏逆市场而动，创办《鑫周刊》这样一个纸媒。逆风而行，不光风险大，而且遭受非议。但我仍然这么做了，为什么？

新三板的生态和 A 股一样，都存在着买方和卖方，但并非完全一样，新三板自成体系。新三板 C 端的买方非常少，针对买方的生意很难做。但是卖方的商业空间巨大。新三板至少有 12000 家卖方，A 股只有 3000 多家卖方，尽管这 12000 多家卖方的市值之和可能也顶不上一个"中石油"，但禁不住家数多啊。

因此，基于这样的判断，在新三板万家挂牌企业和千家投资机构这个垂直细分领域，我相信《鑫周刊》一定会成功的。

---

① 郑培敏，荣正国际创始人、董事长兼首席合伙人、《鑫周刊》执行总编辑。

2. "没落贵族"纸媒还有哪些优势？

在新媒体、自媒体风起云涌的时代，纸媒的没落似乎已经势不可挡。但是，任何事情都要辩证看待：如果是一个讨论 2C 话题的媒体，显然表现形式采用互联网新媒体、自媒体的形式是大势所趋，报纸受众主要是 2C 的，且其内容时效性非常强，受到新媒体的冲击也最大；但是展示严肃、专业的 2B 话题的媒体，我仍然认为纸媒的方式将更有仪式感和公信力。

自媒体的缺点是再好的文章传播时效也不会超过 48 个小时，阅读浅、衰退快，一旦过了这个时间窗口，传播和保存价值将大大衰减。但刊物就不一样了，特别是聚焦垂直细分领域的 2B 且内容来自深度解析和报道，则会有其独特的存在价值。一些深入研究、深度报道的文章，它可以传播一两个月、两三个月甚至半年都不过时。我们只有通过印刷出来，白纸黑字，飘着墨香，大家可以当礼品去赠送，可以当作纪念品，可以立此存照，更有仪式感和纪念意义。

所以，如果这个垂直细分领域受众足够大，相信这本杂志的存在基础就更强。当新三板挂牌公司过万家时，一个聚焦于报道与展示挂牌公司的刊物必然成为市场内在需求。

3. 《鑫周刊》的 DNA 有何不同？

互联网思维：以免费服务获客、培养用户习惯，从而成为用户离不开的平台。《鑫周刊》在试刊期间（包括正式创刊后的相当一段时间内），我们针对精准用户（比如优质新三板企业）都将采用免费赠阅、免费帮助宣传的服务模式，培养读者习惯，培养企业的宣传偏好和选择习惯，从而最终成为关心新三板人士的第一阅读平台和优质新三板挂牌（拟挂牌）企业的首选宣传阵地。一旦这两方面的习惯培养成功，"平台"与"入口"的属性将使《鑫周刊》成为三板生态圈的关键节点。

共享经济思维：《鑫周刊》将充分整合活跃和专业的新三板垂直自媒体，与他们合纵连横，共享优质内容，成为"新三板"自媒体的《读者文摘》。《鑫周刊》除了编辑、美编是专职的，几乎没有记者，所有"新三板文学社"的社员都未来是我们的专栏作家，都是我们的记者。

社群思维：今天的互联网时代，用户（读者）就是一个社群。而要让社群横向扩张、纵向深挖，离不开社群经营。而且，今天的互联网思维，也已经没有绝对的 online，杂志的运营也更多的要走到 offline，搞读者见面会，搞企业融资路演对接、业绩说明会，甚至搞企业博览会和研讨峰会。

4.《鑫周刊》的情怀与理想

《鑫周刊》从创刊的第一天，就不是一本传统、僵化、迂腐的纸媒，就已经注入了最先进的基因，使得它传统的外表下，其实有一颗时尚而充满未来的心（芯）！就好比它同样是一台手机，但已经不是模拟时代的功能机，而是一台数字时代的智能机。

我们对新三板的崛起充满信心，其必将成为中国宏观经济和多层次资本市场不可或缺的中流砥柱；我们也有信心，《鑫周刊》在这个大潮中，既推波助澜，也乐在其中！

"《鑫周刊》"公众号

论创新、供给侧改革与资本市场

王骏①

我们知道，作为一个国家、一个企业，创新永远都是最重要的。创新是支持一个企业、一个国家持续发展的动力和源泉。继续深究下去，创新深层次的原因是人，人要有思想上和思维上的创新。人没有思想上的创新，永远只能跟在别人的屁股后面走。

下面，我将借这个地方，结合自己今年在工作、学习中的真切感受，来阐释在"大众创业、万众创新"的背景下，究竟应该如何来理解创新？

1. 从创新的维度谈起

"创新"是有多个维度的：有技术层面的创新、有管理角度的创新、有经营模式的创新、也有制度的创新等等。

革命道路的创新：最近我们组织了公司全体成员去观看热映的电影《建军大业》，这部电影帮助我们回顾了历史，我们党在领导抗日还有解放战争的时候，实际上也是突破了很多经验主义和教条主义的限制。

---

① 王骏，天星资本总裁、创始合伙人。

我们知道，毛主席对国内外的战争经验有非常深刻的认知，包括对苏联的革命过程，对中国的自古至今的整个军事斗争过程都了解得非常的透彻。他读了非常多的军事著作，但他没有拘泥于这些过去的经验。很多人说我们要走苏联的模式，要走城市的工人暴动，但他主张结合中国自身的革命特点，走中国特色的革命道路，提出了"农村包围城市""抗日统一战线"等这些先进的革命形式。

社会制度的创新：大家都还记得在改革开放初期曾经有过一场关于计划经济和市场经济的大讨论。在党的十三大召开前夕，邓小平同志就果断指出：计划经济不一定是社会主义，资本主义也可以有计划；市场经济也不一定是资本主义，社会主义也可以有市场。

生产模式的创新：亚当·斯密的《国富论》中提到了一个非常重要的关键词——"分工"，分工的出现大大提高了企业的生产效率。这个"分工"其实就是生产模式的创新，其历史意义在于极大地推进了英国工业化进程。

管理模式的创新：大家都认为华为的技术非常厉害，但在我的理解中，华为真正强的地方是在它的管理和经营模式上的创新。任正非在华为的股权只有百分之一点多，华为是全员持股，实现了全员持股，调动了所有员工的积极性，所有员工都认为自己是华为的主人，整个华为的生产力才爆发了出来。

商业模式的创新：在奇虎360初创阶段，整个行业的竞争格局都是价格战，大家杀得天昏地暗，这样的局面对企业发展非常不利。后来周鸿祎索性破釜沉舟，将杀毒软件全部免费给用户来用，当时市场上从来没有人敢这样做。免费之后，用户基数上来了，奇虎360靠广告赚到了钱。

以上我们谈到了创新的几个维度，创新体现在方方面面，每一个维度都值得我们细心体会、认真学习。

2. 供给侧改革的本质是创新

为什么会有供给侧改革？不是消费没有了，我们需要从供给端下手，而是供给与消费产生了错配。旺盛的需求与巨大的产能过剩同时存在。这个问题出在哪里？这个问题出在我们给消费者供应的产品它没办法满足消费者真正的需求。也就是说，你的供给不是有效供给。

每年在"双十一"的时候，大家在网上，甚至是亲自跑到日本，跑到澳大利亚去抢购奶粉和马桶盖。我们中国难道连马桶盖也生产不出来吗？中国没有企业生产奶粉吗？实际上中国奶粉企业的供给是过剩的。但是我们的消费者竟然跑到澳大利亚去买奶粉，那么为什么我们的奶粉满足不了消费者的需求？因为这个不是有效供给。

上述谈的是产品层面的供给侧改革，其实还有制度层面的供给侧改革。制度是政府来提供的，企业当下的融资环境还是很严峻的，税收比较高，行政审批比较繁琐，这些都需要改革，或者说，都需要创新。

供给侧改革的推进需要产品层面和制度层面"双管齐下"。产品层面，企业要通过自己的创新来完善自己的技术、产品、服务和经营模式，从而给消费者提供更好的产品服务。但是，创新不是喊喊口号就可以的，企业的创新需要很多成本，大量投入人力、财力、时间以及各种资源来去做研究和开发。那么保障产品创新的自然就是制度了。我们需要有一套完善的制度来与企业的需求相匹配。

3. 新三板是金融领域卓有成效的供给侧改革的伟大实践

我从事金融领域的工作，下面我想具体谈谈金融领域，我们应该怎样理解正在进行的供给侧改革？

第一，目前的当务之急是需要改善整个市场的融资结构，提高直接融资的比例。只有直接融资市场发达，股权融资发达，才能支持一个企业、一个国家的创新力。只有股权融资才能与企业长期共担风险，间接融资永远不可能，这是机制的问题，也是资金属性的问题，跟个人的选择和偏好没有关系。

欧洲经济的衰弱因为什么？因为欧洲金融市场以银行为核心，资本市场并不发达，因此经济的创新力不足。美国正好相反，资本市场发达，因此催生了很多伟大的企业。

物理学有一个熵值理论，是说任何的体系都永远趋向于向熵值最大的状态过渡，熵值代表自由度，也就是趋向于最自由最开放的状态过渡。这一理论也适用于金融市场。高效市场的演进也是趋向于高自由度的市场。

在直接融资市场，投资者与企业之间双向自由选择，一名投资者可以直接选择对所有企业进行投资，一家企业也可以选择直接接受所有投资者的投资，这种状态相对于间接融资就是熵值最大的，自由度最大的，也是相对更有效的。

第二，要完善多层次的资本市场的建设。仅仅提高直接融资比例还不够，还要有多层次资本市场，为什么呢？我们有主板，有中小板，有创业板，但这些市场，并不能完全满足大量的创新型中小企业的融资需求，而往往一个国家的创新力体现在中小企业。

第三，在多层次资本市场建设中，有一个"新三板"。新三板是多层次资本市场中的重要一环，体现了大量创新企业的需求，承担了支持中小企业创新的重任，也是支持产业升级和经济转型的重要平台。我认为，新三板的建设是目前金融体制改革中最有效的一次供给侧改革，也是最大的一个创新。

我的工作单位天星资本是一家民营公司，到目前为止我们投了五百多家中小企业。我们翻越高山大川，走了无数地方，在无数次走访考察中，我们发现，投资机构丰富的项目资源以及项目的资源整合能力，也是当地政府急需的资源。

"特点"与"痛点"交会成为一种"契合点"，在实践中，我们摸索出了"产业园区 + 产业基金"的创新理念。我们越来越善于结合地方经济特点，用我们的资源和经验，协助地方政府整合新兴产业，导入产业集群，保障地方具有高附加值产业的产值、税收和就业的持续增长，为地方经济发展贡献自己的一臂之力。截至目前，我们同十几个城市达成了合作关系，共同开发建设新兴产业园区，包括智能交通产业园，新能源汽车产业园、军民融合产业园及国风动漫主题公园等。

近几年我国经济逐渐企稳回升，不断的去掉杠杆并朝着"脱虚向实"的道路前行。我们也希望通过投资实践，引导社会低效的资本进入高效创新的领域，从金融的角度来支持国家的产业升级和创业创新。

最重要的是，我们也希望在金融领域的供给侧改革当中，为社会经济的发展贡献自己的一份力量！

"天星资本"公众号

董秘一家人与新三板的这十年

崔彦军[①]

董秘一家人平台，三板圈内人士都很熟悉，是我在新三板用10年时间慢慢积累起来的一个知名品牌。从监管部门、中介机构、挂牌企业，基本都认可"董秘一家人"给新三板带来的满满正能量，也都肯定10年来为持续提高新三板企业规范化资本运作水平方面做出的贡献，董秘一家人已经成为新三板公司与资本市场的重要纽带与桥梁。

现在回望十年来走过的路，感慨万千：10年来，我一直是新三板的义务宣传员，组织过各类学习交流活动数百场；10年来，接触过的新三板挂牌企业董事长董秘超过5000人，认识的超过3000人；10年来，对新三板相关的法律法规烂熟于心，为大家解答、解决各类问题数万条，基本是"5＋2"，白加黑的帮助大家，每天早7点至晚23点都在回答大家的问题，很多董秘说是我是他们的坚强后盾。

---

① 崔彦军，"董秘一家人"创始人。

这十年来，新三板蓬勃发展，董秘一家人也在不断发展，我把董秘一家人这 10 年分成三个阶段，初始面对面、一对一的 1.0 时代；有了微信群实现一帮多的 2.0 时代；有了董秘一家人公众号的 3.0 时代。

1.0 时代

2007 年的新三板还是个新生事物，绝大部分企业家对新三板一知半解。所以那几年，我帮助很多企业家答疑解惑，比如要不要上新三板、如何上新三板、如何设计股权激励方案、如何设计资本规划等。那时候的券商对新三板也了解不多，所以受各大主办券商之约，全国各地宣讲新三板。听过我讲课的人超过 3000 人次，是新三板早期的义务宣传员。

2.0 时代

2011 年开始有了微信，2013 年，"董秘一家人"的第一个微信群成立，大家线上线下的交流活动开始频繁。我便开始经常组织各地的董秘展开业务交流和各种形式的聚会。现在"董秘一家人"的全国微信群已经十几个，我和新三板资深董秘上陵牧业（430505）沈致君建立了两个做市群、两个创新层群，还有几十个地方群。"董秘一家人"是新三板内最有影响力的董秘群。

"董秘一家人"群有严格的进群验证程序，保证了群成员的纯洁；以学习为导向的群规，也保证了群的活跃度及大家均能受益。

当董秘们被问，你们最关注的董秘群是哪个，才有幸有了第一财经电视对董秘一家人微信群的几个特写镜头。当你问董秘们对董秘一家人的评价，大家会发自肺腑地说"有你的地方就是家"。这里有家的温暖，可以学习提高、可以相互倾诉。

3.0 时代

2016 年 4 月，"董秘一家人"公众号首发。当时创立的初衷，是在微信群里探讨的各种问题，很多都是相同的或类似的，甚至不同的群也会经常讨论同样的问题。所以建立一个公众号，把大家经常问、不断重复的问题整理出来，既能提高大家工作效率，也便于以后查阅。于是，开始发动一批有实战经验、又乐于分享的资深董秘撰写文章。董秘一家人公众号的文章接地气，贴近董秘实际工作，实操性强，是很多董秘置顶的实战干货公众号。

仅 2016 年 4～12 月公众号发送干货文章 110 篇，且绝大部分为原创。由于运营人员都是兼职，虽然没有日更，但单篇文章阅读量经常能进前十，最高阅读量达到 3.6 万人次。同时文章多次被推送到头条号、新浪财经、中国网、网易、凤凰财经、东方财富等知名媒体。董秘一家人也因此斩获新三板最佳媒体和新三板最佳服务机构的荣誉称号。

4.0 时代

新三板董秘群体参差不齐，但都有着极高的学习热情。我认为有主动和被动两方面原因，一方面很多董秘都是新手，很多知识需要学习，这是主动的方面；另一方面股转制度日新月异，董秘们必须学习，要不就会落伍，这是被动的方面。但是学习也面临一个问题，微信群的知识碎片化，公众号知识又缺乏体系化，董秘一家人微信群和公众号号，已经不能满足新三板董秘群体日益增长的需求，

经过再三考虑，董秘一家人开始组织一些线上线下的专题学习，邀请最适合的老师来讲课。比如在线的董秘资格考试培训，都是理论与实践经验丰富的董秘授课。他们最了解哪些是董秘应知应会，

哪些是董秘的欠缺点、易错点，所以考试通过率高的不可思议。

　　针对企业 IPO 的热潮，我们请到知名的投行、律师、会计师讲授 IPO 课程；针对企业融资难，董秘一家人也帮助很多优质企业做融资方案，并顺利融到资金；针对企业发展急需董秘，我们帮它找到了合适的人才。针对董秘工作的繁琐、容易出错、重复性高等特点，董秘一家人开发了"i 董秘"合法合规管理系统，能大大提高董秘工作效率，并规避可能的违规错误。应该说，董秘工作需要的，都是董秘一家人努力去实现的。

"董秘一家人"公众号

新三板是一个研究与教学的沃土

罗党论①

新生板生态圈

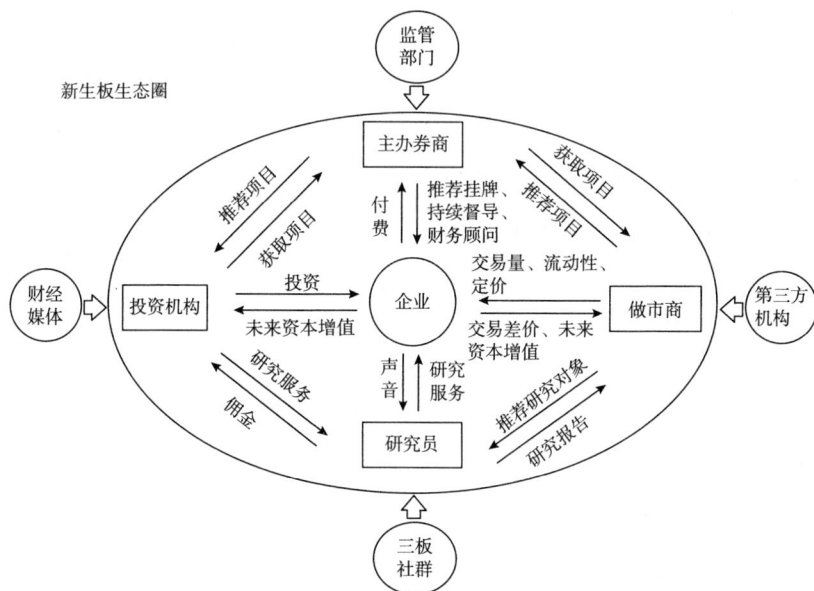

上图很形象把新三板的市场生态圈的各个群体都描绘出来，按

---

① 罗党论，中山大学岭南学院教授、博士生导师，会计学博士，新三板智库联合创始人。

照印维青先生（原文：《一图看懂新三板生态圈》，公众号：老印说三板，ID：laoyinshuosanban）的说法，挂牌公司、主办券商及会计师和律师、做市商、机构投资人、研究员构成了新三板的核心生态圈。

在核心生态圈之外，还有下列市场参与主体：监管部门（股转公司实施自律监管；证监会及其派出机构实施行政监管）、财经媒体（以四大证券报为代表的传统权威财经媒体；以自媒体为代表的新媒体）、第三方机构（培训机构、第三方财务顾问、IR、PR为代表）、三板社群（董秘、财务总监、其他市场参与主体）。不管是核心生态圈内还核心生态圈外，每一个市场参与主体都在新三板的生态圈中发挥着相应的作用。

一个题外话：目前由于新三板市场持续低迷，新三板的市场生态圈的各种群体都过得异常苦逼，主办券商由于风险问题不想接活，做市商纷纷远离，投资机构被套牢，研究员转行……

其实在这个生态圈，还有一个更特别的群体被忽视了，那就是高校的研究人员。

因此我结合自己的体会，就这个群体在新三板的作用谈一下我的感受。

我自己一直是游走在学术研究与实践之间的，类似我这样的商学院的高校老师应该也有不少。

我应该算是最早关注新三板的高校老师之一，同时也算是最早把新三板实务与自己的研究方向做连贯，同时也在教学中找到着地的高校老师。

首先，对我们研究来说，新三板提供了一个难得的研究市场。

其一，新三板的制度变革很多是资本市场的发展，比如注册制、竞价交易、分层管理等、跟其他交易所的联动等等。

更重要的是，这是一个难得的市场化发展的资本市场。对研究者来说，一个独特的时刻在变革的市场可以提供无数多的研究素材，生产出很多论文。

当年 A 股市场的股权分置改革不光让投资机构分享了一波牛市，我们的学术研究享受了一场"盛宴"，光是在国际上 A 类杂志就出了不少论文。

不过到今天，新三板由于发展刚刚开始，学术界对整个市场的关注显然是严重不够的。其实股转系统是完全可以很好发动学术机构的力量，来推动各种政策的研究与取舍的。

其二，以前我们很难拿到这么多中小企业的信息。我们所谓的研究中小企业或民营企业，通常还是用创业板、中小板的企业数据，但实际上我们都知道，这两个板块的公司不是中小企业。而新三板集聚了上万家公司，80% 都是真正的中小企业。

新三板智库曾经对 2016 年所有披露年报的新三板企业（共10552 家样本）做一些简单统计：

2016 年平均营业总收入 1.66 亿元，营业总收入中位数为 7000万元，平均净利润 1085.64 万元，净利润中位数为 483.03 万元；

对其收入区间进行统计：

收入在 1000 万元以下的企业有 653 家；

收入 1000 万～3000 万元区间的企业有 1962 家；

收入 3000 万～5000 万元区间内的企业有 1524 家；

收入在 5000 万～1 亿元的企业有 2480 家；

收入在 1 亿 ~ 3 亿元的企业有 2802 家；

收入在 3 亿 ~ 10 亿元的企业有 920 家；

收入在 10 亿元以上企业有 211 家；

5000 万 ~ 1 亿元和 1 亿 ~ 3 亿元这 2 个区间段内企业占比最多；

对其净利润区间进行统计：

亏损 5000 万元以上的企业 70 家；

亏损 1000 万 ~ 5000 万元的企业 463 家；

亏损 1000 万元以内的企业 1587 家；

盈利 1000 万元以内的企业 4858 家；

盈利 1000 万 ~ 3000 万元的企业 2489 家；

盈利 3000 万 ~ 5000 万元的企业 635 家；

盈利 5000 万 ~ 1 亿元的企业 305 家；

盈利 1 亿元以上的企业 145 家；

大部分企业净利润落在 0 ~ 3000 万元这个区间内。

这是一个多么好的研究样本，过去我们拿不到这么多样本的公开信息，现在因为他们都来挂牌，信息披露是必然的，这么多的样本给我们的研究带来了足够多的机会。

因此以后，如果学术的实证论文要研究中小企业的方方面面问题，不以新三板作为样本，基本是不可能的。

再以我们教学为例。商学院中好几门核心课程：《财务报表分析》、《财务管理》、《审计》与《公司治理》都可以利用新三板这个舞台来丰富教学。

以前上《财务报表分析》，要求学生研究的都是上市公司的案例，现在我要求他们最好研究新三板公司。

原因在于：

1. 新三板的公司小，研究起来更有不确定性，对学生的锻炼更大；

2. A股的公司很多专业研究员在研究，学生们的作业基本上没有超越他们的研究水平，而新三板的公司太小，A股的研究员基本没有兴趣去研究，导致这块研究是空白，这样学生们可以在模仿中进行独立研究，每份研究报告估计都是首创；

3. 新三板的研究市场大有作为，很多券商、投资机构都需要新三板方面的实习生，那么经过一个学期的学习，学生们可以顺利找到工作。

我按照这样坚持了2年，几乎整个学院的学生都跟我一起来研究新三板，这样我快速在学生中普及了新三板的知识，同时通过他们的分析，也让我加深了对这个市场的了解。实际的效果是，这批学生中有大量的学生后面实习乃至工作都在新三板相关的行业。

在《财务管理》这门课上，融资与投资是一个重要的知识内容。而中小企业的融资是制约企业发展的重要问题。

我们以新三板公司为例，可以找到很多中小企业融资的方法创新，这种案例其实离大家并不遥远，学生们可能通过深入跟踪了一些案例后，在后面的实习乃至工作中很快找到感觉。

对《审计》这门课来说，新三板市场上，黑天鹅事件层出不穷。大量中小企业之前没有规范，加之新三板庞大的基数，很多中小企业的财务必然存在很多问题。单从财务舞弊的角度入手，我们可以把新三板公司做一个"卖空"的研究。

尤其是针对新三板的审计问题，股转系统还专门出台了相关的规定，这些对我们做教学提供了很好的指引。

又以《公司治理》这门课程为例，我还是以新三板公司为样本，这些公司的特点是小，而且公司治理基本不完善，这跟上市公司还是不一样。

因此公司治理要完善的地方还有很多，如股权设计、薪酬激励、信息披露等等，每个公司都是一个鲜活的案例，更重要的，由于选修这门课的学生都是有工作经验的，甚至不少就是自己在创业的，所以新三板这些案例对他们来说都很贴近，他们参与感也会很强。

还要强调的一点是，新三板提供的这个研究与教学舞台不单是对教师是提供了机会，对广大的学生也提供了很好的机会。

比如，新三板市场的发展需要大量的研究员、投资人员、财务总监与董秘等，这些工作岗位都可能是商学院学生很好的职业规划方向。

总之，一个良好的新三板生态的形成需要大量的参与者共同的投入，在初期更重要的呵护。当然，这个市场的前景也是这个生态发展的关键。

新三板：前途光明，路在远方。

"新三板智库"公众号

参 考 文 献

1. 张维为:《中国震撼》,中信出版社 2016 年版。

2. 汪丁丁:《市场经济与道德基础》,上海人民出版社 2006 年版。

3. 关春玲:《当代西方哲学思潮》,东北林业大学出版社 2001 年版。

4. 彼得·F·德鲁克:《后资本主义社会》,东方出版社 2009 年版。

5. 迪特·森格哈斯:《文明内部的冲突与世界秩序》,新华出版社 2004 年版。

6. 靳书君:《全球化、现代化与马克思主义中国化的互动关系》,人民出版社 2012 年版。

7. 郑永年:《中国模式》,中信出版社 2016 年版。

8. 张雷声:《马克思主义基本原理与当代中国》,经济科学出版社 2017 年版。

9. 李晓鹏:《从黄河文明到"一带一路"》,中国发展出版社 2015 年版。

10. 姜奇平:《分享经济:垄断竞争政治经济学》,清华大学出版社 2017 年版。

11. 鄢一龙等：《大道之行：中国共产党与中国社会主义》，中国人民大学出版社 2015 年版。

12. 何中华：《社会发展与现代性批判》，社会科学文献出版社 2007 年版。

13. 中共中央宣传部：《习近平总书记系列重要讲话读本》，学习出版社 2016 年版。

14. 洪银兴：《中国特色社会主义政治经济学理论体系构建》，经济科学出版社 2016 年版。

15. 《中国特色社会主义政治经济学研究》重大项目课题组编：《理论·现实·方法：中国特色社会主义政治经济学研究》，经济科学出版社 2017 年版。

16. 韩毓海：《一篇读罢头飞雪，重读马克思》，中信出版社 2014 年版。

17. 林毅夫等：《北大国情报告》，中信出版社 2015 年版。

18. 苏国勋：《社会理论与当代现实》，北京大学出版社 2005 年版。

19. 朱宗友：《中国文化自信解读》，经济科学出版社 2017 版。

20. 哈耶克：《致命的自负》，中国社会科学出版社 2000 年版。

21. 哈耶克：《通往奴役之路》，中国社会科学出版社 2000 年版。

22. 兹比格纽·布热津斯基：《大棋局：美国的首要地位及其地缘战略》，上海人民出版社 2007 年版。

23. 塞格尔·亨廷顿：《变化社会中的政治秩序》，上海人民出版社 2008 年版。

24. 塞格尔·亨廷顿：《文明的冲突与世界秩序的重建》，新华出版社 2010 年版。

25. 彭文生：《渐行渐远的红利，寻找中国新平衡》，社会科学文献出版社 2013 年版。

26. 林毅夫：《从西潮到东风》，中信出版社 2012 年版。

27. 弗朗西斯·福山：《历史的终结与最后的人》，广西师范大学出版社 2014 年版。

28. 弗朗西斯·福山：《政治秩序的起源》，广西师范大学出版社 2012 年版。

29. 沈大伟：《中国共产党：收缩与调适》 中央编译出版社 2011 年版。

30. 约瑟夫·熊彼特：《资本主义社会主义与民主》，商务印书馆 2008 年版。

31. 余英时：《中国近世宗教伦理与商人精神》，九州出版社 2014 年版。

32. 特里·伊格尔顿：《马克思为什么是对的》，新星出版社 2011 年版。

33. 路德维希·冯·米赛斯：《官僚体制·反资本主义的心态》，新星出版社 2007 年版。

34. 马克思·韦伯：《新教伦理与资本主义精神》，群言出版社 2007 年版。

35. 约瑟夫·奈：《论权力》，中信出版社 2015 年版。

36. 钱穆：《国史新论》，广西师范大学出版社 2005 年版。

37. 钱穆：《中国历代政治得失》，九州出版社 2012 年版。

38. 钱穆：《中国历史精神》，九州出版社 2012 年版。

39. 钱穆：《阳明学述要》，九州出版社 2010 年版。

40. 傅佩荣：《易经与人生》，东方出版社 2012 年版。

41. 李泽厚：《论语今读》，三联书店 2008 年版。

42. 李泽厚：《中国近代思想史论》，天津社会科学出版社 2003 年版。

43. 李鸿谷：《国家的中国开始：一场革命》，新知三联书店 2012 年版。

44. 鲁奇尔·夏尔马：《一炮走红的国家·探索下一个经济奇迹》，中信出版社 2013 年版。

45. 杨宇立：《改革：中国做对的顺序》，中国发展出版社 2015 年版。

46. 古斯塔夫·勒庞：《乌合之众：大众心理研究》，广西师范出版社 2007 年版。

47. 赵汀阳：《没有世界观的世界》中国人民大学出版社 2003 年版。

48. 费孝通：《乡土中国》，人民出版社 2008 年版。

49. 马丁·雅克：《大国雄心：一个永不褪色的中国梦》，中信出版社 2016 年版。

50. 贝淡宁：《贤能政治》，中信出版社 2016 年版。

51. 胡乐明等：《真实世界的经济学》，当代中国出版社 2002 年版。

52. 习近平：《习近平谈治国理政》，外文出版社 2014 年版。

53. 刘润：《传统企业：互联网在踢门》，中国华侨出版社 2014

年版。

54. 胡钧：《论构建中国特色社会主义政治经济学的主线》，《政治经济学评论》2017 年第 3 期。

55. 张宇：《努力探索和完善中国特色社会主义政治经济学理论体系》，《政治经济学评论》2017 年第 2 期。

56. 洪银兴：《中国特色社会主义政治经济学的话语体系》，《政治经济学评论》2017 年第 3 期。

57. 卢映西：《资本主义的终结和社会主义的新生》，《政治经济学评论》2016 年第 4 期。

58. 顾钰民：《时代和实践——中国特色社会主义政治经济学的思想之母、理论之源》，《福建师范大学学报》2017 年第 2 期。

59. 周新城：《关于中国特色社会主义政治经济学的几点思考》，《政治经济学评论》2017 年第 3 期。

60. 高帆：《"政治经济学回归"与中国经济学说的选择逻辑》，《政治经济学评论》2016 年第 5 期。

61. 李民骐：《资本主义经济危机与中国经济增长》，《政治经济学评论》2016 年第 4 期。

62. 王生升：《危机与战争：金融帝国主义的前景》，《政治经济学评论》2016 年第 2 期。

63. 赵学军：《资本形成的中国道路》，《经济学动态》2017 年 5 期。